JN108102

DATA STRATEGY 2ND EDITION

How to profit from a world of big data, analytics and artificial intelligence

世界標準の
データ戦略
完全ガイド

バーナード・マー
Bernard Marr

山本真麻 訳

データセンスを磨く事例から、データの種類と仕組み、戦略策定のステップまで

SE
SHOEISHA

Data Strategy 2nd edition

How to profit from a world of big data, analytics and artificial intelligence
by Bernard Marr

謝辞

　これほど革新的で変化の速い分野に関わることができて、私は本当に恵まれている。さまざまな業界や業種にわたる企業や政府機関とともに、データとAIの力で真の価値を生み出す革新的な方法を追究でき、とても光栄に思う。毎日が学びの連続であり、皆さんとの関係なしにはこのような本の執筆はできなかった。

　いまの私をつくってくれた皆さんに、この場でお礼を申し上げたい。これまで私を迎えてくれた企業の皆さんは、私のやり方を信頼して任せる代わりに、新たな知識と経験を与えてくれた。直接会って、またはブログや本などさまざまな場を通して、意見を聞かせてくれた皆さんにも、感謝している。多種多様な題材を惜しみなく提供してもらえるので、私の毎日は本当に充実している。それから幸運にも、この分野の知識人や思想リーダーの方々と知り合うことができた。助言や意見交換にいつもどれほど助けられているか、いい表せないくらいだ。

　Kogan Pageの編集チームと出版チームの皆さんにも、たくさんの支援をいただいた。頭のなかの考えを1冊の本にするのは、チームの力なしには成しえないことであり、皆さんからの助言と支援に心から感謝している。アダム・コックス、エイミー・ミンシュル、フィリパ・フィシュゾン、アマンダ・ピッケンに謝意を示したい。

　そして最大の感謝を、妻クレアと3人の子どもたち、ソフィア、ジェームズ、オリバーに。インスピレーションと、私が愛してやまない「世界をより良い場所にするためのアイデアを育てて広める仕事」に向き合う自由を、どうもありがとう。

C　　O　　N　　T

E　　　　N　　　　T　　　　S —|

第**5**章 データ戦略思考の基本

より優れたサービスを生み出す 活用目的③

第**6**章 データ戦略思考の基本

より優れた製品を生み出す 活用目的④

第9章

データの活用計画をつくる

第10章

データのソース選びと収集

第 11 章

データガバナンスと倫理問題および信頼問題

第 12 章

データをインサイトに換える

第 15 章

データ戦略の実行と改善

第 16 章

未来を見据えて

凡例
- 企業や団体名は、日本の企業・団体を除き原則英語で記載しています。
- 公共団体、非営利団体、学校名等で定訳のあるものは日本語で記載しています。
- 索引は原書を参考にしながら、日本語版独自に作成しました。

第1章

はじめに：あらゆる企業を
データ企業と呼べるわけ

データは、私たちの世界と生活、働き方を、前例のない速度で変えつつある。私たちは胸躍る刺激的な時代の入口にいるのだという見方も、一挙一動を追跡どころか予測さえされてしまう「ビッグ・ブラザー」（＊編注：小説『一九八四年』に登場する、市民を四六時中監視している独裁者）の監視社会の始まりだという見方もできる。どちらも間違いではない。しかし、ビジネスリーダーやマネージャーには、二の足を踏んでいる暇はない。データはすでに企業の経営や業務に革命を起こしているが、これからの数年でますます不可欠な存在になるだろう。データを戦略用の資産と捉える企業こそが、生き残り、繁栄する。ビッグデータとモノのインターネット（IoT）の急速な発展に加え、データの分析手法も劇的に進化しているいま、業界や業種に関係なく、データの重要性は高まり続けている。

― 驚異的に増えるデータ、人工知能、IoT ―

2003年以前に生成された全データと同じ量のデータが、いまは2日で生成されている。たったの2日だ！ しかも、人間が生み出すデータの量はいまも急速に増え続けている。IT専門の調査会社であるInternational Data Corporation（IDC）の予測[注1]によれば、世界のデータ量は2025年には175ゼタバイトに到達する。ちょっと考えてみよう。175ゼタバイトとはいったいどのくらいだろう。IDCのレポート「Data Age 2025」によると、175ゼタバイトをDVDに格納し、その全DVDを一列に並べたとしたら、地球222周分の長さになるそうだ。私たちの一挙手一投足が、デジタルの足跡となって残される。ネットサーフィン、クレジットカードを使った実店舗での買い物、メール送信、写真撮影、オンライン記事の閲覧、そして携帯電話を持っていたり付近に監視カメラがあったりすれば、ただ通りを歩くことさえも。

データを正しく読めるようになれば、この大量のデータを使って本当にいろいろなことができるようになる。ビジネスを成功に導くためにデータ活用をどう進めるか、がこの本のテーマだ。データ自体は何も最近発明されたわけではない。コンピュータやデータベースが生まれる前から、私たちは行動の記録やプロセスの簡素化にデータを使用してきた。紙の取引記録や保管用ファイルのことだ。コンピュータ、とりわけスプレッドシートとデータベースの登場を機に、より大量のデータをより見やすく使いやすい形で、保管、整理する方法が編み出された。あるとき突然、マウスをクリックするだけで情報が手に入るようになったのだ。

そんなコンピュータ黎明期と現代とでは、いちばん価値のある
データが異なる。非構造化データという、現実世界を「生」のま
ま捉えた情報がある。具体的には画像、動画、地図、文字、音声
記録、ソーシャルメディアの投稿などで、こうしたデータは昔か
ら扱ってきたビジネスデータと比べて、はるかに高い価値を生む
可能性を秘めている。情報の量が格段に豊かだからだ。

　あなたが店舗の経営者だとして、店の前を行き交う人々、つま
り潜在顧客について情報を得たいとする。実態調査を行ってデー
タを生成するのは割と簡単だ。店の前を通る人の数を数えれば良
いし、性別や年齢層で分類してみても良い。これが構造化データ
であり、ちょっとした分析には役立つだろう。

　では、この潜在顧客についてもっと知りたい場合は？　どんな
行動をとっているか。立ち止まってショーウィンドウを眺める
か、それとも急ぎ足で通り過ぎるか。これをひとつひとつ目で確
認して手動で記録していくのは現実的ではない。時間がかかりす
ぎる。そこで、ビデオカメラを設置する。そうして得た映像デー
タは構造化されていない、つまりスプレッドシートにすぐにアッ
プロードして分析できるわけではないデータだ。だが、やり方さ
え知っていれば、有益な分析結果を手に入れることができる。

　私たちが日々つくり出している途方もない量のデータは、たし
かにビッグといえる。だが正直にいうと、「ビッグデータ」という
呼び方には、私は少なからず違和感を抱いてきた。データが創出
するすばらしい機会よりもデータの大きさのほうにばかり注目す
るのは、短絡的すぎるように思えるのだ。近年のテクノロジー、

文化、世界に起きている革新的な変化を、もっとうまく表せる言葉があれば良いのだが。そんな思いもあって、この本では規模の大小を問わずあらゆる「データ」を扱う。重要なのは、どれほどの量のデータを持つかではなく、適切なデータを持っていて、それを有意義に使いこなせるかどうかだからだ。

━━ すばらしい（データドリブンの）新世界 ━━

　世界規模のデータ生成に誰もが貢献しているおかげで、企業は皆さんのことをかなりよく知っている。Googleはユーザの検索履歴を知っているとか、Facebookは誰と誰が知り合いかを知っているとか、それどころの話ではない。契約先のインターネットプロバイダーは、皆さんが過去に見たWebサイトをひとつ残らず把握している。全履歴を。シークレットモードを使っていてもだ。Googleはユーザの年齢と性別を知っている（入力したことがなくても）し、基本的なプロフィールと嗜好を知っているからこそ、ユーザの画面に表示する広告を選ぶことができる。Facebookは、ユーザの友人や交際相手が誰かを当然知っている。でも、その交際相手との関係が続くか、または独り身ならいつ（そして誰と）交際するかまでも予測できることをご存じだろうか。Facebookはほかにも、ユーザの「いいね」を分析して、知性を測ることもできる（どういうこと？　と思った人のために。「いいね」の対象が、スパイラルポテト、科学、モーツァルト、雷雨、『ザ・デイリー・ショー』（＊訳注：アメリカの政治風刺ニュースふうのテレビ番組）あたりだと知性が高い。ハーレーダビッドソン、レディ・A、『I Love Being a Mom』（＊訳注：妊婦と母親向けの情報サイト）あたりだ

と知性が低いと予想されてしまう）。

　警察は全国の車の現在地を把握している。特にイギリスでは、ネットワーク接続された監視カメラが何万台も設置されていて、ナンバープレートを読み取り、車と運転者の写真を撮る。アメリカでも多くの都市で交通カメラが活用されている。運転者のスマートフォンだって、現在の運転速度を把握している。いまのところ、こうした交通情報はしっかりと保護されていて、警察などの機関に報告されはしないので、これを材料に警察から交通違反を指摘されることもない。だが、年々多くの保険会社がスマートフォンのデータを活用して、事故の少ない運転者と危険度の高い運転者を推測するようになってはきている。

　皆さんがいつも行く食料品店は、店のポイントカードを使って客の好きなブランドを把握し、購買習慣と嗜好に関する情報を山のように収集する。小売店は、このデータを使ってひとりひとりに合わせたサービスを提供するが、顧客が今後買う可能性のある商品を割り出すこともできる。

　データ分析能力を進化させたビジネスの有名事例として、よく引用される話がある。アメリカの小売チェーンTargetは2012年、たとえば10代の少女の妊娠を（その子の購買習慣から）予想してベビー関連グッズの割引情報を送ることができると明かした。家族が少女の妊娠に気がつくよりも早く。いまはさらに進歩していて、Amazonなどのオンラインサイトは、ユーザが買いたいものをなかなかの精度で予想できるようになっている。いずれ、注文が入る前に発送し始めるに違いない。

いまや、データ分析が使われる先はEコマースやターゲット広告にとどまらない。現代生活のほぼすべての側面、たとえば健康管理から宇宙探索、さらには政治にまで、データ分析技術の影響範囲は広がっている。

選挙は年々データ分析に大きく頼るようになっている。バラク・オバマが当選した2012年の選挙以来、候補者たちは投票予測にますます巨額を投じるようになった。選挙活動のリソースを無党派や浮動層の獲得に集中させるためだ。オバマは100人以上のデータアナリストからなるチームを雇い、毎日6万6,000回ものシミュレーションを実行させた。

オバマのチームは、有権者の登録データ、寄付額、公文書、第三者機関から買い取る商用データ（ソーシャルメディアから抽出したデータなど）を可能な限り収集し、融合させた。そうして特定できたひとりひとりのデータプロファイルを、既知のオバマ支持者のデータプロファイルと比較して、オバマに投票する可能性を評価する。このように高度な統計データで武装したうえで、ターゲットを絞り込んだ選挙活動を開始した。ねらいは、オバマの支持率が高いと思われる選挙区の投票率と有権者登録率を上げること、そして、浮動票が多いと思われる選挙区で有権者の気持ちを動かすこと。メールやソーシャルメディア、ブラウザ内広告などを使い、その有権者に登録や投票を促したいのか、それとも決まった候補者への投票を促したいのかによって、異なるメッセージを届けることができた。2012年から数年以内に、全政党とほとんどの候補者が熱心に独自のデータ分析戦略を展開するようになった。成功裏に終わったドナルド・トランプの選挙活動では、

ジャレッド・クシュナーの指揮でソーシャルメディアのターゲット広告を利用した結果、寄付金が1日8,000ドルから8万ドルに増えた。また、EU離脱という歴史に残る結末となったイギリスの国民投票でも、データ分析の力が大きく働いていた。離脱派のチームがFacebookで有権者をプロファイリングする高度な手法を開発し（トランプの選挙戦の戦略を取り入れた）、離脱派支持の色がとりわけ強い地区を特定したのだ。これには、ミハル・コジンスキーが開発した心理学的なマッピング手法が用いられた。ある人がFacebookで「いいね」を押した対象を10個分析するだけで、その人の年齢やおおまかな収入、支持政党などといった具体的な情報を、人間よりもずっと正確に予想できるというものだ。「いいね」を70個分析すれば、その人の友人よりもずっと正しく、その人に関する質問に答えることができた[注2]。

　データ分析技術のおかげで、火星に生命が存在するかという謎の答えにも近づきつつある。NASAで火星探査機の日次ミッションの計画策定を行うジェット推進研究所では、探査車から1日4回アップロードされる全データの即時処理に、Elasticsearch（＊訳注：分散型検索／分析エンジン）（NetflixやGoldman Sachsなどの企業でも使われている）の技術を用いている。以前は、ミッション計画は前日のデータに基づいて策定されていたが、リアルタイム分析に切り替えると、管制室の意思決定スピードが飛躍的に上がった。データセット内のパターンと異常をずっとすばやく検知できるようになり、重要なインサイトの元となる相関関係を見つけやすくなった。結果として科学的発見の頻度が大幅に上がり、誤動作や故障のリスクが下がっている。

この本の第2版を執筆するにあたって無視するわけにはいかない事実がある（＊編注：本書の原書は第2版。第1版は未邦訳）。第1版の執筆後、世界は前例のない、誰も想像できなかった大きな変化を経験してきた。ここ数年で医療分野はデータ革命の最前線に躍り出た。新型コロナウイルス感染症（COVID-19）との闘いのなかで人類が遂げた数々の進歩は、生成されるデータ量の大幅増とそれを分析できる技術のおかげであることは間違いない。

昔から、医学の研究と発見の論拠となってきたのは、誰が病気か、どんな症状か、原因は何か、というデータの収集と分析だ。いまは、スマートフォンにセンサーが備わったことと、医師が分野を越えて情報共有できるようになったことで、利用できるデータの量と質が過去にないレベルに引き上げられている。よって、飛躍的な進歩や変化が起きる可能性のほうも指数関数的に高まっている。最近のスマートフォンや、JawboneやFitBitなど人気のスマートデバイスは、ライフスタイル改善に取り組むユーザの補佐役を務めることができる。心電図を記録したり血中酸素濃度を分析したりできる腕時計を、たくさんの人が身につけるようになった。MRIやレントゲンなどの医用画像を精査して病気の兆候を見つける役目は、コンピュータビジョンが担うようになった（詳しくは後述）。現時点では、画像精査の精度は研修を終えたばかりの医師と同程度だが、速度は比べものにならないほど速く、数分間で何万枚もの画像を見ることができる。データとAI、そして分析技術は、新型コロナだけでなくエボラ出血熱やジカ熱を含む世界中の流行病を追跡、分析し、治療するのに使われている。

こうした事例は氷山の一角に過ぎないし、データの量は今後も

増え続けるだろう。私たちが新しい製品を買ったりサービスに加入したりするとき、それがスマートウォッチだろうが店舗のポイントカードだろうが、基本的にはためらうことなく自分の個人データを差し出す。健康状態の改善や無料のコーヒー1杯などという利益に対する見返りとして。私が思うに、必ず利益を得られると確信できさえすれば自分の情報をわたすことに抵抗を持たなくなってきている兆候（これに関しては、データを活用する側として無視できない大事な警告をあとで伝える）が、社会全体にある。データが秘める可能性を活用する企業が増えるにつれて、そしてさらに多くの情報を集められるようテクノロジーが進歩するにつれて、データ量は指数関数的に増え続けると予測できる。

　その大量のデータを分析する技術も、今後さらに進化するはずだ。いま存在する最先端のデータ分析ツールはどれも、人工知能（AI）というテーマの下にある。この本では、ビジネスの成長を目的としたAI活用に的を絞る。Google、Amazon、Salesforce、IBMなどの大手テック企業はどこも、このテクノロジーを利用しやすくするプラットフォームの開発に多額の投資を行っているが、これにはもっともな理由がある。AI使用を支援するソフトウェア、ハードウェア、サービスの世界全体での年間売上は、2021年に3億2,700万ドルに達するうえ、2024年には5億5,000万ドルを超えると予測されているのだ。これは、そのツールとサービスを利用する側の企業が創出していく価値——年間数兆ドルと予想されている——に比べれば、大海の一滴に過ぎない。それでも、ゴールドラッシュではシャベルを売る側にいればまず安泰だというのは常識だ。

　モノのインターネット（IoT）もまた、データと分析技術の急成長を支える、テクノロジーの重要なパラダイムシフトだ。すべてのインターネット（IoE）といわれることもある。IoTとはインターネットを介してデータを収集し、送信するデバイスのことで、スマートフォンはもちろん、スマートウォッチ、FitBitのバンドから、テレビや冷蔵庫までと多種多様だ。ここ数年でIoTは驚異的な成長を見せているが、これでもまだ始まったばかりだ。現時点で、ネットワーク接続されたデバイスの数は約215億台とされるが、2024年までには800億台を超えると予測されている。スマートフォンだけでも、2020年までに60億台を突破するという予想があった。2026年までには、IoTの世界市場規模は1兆6,000億ドルに達するだろう。

　スマートデバイスは私たちの世界を、車を、家を、仕事を変えつつある。SFの世界がすでに現実になってきている。TeslaのCEO、イーロン・マスクによれば、自動運転車は週に数万マイルの走行実績を積んでおり、近いうちに道路で日常的に見られるようになるという。

　IoTで重要な役割を担うのが「ウェアラブル（身体に装着して使用する）」テクノロジーで、ウェアラブルデバイスの市場も世界規模で膨れ上がっている。2020年の時点で、アメリカの消費者の21％がスマートウォッチまたはフィットネストラッカーを所有しているか、装着している。こうしたデバイスのひとつひとつが貴重なデータを大量に生み出すが、そこに秘められた意味に私たちはまだ気づき始めたばかりだ。

インターネットに接続されるデバイスは、インターネットのほかにもデバイス同士で接続して情報を共有できる。machine-to-machineの接続数は、2024年までになんと270億に達する見込みだ。ということは、近い将来、冷蔵庫が牛乳の賞味期限切れを認識して、次のオンラインショッピングで注文するよう持ち主のスマートフォンに自動で通知を送る、なんて空想も的外れではないのだ。

▎― 私たちは真のAIを実現しつつあるのか？ ―▎

コンピューティングの観点から見ると、コンピュータが発明されたその瞬間からずっと、AIは最終目標だった。SF作家にとってのたまらなく魅惑的なテーマでもあり続けてきた。結局、私たちはAIの実現に近づいているのだろうか？

認知科学（人間の脳の研究）と計算機科学の融合であるAIは、すでにビジネスから医療、私たちの日常生活まで、ほぼすべての領域に影響を与えている。目標は、コンピュータに人間の思考を再現させ、人間の脳の動きを模倣させることだ。そうすることで、自然言語を理解する、絵に描かれたものを認識する、などといった人間があたり前にしている行動を、コンピュータが肩代わりできるようになる。

身のまわりでよく見かけるようになった音声アシスタントは、最新のAIの好例だ。情報を処理しながら「学習」もするので、データを与えられれば与えられるほど多くを学び、情報の精度も

上がる。実用面の話をすれば、医療、法律、教育、経済、そしてもちろんビジネスなど、複雑なデータを大量に処理・分析して問題解決につなげる必要のある分野ならどこででも、この技術を活用できるだろう。すでに多くの業界や家庭内で、AlexaやSiriなどAI対応のチャットボットに音声認識技術が使われている。

コンピュータが人間に近い思考方法を手に入れるにつれて、人間の知識と能力も引き上げられる。SF映画の主人公が、分析や予測、次の一手の判断をコンピュータに頼るのと同じように、現実世界でも、コンピュータが革新的なやり方で人間の知識を高める時代が訪れようとしている。

いまの時代にAIというと、機械学習のことを指す場合が多い。機械学習とは、人間が明確にプログラムで指示せずとも、コンピュータが自らアルゴリズム（＊編注：問題解決や、何らかの結果を出すための手順のこと）を変えたり改善したりできる技術だ。このテーマについては、この本全体を通して深く掘り下げていく。いまのところは、AIとは大きな概念（機械に知能を持たせること）であり、機械学習とはAIを実現するための技術であり、これから登場する用語（教師あり学習と教師なし学習、強化学習と深層学習）は機械学習の種類である、と覚えておくと良いだろう。

「真の」AIが完成する日は、すぐそこまで来ているのだろうか？いや、来ていないだろう——少なくとも、SFでおなじみの知能を持ったロボットを「真の」AIとするのであれば。科学者の多くは、コンピュータが人間の脳と同じように「考える」日は来ないと主張している。それでも、言葉でどう定義しようと、コンピュータ

の見る能力、理解する能力、世界中と通信する能力は、おそろしい速度で成長している。そして人間が集めるデータ量が増えるのにともない、コンピュータの学習、理解、反応能力も上がっていく。

いまや、コンピュータ技術は人間の感情を認識して反応できるまでに進化している。「感情コンピューティング」と呼ばれ、表情、ポーズ、ジェスチャー、声色、話し方、さらには文字を打ち込む際のリズムと強さを分析して、ユーザの情緒の変化を読み取る。

この技術でできることを想像してみてほしい。仕事に行き詰まっていらついていたら、コンピュータがそれを認識し、役に立ちそうな追加データを出してくれる。ストレスレベルが高まったら、休憩をとるようスマホが教えてくれる。会社で散々な１日を過ごして帰宅すると、何をいわずとも、スマートホームが癒やしの音楽と照明をつけてくれる。どれもありそうにないと思うだろうか？　そうともいえないのだ。すでに Disney、BBC、Coca-Cola などの世界的な企業が、顔認識技術を専門とする Affectiva と提携して、広告の効果を測定したり、コンテンツに対する視聴者の反応を評価したりしている。Affectiva は日本の自動車会社との協業で、運転者が何かに気をとられたり眠くなったりしたことを検知したり、緊急時には救急サービスや近親者に連絡したりする仕組みも開発中だ。さらに、Microsoft は着用者のストレスレベルを感知できるブラジャーの試験段階に入ったようだ。

コンピュータが人間の脳のように「考える」日は来ないのと同じで、感情を読み取る機械が本当に感情を理解する日は来ない。だが、機械が人の感情に対して少なくとも見かけ上は自然な反応

を返す時代は、すぐそこまで来ている。何よりも心躍るのは、ここで挙げたさまざまな技術が持つ可能性を、私たちはまだ探究し始めたばかりということだ。遅くとも10年も経てば、AIと機械学習は完全にテクノロジーの中心的存在となり、いまは想像さえできないことを実現しているに違いない！

第4次産業革命、すなわちインダストリー4.0

　昨今のデータと分析能力の急発展は、人間の歴史に再び技術革命が訪れる先触れだ、というのが世の共通認識である。最初の革命では、蒸気機関と機械が登場して、祖先たちの仕事の一部が機械化された。その次の革命で電気と組み立てラインが登場し、大量生産が始まった。3度目の革命でコンピュータが出現し、オートメーション（自動化）が始まって、ロボットや機械が組み立てラインの労働者にとって代わるようになった。

　そしていま、第4次産業革命（またはインダストリー4.0）が進行している。これまでそれぞれに発展を遂げてきた製品や分野がひとつに融合され、その結果、まるで自分で考えたり学んだりできるかのような動きをする機械が生まれている。

　ところで、機械は本当に考えたり学んだりしているのだろうか？　「考える」も「学ぶ」も私たち生き物に対してのみ使われてきた言葉だが、機械にも使えるのだろうか？　この問いは、いろいろな意味で的外れだ。まるで考えたり学んだりしているかのよ

うにタスクをこなせる機械があり、私たちは世界をより良くするためにそれを活用する。それ以上でも以下でもない。

インダストリー4.0は、コンピュータと自動化を完全に新しいやり方で結びつけた。人間によるわずかなインプットから学習してロボットを制御できる機械学習アルゴリズムをコンピュータシステムに装備し、ロボットと遠隔でつなぐのだ。

このやり方で実現した「スマートファクトリー」では、サイバーフィジカルシステム（コンピュータ＋ネットワーク＋実際の作業）が工場内の実際の工程を監視し、分散型の意思決定を行う。産業機械にインターネット接続機能を加えてシステムと接続することで、製造工程全体を見える化できるうえ、各機械が自ら意思決定できるようになる。要するに、工場全体がIoTシステムと化し、機械と機械、機械と人とのあいだで情報をリアルタイムにワイヤレスでやりとりして協業できるようになるのだ。

ありとあらゆるデータが収集可能となったことと、それを分析できる高度なシステムができたことで、この「デジタルツイン」プロセスが誕生した。デジタルツインとは、実際のデータを使って、物理システムをバーチャルで再現したものだ。たとえば、インダストリー4.0を導入した工場のデジタルツインには、工場内のすべての機械、作業プロセス、そこで働く作業員の情報がもれなく表示される。センサーやカメラで集めた現場のデータをデジタル処理し、変数をひとつずつ変えながら結果をシミュレーションできるのだ。こうして得た予測結果を基にして現実世界の意思決定を行う。機械の稼働速度を上げると生産量は増えるが、摩耗

が進むため部品不良が増えるだろうか？ 新しい機械を入れたり、部品を違う型式に交換したりしたら、全体的なコストとパフォーマンスはどう変わるだろう？ いちばん故障しやすく、メンテナンスや交換用部品が必要になりそうなのはどの部分だろうか？ こうした疑問への正確な答えを知ることができたら、業務の無駄が減り、生産性は上がり、結果として利益も増えるはずだ。

産業が大きな転換期を迎えるときはいつもそうだが、この新たなモデルの導入にも苦労はつきものだ。新しいシステムを導入して大勢で利用すると、データセキュリティの課題が増える。サイバーフィジカルシステムをうまく運用するには、ずば抜けた信頼性と安定性を持つシステムの構築が重要だが、それこそが難しく、実現できても維持が困難なこともある。そのようなシステムを開発して導入できるほどの経験と人員が組織にないとなれば、なおさらだ（第14章でこの「スキルギャップ」について触れる）。また、工場を生産停止に追い込みかねない技術的な問題は、避けて通りたい。人の目による監視の少ない製造プロセスでは、正確性と品質の維持に問題が生じる可能性だってある。極めつきに、自動化をすれば必ず、貴重な人間の仕事が失われるリスクもついてくる。こうした数々の課題に加えて、関係者や投資家が高額な新興テクノロジーに思い切った投資をしたがらない傾向もあり、インダストリー4.0が最盛期を迎えるまでに数多くの障害物を乗り越えなければならないことがわかる。

それでも、インダストリー4.0モデルが持つメリットは、多くの生産施設が抱える懸念に勝るはずだ。たとえば、危険な作業環境下で働く作業員の健康と安全を守りやすくなる。製造から配送ま

での各工程のデータがあれば、サプライチェーンをもっとたやすく管理できる。多くの企業が、収入、市場シェア、利益率の増加というメリットを得られるだろう。

　世界経済フォーラム（WEF）の創設者であり会長のクラウス・シュワブ教授は、自著『第四次産業革命』（日本経済新聞出版、2016年）[注3] で、いまの第4次産業革命が前の3つの産業革命とは根本的にどう異なるかを説明している。前の3つではひとつの技術の進歩が主な特徴だったが、第4次産業革命で私たちは、物理的な世界、デジタルの世界、生物学的な世界をつなぎ合わせる多種多様な新興テクノロジーを目のあたりにしている。この新興テクノロジーは、ありとあらゆる学問分野、経済、そして産業に影響を及ぼし、人間とは何かという問いを喚起しさえするだろう。これからさらに数十億人をインターネットとつなぐ大きな潜在力を持ち、業務と組織の効率性を劇的に向上させ、資産をより良く管理して自然環境の再生を進めるテクノロジーだ。自然環境に関していえば、過去の産業革命で汚した分を取り返せる可能性さえある。

　というわけで、問題はインダストリー4.0の波がやってくるかどうかではない。どれだけ近いうちにやってくるか、である。この新興テクノロジーの海に勇気を持って飛び込んだアーリーアダプター（＊編注：新規製品・サービス・技術などが一般に普及する前にいち早く取り入れる人のこと）は見返りを手に入れ、変化にともなうリスクを避けた者は後退していくだろう、というのが私の予想だ。

世界を変える多様なテクノロジー

データ量の劇的な増加、AIの登場、IoTの拡充のほかにも、インダストリー4.0の時代で重要な役割を担うであろう新興テクノロジーがいくつかある。

そのひとつがゲノム研究という、ゲノム自体の研究やゲノム編集などのプロセスにテクノロジーを利用する研究分野だ。新しい治療法の開発に使われており、一部の病気を根絶できる可能性もある。CRISPR-Cas9と呼ばれるゲノム編集方法に大きな可能性があることがわかってきていて、遺伝性疾患が引き起こすリスクを減らしたり、害虫や菌への強い耐性を持つ作物をつくったり、アレルゲンを含まないナッツ類やグルテンをつくったりするのに役立っている。なんと、普通の馬よりも速く走り遠くへ跳べる「スーパーホース」をつくるプロジェクトまである。

ブロックチェーンも新興テクノロジーのひとつだ。データを暗号化したうえで、複数の場所に格納して常に同期させ、許可なしには誰にも書き換えられないようにするという、高い安全性を誇るデータベースファイルの形式である。不正操作を防ぐ取引台帳の作成に使用でき、現在すでに在庫管理、流通管理、物流と売上記録の管理に役立っている。世界経済フォーラムは、2025年までに世界のGDPの10%がブロックチェーンに蓄積されるとの予測を発表した[注4]。ビジネスリーダーなら少なくとも認識はしておいたほうが良い話題だ。

クロスリアリティ（XR）は、仮想現実（VR）と拡張現実（AR）をまとめた表現だ。ヘッドセットを装着して、またはカメラのレンズを通して、完全なデジタル世界に入り込んだり（VR）、デジタルの世界の要素を現実世界の景色に重ねて見たり（AR）できる。この技術はすでに、教育、エンターテインメント、トレーニング、実際の業務などに広く用いられている。

どの新興テクノロジーもそれ単体では存在しえないし、単体で開発されてきたわけでもない。それどころか、もしもデータ技術、AI、IoTなどが開発されていないか、ある程度高度なレベルまで発展していなかったなら、どの新興テクノロジーも現在のレベルには至っていないだろう。

┃ ━ データ企業になるべき理由 ━ ┃

あらゆる企業にとってデータが重要な経営資産となり、成功するための肝となりつつあることは明らかだ。世界がハイテク化すればするほど、データは競争で優位に立つための必須条件となる。企業の競争力は、どれだけうまくデータを活用し、分析結果を活かし、新興テクノロジーを導入できるかにますますかかってくるということだ。

データと、データを事業価値に変える力は、業界を問わず今後数年でますます重要になるだろう。これを裏づけるデータが国際分析学協会から発表されている。データを活用する事業はしない事業と比べて、2017〜2020年の生産性向上の成果が4,300億ドル

分高かったそうだ[注5]。

　ビジネスにおいて、情報は力だ。数年前には収集も分析も不可能に思えた情報を、データ分析により得ることができる。進化に消極的で、データ革命を受け入れない企業は、すでに置き去りにされている。これは、新型コロナ禍での各企業の状況にくっきりと現れている。データを中心にビジネスモデルを構築してきたGoogleやAmazonなどの大手テック企業は、世界が混乱に陥るなかでも揃って記録的な業績を残している。データを持っていたおかげで、業務プロセスや操業方法を状況に適応させ、進化させられる順応性を手にできたからだ。一方で、ナレッジベースの組織に移行できていない企業の業績は芳しくない。

データ戦略なしには何も始まらない

　データの重要性が見えてきただろうか。この本の目的は、組織の規模や業界に関係なくありとあらゆるビジネスが、データを、そしてAIやIoTのような高度なデータ技術を活用するための方法を探究することだ。

　近年、さまざまな形態の企業や組織が一斉にAIの潮流に飛び乗っているが、それもそのはずだ。「データ・ファースト」の考え方で課題に取り組めば大きな成長をもたらせること、そして世の中をがらりと変える製品やサービスを構築できることを、大手テック企業やスタートアップがこぞって示してきたのだから。

　でも残念なことに、必ずうまくいくとは限らない。むしろ、デー

タを取り入れたプロジェクトを含む事業計画の最大85%が、資本利益率（ROI）を伸ばせなかったか目的を果たせなかったかで失敗に終わっている、という情報もある[注6]。

　数々の企業のデータプロジェクト実施に関わってきたなかで、私が自分に繰り返しいい聞かせてきた教訓がひとつある——データは、戦略なしには意味をなさない。

　というのも、テクノロジー自体やその画期的な機能に、つい目がくらんでしまうのだ。データ分析やAIを導入するとなると、多くの人が「何を」「どうやって」と問うことから始めるが、本当に考えるべきは「なぜ」である。

　自社の業務の進め方や運営方法を、「なぜ」変える必要があるのだろう？　「なぜ」自社のプロセスについてさらに深い理解が必要なのだろう？　「なぜ」が大切だからこそ、ビジネスのどんな場面でも戦略は重要で、なかでもデータ戦略に関してはとりわけ注意が必要だ。AIを使えばこの指標を強化できるとか、この部品の故障率を予測できるとかいう話は（いったん）忘れよう。それができることがなぜ自社にとって重要なのかをまず理解しなければならない。新しい技術を導入して、あなたは何を達成したいのだろうか？

　この本で軸となるのが、企業の進歩につながる6種類のデータの活用目的だ。

　それは、1. 意思決定プロセスの改善、2. 顧客と市場の理解、3.

より優れた製品の創出、4. より優れたサービスの創出、5. 業務プロセスの改善、6. データの収益化である。どれを選ぶか、いくつ選ぶかにかかわらず、自社の事業戦略の方向性に合致させることが最重要だ。

いま業界を支配しているGoogle、Facebook（＊訳注：現Meta）、Amazonなどの怪物企業は、単に大量のデータを収集するだけではなく、それを成長戦略に合う形で活用する革新的な策を見つけることで、道を拓いてきた。アクションのひとつひとつが、自社プラットフォームの利用者を増やすという大きな目標に必ず沿っている。

これから15章にわたり、データ活用の一部始終を説明していく。自社で「なぜ」データを活用したいのかを突き詰めるところから始めて、目的達成のためにとれる多様な手段、現時点で有用と証明されている分析手法、規制面の懸念点、倫理面で考慮すべき点、実践的な導入方法を解説する。そしてここがいちばん大切だが、とる行動すべてが会社全体の目標と確実に連動するよう意識しながら、計画とプロセスを組み立てていく。

原注

1 Reinsel, D, Gantz, J and Rydning, J (2018) The digitization of the world: from edge to core, IDC, resources.moredirect.com/white-papers/idc-report-thedigitization-of-the-world-from-edge-to-core (archived at https://perma.cc/7BYJ-GZKH)

2 Henshall, A (2017) How social media and big data shaped the Brexit campaign strategy, Process Street, 3 February, www.process.st/brexit-campaign-strategy/ (archived at https://perma.cc/5CJ5-ZKL3)

3 Schwab, K (2017) The Fourth Industrial Revolution, Portfolio Penguin, New York（邦訳『第四次産業革命―ダボス会議が予測する未来』クラウス・シュワブ著／世界経済フォーラム訳／2016年／日本経済新聞出版社）

4 World Economic Forum (2015) Deep shift: technology tipping points and societal impact, www3.weforum.org/docs/WEF_GAC15_Technological_Tipping_Points_report_2015.pdf (archived at https://perma.cc/RTK2-CTC5)

5 Bloomberg (2016) 6 predictions for big data analytics and cognitive computing in 2016, 6 January, www.bloomberg.com/enterprise/blog/6-predictions-for-bigdata-analytics-and-cognitive-computing-in-2016/ (archived at https://perma.cc/F9CC-BFM2)

6 Fujimaki, R (2020) Most data science projects fail, but yours doesn't have to, Datanami, 1 October, www.datanami.com/2020/10/01/most-data-scienceprojects-fail-but-yours-doesnt-have-to/ (archived at https://perma.cc/XH5V-FMFZ)

第2章

データの活用目的

　この本は、あらゆる規模の企業が成長を目的にデータ、データ分析、AIを導入・活用する際のガイドブックという位置づけだ。そのためにもまずは、6種類の主な活用目的をここで概説する。

　前の章で述べたとおり（そして大切なので繰り返すが）、自社の事業戦略に則した活用方法を選ぶことが重要である。つまり、会社として重視する戦略目標の達成に役立つプロジェクトにする。戦略目標とはたとえば、顧客基盤を拡大する、収入を増やす、販売促進活動のターゲットを絞る、不良による返品数を減らす、製造プロセスの無駄を減らす、などだろう。

　この本の後半で、自社の事業内容と戦略に合った活用方法を選ぶ手順について解説する。だがまずは、いまの時代にとることのできる幅広い選択肢を見ていこう。先ほど挙げた戦略目標の例は

どれも、6種類のデータ活用目的のいずれか（または複数）にあてはまる。活用目的とは、目標をざっくりと6つにカテゴリー分けしたもので、企業がデータを使って価値を創出する6種類の基本的な手段といえる。

　各活用目的の概要をこの章で説明し、次の章からはひとつずつ順に掘り下げていく。企業で実際に試され、（たいていは）成果を生んだプロジェクトの事例もたっぷりと紹介する。自社のデータ活用計画を決める段階になったら、この6種類の目的のうちひとつ以上に必ずあてはまるようにしてほしい。データ活用案はできるだけ多く挙げたいので、現時点では活用目的をひとつに絞る必要はない。最終的には、複数またはすべての目的にあてはまる活用計画（計画も複数あって良い）に決められると理想的だ（とはいえ、業種によっては関係のない活用目的もある）。

　6つの活用目的について掘り下げたあと、第9章からは自社にとっての最初のデータ活用計画を中心にデータ戦略を策定し、実行に移すまでの実践的な話に入る。データをほとんど活用してこなかった企業が、最初の活用計画とパイロット（試験的）プロジェクトに着手し、社内の賛同を獲得し、データ志向の文化を醸成し、最終的には真のデータドリブンな組織、つまりあらゆる意思決定とあらゆるプロセスの効率化にデータを活用する組織になる方法を考えていく。これから解説する6つの活用目的を初め基本的な枠組みを押さえれば、実現できるはずだ。いまは長い道のりに見えるかもしれない——でも、真のデータドリブンな組織になるための手段が、6つの活用目的に網羅されている。

6つの活用目的

データを導入して大きく進化させられる領域とは、意思決定プロセスの改善、顧客と市場の理解、より優れた製品の創出、より優れたサービスの創出、業務プロセスの改善、データの収益化である。

意思決定プロセスの改善

データ量が増えるとは、事業に影響を及ぼす要素をより深く理解できるということ。決断を下さなければならないときに、エビデンスに基づいた考え方ができるということだ。データを分析すると、目の前にあるいくつもの選択肢の行く末をより正確に予測できる。選択肢ごとに考えられる結果を、データを基にモデル化し、シミュレーションすれば、直感や個人的信条（よく失敗につながる）ではなくデータに基づいて方向性を決められていると自信を持てる。たしかに、生まれ持った商才でどんなときも正しい決断を下せるビジネスリーダーも稀にいるものだ。スティーブ・ジョブズやイーロン・マスクが頭に浮かんだかもしれないが、基本的には100万人に1人もいないレアな存在であると覚えておいたほうが良い。人間はミスを犯す——いつも何においても正しく判断できる人などいない。意思決定は可能な限りデータを基に下すべきだと、成功する企業が理解している（AppleやTeslaはまさにそうだ）のは、そんな理由からだ。

この活用目的の章では、人間の意思決定能力を強化するために

データで何ができるのかを考えていく。そしてその先にあるのが、意思決定の自動化という発想だ。決断材料となる情報を取得するだけではなく、人間に代わって高性能の機械に決断させるという考え方であり、意思決定プロセスの大幅なスピードアップになる。これはすでに随所で実現されている。銀行や金融サービスで利用者が資金を借用できるかをアルゴリズムで判断する仕組みから、採用プロセスの自動化、さらには（物議を醸しているが）生産性の低さを理由にクビにする従業員の自動選定までと、事例は多岐にわたる。

顧客と市場の理解

　データやAI、高度な分析技術を用いると、市場や顧客に関するより良質な情報を集めることができる。材料となるデータ量の増加にともない、顧客に関する情報を企業がいっそう正確に把握できるようになった。顧客が何を欲し、何を使用し、どのように製品を購入し、購入した製品やサービスについてどんな感想を抱くか、といったことだ。こうした情報は、製品・サービスの設計から販売とマーケティング、アフターケアまで、ビジネスのあらゆる場面でより良い決断をするためにも使われている。

　また、市場の全体像を把握する際にもデータが役に立つ。たとえば、市場の中心的存在はどの企業か、自社の競合相手となりうるのはどこか、などだ。製品・サービスを新規開発する際に市場データを使用すれば、予想される顧客層、顧客からの期待内容、どんなサービスを提供すれば顧客の選択肢に合致するか、などを理解できる。

より優れた製品の創出

　テレビ、携帯電話に時計、キッチン用のはかり、冷蔵庫、車などあらゆるものが、さらには街全体がどんどんハイテク化、スマート化している。この変化を受けて企業は、顧客の生活をさまざまな面で（理論的には）向上させる高性能な新製品を出すようになった。IoTの場合、スマートなのは「モノ」だ——インターネットに接続されたデバイスは、単純に従来の製品よりもずっと多くの機能を持つ。スマートサッカーボールは蹴られるたびに強さと速度を記録し、プレイヤーの技術向上を支援する。スマート体重計は、持ち主が理想の体重になるまでの経過を計測管理する。スマートトイレは尿の量と糖分含有量を監視し、不健康のサインがないかをいち早く検査する。データを使用して、ほかの製品よりも多くのことを高い性能でできるようにするのは、イノベーションの力で競争力を手に入れる有効な一手だ。

より優れたサービスの創出

　先ほどの活用目的とよく似ているが、スマートマシン時代の流行の中心である「サービスとしての○○（○○-as-a-Service, ○aaS）」は、データを使って顧客のニーズにぴったり合ったサービスを創出する。サービスはどこまでもパーソナライズできる。顧客のいま現在の状況に即したサービスを、おすすめの使い方とともに提供するのだ。たとえばNetflixの利用者がアプリを開いた時間や曜日をNetflix側が記録しておけば、Netflixはその利用者が好みそうな映画やテレビ番組をより正確に把握できる。皆さんもきっとお気づきのとおり、これまで料金を一度に支払って購入してきた「モノ」

が、いまはサブスクリプションで利用可能になっている。映画、コンピュータのソフトウェア、家電製品、衣服、さらには車まで。この動きも現代のトレンドの一部で、企業はサブスクリプションモデルに移行することで顧客とより密な関係を築けるだけでなく、サービスが顧客の生活にどの程度合致しているかを以前より詳しく知ることもできる。データをどう活用するとサービスをさらにスマート化できるかがわかれば、消費者行動の大きな変化の一端を担う企業になれるかもしれない。

業務プロセスの改善

　この目的においては、社内の業務をより円滑に無駄なく、かつ事業戦略から逸れないように進めるためのデータ活用法を見ていく。マーケティングからカスタマーサービス、採用活動、製造、運送と物流、人事、研究開発に至るまで、データを最大限に活用できるツールの力を借りると、どんな業務も効率アップできる。

　さまざまな業務を管理できるツールやサービスが登場しており、AI搭載のクラウドベースのテクノロジーで、簿記や管理業務、その他戦略が不要な繰り返し業務（つまり機械に任せたほうが良いタスク）にかかる時間を減らすことができる。第7章ではいまある選択肢をひとつずつ吟味し、皆さんの業務ならではのニーズに応える活用事例の見つけ方を指南する。また、第7章ではIoTが秘める可能性や、商流の上から下までのさまざまな業務をIoTで監視、追跡、改善する取り組みにも焦点をあてる。

データの収益化

6つ目は、割と高度な活用目的だ。そして、データ販売業者のようにデータ販売が事業のいちばんの目的でもない限り、この活用目的が社内で最初の事例となることはおそらくない。それでも、データドリブンな組織づくりに取り組むのであれば、最初の目的が何であれ、いずれは自社が収集または創出したデータに商業的な価値があることに気づくだろう。価値というのは、消費者がより良い生活を手に入れること（手首に装着したフィットネストラッカーでインサイトを得るなど）や、企業が機会を創出すること（GoogleやFacebook（現Meta）などの企業がマーケティング用データを販売するなど）を指す。どれほどニッチな分野の企業でも、誰かにとって本質的に価値のあるデータを生む可能性は高いし、それを新たな収益源にする方法を学べば新たな扉が開かれると、数多くの企業が証明してきた。データの収益化の先駆者として活躍してきた企業の事例を、のちほど紹介する。たとえば農業機械メーカーのJohn Deereは、グローバルに販売している農業機械にセンサーを搭載してデータを集め、そのデータを農家に販売して、農作物を植えたり農薬を使ったりする判断を助けている。

6つの活用目的の実践例

具体的にはどのような事例があるのだろう。感覚をつかむためにも、まずは6つの活用目的すべてにまたがるデータ戦略をとる業界を見てみよう。

遠隔医療（インターネット経由で供給されるリモート医療サービス）が、しばらく前から発展を続けている。元はNASAが宇宙にいる宇宙飛行士に医療処置を施すための仕組みだったともいわれている。コロナ禍では、患者はどうしても必要でない限り最前線の医療現場には近づかないようにいいわたされていることもあり、遠隔医療が急速な成長を見せているのだ。

　Teladocは、遠隔医療を提供する医療サービスとしてはアメリカ最大手で最古参だ。近年、AI関連のスタートアップを何社か買収し、AIが業界の在り方を破壊する可能性をはっきりと認めている。この思想の下、業界リーダーとしての地位を保つために、6つの活用目的を網羅するAI技術の購入と構築にいそしんでいる。

　同社の試みのひとつが、チャットボットを使って患者の初回トリアージを行うことだ。救急治療室や最前線の医療施設に運ばれた患者に、症状について普段なら直に尋ねる質問を、遠隔医療では自然言語処理（NLP）を用いて尋ねる。この役目をロボットにわたすことで、対応にあたっていた医療スタッフが解放され、実際の処置などといったより効果的な業務に時間を割けるようになる。これは6つの活用目的のうち「意思決定プロセスの改善」にも、「より優れたサービスの創出」にもあてはまる。

　遠隔医療では、対面型の診察で得られるよりもはるかに多くの情報が——多くないとしても、永久に残る情報が——患者からわたされる。対面型の診察では、患者が自覚症状を説明し、医師がそれを書き取ったものが、最も大切な情報となる。ところが遠隔医療では、患者の発言も仕草や行動も、すべて音声データや動画

データとして記録される。このデータは多様な方法で分析できる。患者が話した内容から重要な情報を抜き出すだけでなく、患者の喋り方、声に現れるストレスレベル、目視できる患者の身体の症状などからも分析材料を得られるからだ。遠隔医療業界はここにもAIを用い、患者に関する情報をいっそう多く吸い上げられるようにしている（＊編注：これは「顧客の理解」にあたる）。

遠隔医療の急発展にともない、医療供給者がリモートで患者に対応する際の助けとなる革新的な製品も数多く生まれてきた。たとえば、家庭用に進化を遂げたセンサーは、患者の状態を監視して注視が必要なときに警告を発してくれる。Teladocのサービスと互換性のある多様な「スマート」医療デバイス（聴診器、血圧計、ダーマスコープ（皮膚用の拡大鏡）、オトスコープ（耳鏡））の開発と販売も進んでいる。高齢の患者につき添う家庭用医療ロボットが実用化される兆しも見えていて、患者と会話をしたりゲームをして遊んだりするだけではなく、医療行為のサポートをしたり、遠隔医療事業者に提供するデータを収集したりするようにもなる見込みだ。これは、業界への「より優れた製品の提供」という活用目的にあたる。

Teladocのような遠隔医療事業者は、医療処置の計画を立てる際、患者とロボットから得た情報や診察記録に加えて、感染症の発生状況や流行状況といった世界中の動向、オピオイド（鎮痛薬）乱用やメンタルヘルス関連のニュースなど、すべてを判断材料にできる。よって、リモート診察や看護が必要なタイミングと、そのときに医療従事者が必要とするリソースを、より正確に把握できる。診察結果のデータは、患者に救急治療が必要となって病院

に引き継ぐ場合を判断する材料となる。こうしたデータすべてが、大切なリソース（医師の時間など）をより効率良く無駄なく使用するという、業界内部の「プロセス改善」に寄与している。

　最後に、こうして収集したデータは直接的な「収益」にもなる。データをインサイト（たとえば、患者専用にカスタマイズした運動計画や食事計画）に換えて患者本人に販売して健康状態の改善に役立ててもらったり、別の医療事業者や保険会社に販売したりできる。

業界ごとの実践例

　小売業界では、実店舗の業者もオンラインの業者もデータ志向の戦略を取り入れ、顧客を理解したうえで自社製品と引き合わせ、料金を投じさせようとしている。近年の小売業者は、顧客の行動を記録した情報が増え続けるなか、インサイトを引き出す革新的な方法を常に模索中だ。データとAIを用いた分析技術は、いまや小売業の全プロセスに適用されている。トレンド予測を基に人気の出そうな製品をつくる、その製品の需要がどこにあるかを予測する、競争優位性を得られるよう価格を最適化する、興味を持ちそうな顧客層を特定して最適なアプローチ方法を考える、顧客に購入させる、そして最後に、次に売るものを考える。

　銀行・金融業界では、Royal Bank of Scotland（RBS）が顧客とのつながりを取り戻す目的で、「パーソノロジー（人格学）」と呼ばれるビッグデータ戦略を構築している。データ分析技術と

「1970年代に倣った」カスタマーサービスを組み合わせる考え方だ。RBSは分析スキルとテクノロジーの底上げに1億ポンドを投じていて、その一環として800人規模の分析部門を編成し、先述の戦略を推進している。

観光事業、ホテル業界、接客業では、顧客が予約先を探し始める瞬間から、楽しいひとときを過ごして帰宅するまでの全プロセスを追うためにデータが使われている。ポイントプログラムや特典プログラムは、航空会社、ホテルチェーン、リゾート施設、観光施設などが使う常套手段だ。この本では、Disney、Hilton Hotels、Caesar's Entertainmentなどの企業が、事業を成長させながら顧客の満足度を向上させるために、データを用いたテクノロジーソリューションをどのように活用してきたかを紹介する。

金曜の夜にピザを頼むときにだって、データ分析技術が配達プロセスを最適化している。世界最大のデリバリーピザチェーンであるDomino's Pizzaは、最新または発展途上のテクノロジーを常に取り入れてきたので、いまやTwitter、Facebook、スマートウォッチ、テレビ、さらにはFordのSyncなどの車載情報システムからもピザの注文が可能となっている。最近は、ロボットを使ってできたてのピザを客の家に届けるという自動配達の領域にも踏み出そうとしている。ピザとAIは一見結びつかないように思えるが、70カ国で毎日合計100万枚近いピザを配達するDomino's Pizzaの物流の状況から、まさにデータで解決できる問題の種類が見えてくる。

データがビジネス界を席巻する

　データ、分析技術、AIが、Fortune 500に名を連ねる大企業から家族経営の会社までどんな企業にも例外なく影響を与えると、そして人間の働き方を徹底的に変えると、私は心から信じている。データを集め、分析し、解釈する技術の普及が進み、手が届きやすくなっているので、業界や専門分野、組織の規模に関係なく、これまで不可能とされてきたことを実現する力を今後誰もが手にするだろう。これから解説していく主な活用目的を知ると、このまたとない機会を逃さないためにはどうすれば良いかのヒントを得られると思う。まずは6つの活用目的をひとつずつ詳しく知り、そのあとで自社の戦略に合うかどうかを考えていこう。

第3章

意思決定プロセスを改善する
活用目的①

　意思決定プロセスにおけるデータの重要性は増す一方だ。最近の企業のデータの使い道は、意思決定の改善が主流といっても良いくらいである。意思決定にデータを役立てる方法は無数にあるので、とても広範なカテゴリーといえる。キーワードは「人間」。データを利用するのは人間であり、機械がデータを解釈して自動で行動に移す（Amazonがデータとアルゴリズムに基づいて自動でおすすめの商品を表示するなど）のとはわけが違う。この章では、「組織に属する人間が、より豊富な情報に基づいた賢明な意思決定をするために、データを解釈するプロセス」に的を絞る。賢明な意思決定とは、会社の戦略目標の達成に近づく目的で行う決断と行動を指す。豊富な情報に基づいた意思決定とは、人間の仮定や推測や考えではなく、既知の事実に基づいて何かを選択するということだ。

規模や業界にかかわらずどんな事業においても、意思決定の中心にデータがあるべきだと私は思う。経験や直感ももちろん役には立つが、間違いの元にもなる。データは、企業の進化に必要な、大きな強みや独自性をもたらす。不確実さを減らすというメリットもある。「顧客はどの程度満足しているのだろう？」などという重要な問いに対する貴重な知見をデータが示し、私たちはそれを基に事業の改善を目的とした決断や行動をすることができる。

▌── 鍵となる質問を設定する ──▐

まずは、早いうちに伝えておきたい非常に大切なポイントから述べよう。知りたいことが明確にならないうちは、どんなデータが必要かは決められない。頭のなかに明確な目的があってこそ、データを最大限活用できる。データに基づく意思決定の第一歩を必ず「鍵となる質問（key business questions, KBQ）の決定」にすべきなのは、それが理由だ。

鍵となる質問とは、事業の核となる要素や事業目標に関する、答えの出ていない問いだ。わかりやすくいえば、「戦略目標を達成するために知る必要のある情報とは何だろうか？」。 鍵となる質問に照準を合わせると、本当に必要なデータのみにピントを合わせられる。答えを知るべき質問さえわかれば、そのために必要なデータを特定するのがずっと楽になるからだ。

ビジネスにデータを活用したいなら、基本的には最初にこれを行うべきだと私は考えている。まずは対象とする事業領域の戦略

目標を定め（何を成し遂げたいのか）、次にその目標に関する疑問点、つまり「鍵となる質問」（目標を達成するために何を知る必要があるか）を決める。

会社として包括的な戦略目標をすでに持っている場合は、その目標に結びつく質問を考えれば良い。顧客基盤を広げることが目標なら、質問はたとえばこうだ。「現在の顧客層は？」「会社にとって最も価値のある顧客層の特徴は？」「顧客生涯価値は？」。

質問がたくさん挙がったら、少し時間をとって優先順位づけと絞り込みを行うと良いだろう。たとえば100個の質問すべてに取り組むのは無理だ。6つの活用目的すべてを視野に入れているなら、活用目的ごとに上位10個ずつに絞ってみる（もっと少なくても良い）。包括的な戦略を遂行するために欠かせない質問に重点を置こう。残った質問にも、のちに答えを出すことはできる。

良い質問から最高の答えが生まれる

ダグラス・アダムスが書いたSF小説、『銀河ヒッチハイク・ガイド』では、ある生命体が「生命、宇宙、そして万物についての究極の疑問の答え」を計算するスーパーコンピュータをつくる。何百万年もかけて計算した結果、コンピュータが出した答えは「42」。この答えに対し抗議を受けたコンピュータは、究極の疑問の答えは出たのだから、究極の疑問とはいったい何かを知る必要がある、それにはさらに大規模で高度なスーパーコンピュータが必要だ、と淡々と説明する。

そんなわけで、最初に適切な質問を設定することが何よりも大切なのだ。シンプルな質問をひとつ決め、それに直接答えるデータのみを収集すると、データの管理はぐっと楽になる。

　適切な質問が定まると、本当に大事なものとそうでないものがわかりやすくなる。会社が抱える最大の懸念事項が見えやすくなり、的確な議論ができる。何より、良い判断が増えるはずだ。

　明確な質問がなぜ重要なのかがわかる事例を紹介しよう。私は以前、通常の売上記録のほかにはデータを持たない小規模なファッション小売会社と仕事をしたことがある。売上を伸ばすことが会社の目標だったが、そのために利用できるデータがなかった。私が社員の方々とともに決めた、答えを知る必要のある質問の具体例がこちらだ。

- 店舗の前を何人が通り過ぎるか?
- ショーウィンドウの前で立ち止まるのは何人で、どのくらいの時間立ち止まるか?
- そのうち何人が入店するか?
- 購入に至るのは何人か?

　これらの質問に答えるために、まずは小さくて目立たない端末をショーウィンドウ内に設置し、携帯電話の信号を検知して店舗の前を通り過ぎた人数を数えられるようにした。これで1つ目の質問の答えが出た。何人がショーウィンドウの前で立ち止まり、どのくらいの時間眺めていたか、そして何人が店舗に入っていったかはセンサーで計測した。これで2つ目と3つ目の質問の答え

が出た。それから、普段から収集していた売上データを使用して、購入に至った人数を記録した。ショーウィンドウ内に設置したセンサーつき端末からのデータと、売上データとを組み合わせることで、日々の顧客転換率を割り出せるようになり、ショーウィンドウのディスプレイを変えるとその値がどう変わるかも追えるようになった。通行人が何をきっかけに足を止めて店舗に入るかがわかったおかげで、売上増はもちろん、この情報を基に1店舗を閉店するという大きな経費削減策も実行できた。センサーを設置した結果、開店前に市場調査会社が予測した来店者数が間違っていたこと、営業し続けるには通行人の数が足りていないことがわかったからだ。

　重要なデータを得るために質問をうまく使った、また別の事例も見てみよう。（アルコールの）スピリッツメーカーのBacardiは、サプライチェーンで「減耗」が発生しているので戦略面で手を打つ必要があると認識していた。製造から輸送、小売までのプロセスのどこかで、容認しがたい数の製品が消えていたのだ。センサーと画像解析技術を使用して、サプライチェーンは強固であり、減耗の大半が小売店で起きていることを同社と私は突き止めた——万引きだ。この知見を得て、同社は小売店と協業して問題に対処し、結果、盗難が原因の在庫不足を減らすことができた。

　また別の良い例が、Googleだ。「Googleのマネージャーは会社に本当に貢献しているか？」などの質問を基に、マネージャーの能力評価を始めている。データ解析チームが業績評価と従業員アンケートのデータを関連づけると、概観としては、どのマネージャーも割と成果を上げている様子が見られた。しかし、有能度

の評価の上位4分の1と下位4分の1を抜き出してみると、上位の
マネージャーは複数の指標（チームの生産性、従業員満足度、離
職率など）に予想以上に良い影響を及ぼしているというデータが
現れた。ここから改善につなげるにはもう少し掘り下げる必要が
あったので、チームは次に「Googleにおいて良いマネージャーの
要素とは？」という質問を設定した。その結果、「良きコーチであ
る」や「チームの今後について明確なビジョンを持っている」な
ど、マネージャーとして（特別の）成果を上げる人に備わる8種
類の特徴を特定できた。

― データを理解し、説明する ―

　質問が重要だというのは理解できた。その質問に答えを出せそ
うなデータを入手したら、次にすべきことが2つある。1つ目は、
データの内容を理解すること。2つ目は、その理解を組織（また
はパートナー組織）内で決定権を持つ人物に伝えることだ。

　意思決定の材料になる重要なデータを、考察と視覚情報（図や
グラフ）にまとめる。この作業自体は新しいものではなく、ビジ
ネス界では何世紀も前から行われてきた――それどころか、人類
が初めて書いた（絵以外の）ものは商取引を記録する刻印
（＊訳注：日本語で数を数える際に書く「正」の字のイメージ）だったとい
う説もある。データを集めて整理し、分析し、考察を発表する過
程で使われるツールは、長い年月をかけてどんどん高性能化して
きた。いまは、AIアルゴリズムを用いて果てしない量のデータ
セットから傾向を割り出すところまで進歩している（手動では

きっと無理だろう）。

　取引履歴データを分析して財政目標達成をねらうだけでなく、ビジネスのあらゆる場面から取り出したデータを分析して、販売、マーケティングから業務運用、物流、人事などの各部門にインサイトをわたすこともいまは可能だ。

　当然、すべての組織がAIを活用できる状態にある（または、できると思っている）わけではないし、データ量の多さが仇となる可能性もある。量が多すぎると、ノイズに埋もれたインサイトを見つけるのが至難の業になるのだ。ここで、ダッシュボードの出番である。

　データダッシュボードの基本原理を理解するには、車のダッシュボードを見るとわかりやすい。車の設計者は、運転者の目の前に置く表示や数値を決めるにあたり、安全かつ快適に目的地に到着するために運転中に運転者が抱く質問は何かを考える。現在の速度は？　同乗者全員がシートベルトを締めているだろうか？　対処が必要な異常が車体に発生しているだろうか？　データダッシュボードも考え方は同じ。喫緊の質問に答えを出すのに欠かせない情報を、そこに残さず集めるのだ。

　ダッシュボードは、人間がデータをやりとりしたり解釈したりする際のインターフェイスだ。現代のビジネスデータにとりわけ適したダッシュボードが、2種類ある。これから、その2種類をそれぞれ料理とそれを味わう過程になぞらえて比較してみる。ひとつは高級コース料理、もうひとつはスイス伝統の共同参加型の料

理であるラクレットだ。

データが精選されたダッシュボード
──高級コース料理

　高級コース料理を出すレストランに行ったら、料理、盛りつけ、サービスに対して最高レベルを期待するだろう。料理を口に入れて味わう以外のことは、お金を払ってスタッフにやってもらう。最高級の素材で腕によりをかけてつくられた品々が美しく皿に盛りつけられ、ソムリエが選んだ料理によく合うワインとともに運ばれてくる。

　これに似て、データが精選されたダッシュボードでは、ビジネスアナリストかデータ・サイエンティストが意思決定役に情報を伝える。データを念入りに厳選し、不要なものを巧みに取り除いて、最善と思われる行動指針とその理由という形に整えたうえで提供する。

　このダッシュボードは、データ戦略の出発点に適しているといえそうだ。戦略関連の意思決定を改善する理想的なソリューションとなることが多い。環境さえきちんと整えれば、組織が抱えている質問（目標達成を阻む課題を乗り越えるために知るべきこと）にすぐに答えを出せるようになる。

　というのも、組織の「鍵となる質問」を軸にして専門業者がダッシュボードを構築するからだ。不要なノイズを切り捨てて、

質問への答えとインサイトにぴったり合うデータのみを用意できる。

とはいえ、もうひとつの選択肢（このあと説明する）と比べると、データが精選されたダッシュボードの強みは弱みにもなる。ダッシュボードの質が、構築する業者のスキルと能力に大きく依存するため、データ分析が組織のボトルネックとなるおそれがあるのだ。また、社内の分析能力と分析作業をひとつの部門に偏らせると、社内のデータ関連スキルとデータ活用能力にも偏りが生じかねない。これは時間が経つにつれて厄介な問題となる可能性が高い。データ活用能力は今後ますます多くの部門で必要となるうえ、データ処理能力の一極化が進むと社内文化として根づかせるのが難しくなる。

精選されたダッシュボードをうまく活用するには、何よりも先に、組織がどんな情報を求めているかを理解する必要がある。ここで先ほど考えた質問の出番だ。「鍵となる質問」が定まっていれば、それに答えるにはどのようなデータセットが必要か、データ導入の効果を把握するにはどのようなKPI（key performance indicator, 重要業績評価指標）を追う必要があるか、などを考えることができる。

質問、情報、指標の3要素は、データが精選されたダッシュボードをデータドリブンなビジネス分析という高級コース料理に仕上げるためにいちばん大切な材料なのだ。

データが精選されたダッシュボードのつくり方

　ここまでを踏まえて、ベストプラクティスと基本原則に沿ったダッシュボードを構築するためのヒントをまとめる。

- まずは質問から——自社や事業が直面している課題と機会は何か。それを乗り越えるため、または活用するために、何を知る必要があるか。
- つくりはシンプルに——意思決定役に伝えるインサイトは、ダッシュボード1画面や1ページ分にまとめられるはずだ。必須ではない項目は極力省く。
- 誰もが使えるものに——意思決定役が扱える形式で結果を出力できるツールや文書作成ソフトウェアを選ぶこと。
- 見やすさ、使いやすさ、わかりやすさ——1ページに情報を限界まで詰め込んではいけない。ひとつの質問に対して結果を示すデータがひとまとまりになっていて、結論ひとつで答えるほうが、インサイトが埋もれている大量のデータを見せるよりもずっと伝わりやすい。
- 情報伝達と理解を重視——過度に凝ったデザインにしない。見栄えのために何種類ものデザインをつくる必要はない。ひとつひとつの要素に目的があるべきで、目的がないなら除いたほうが良い。

セルフサービス型のデータ探求
ダッシュボード──ラクレット

　情報が精選されたダッシュボードが高級コース料理なら、セルフサービス型のデータ探求ダッシュボードは、自分で料理をとるビュッフェに近い。だが、ビュッフェのイメージがぴったりとはいえない場合もある（理由はあとで述べる）ので、セルフサービスに近い別の料理にたとえたほうが良さそうだ──スイスの伝統料理、ラクレットである。

　ピンと来ない方のために説明すると、ラクレットは複数人で楽しむ共同参加型の料理だ。ただみんなで一緒に食べるだけではなく、一緒につくるところから始まる。たいていテーブルの真ん中に調理器具を置き、そこでチーズやポテト、肉を焼いたり炙ったりする。

　ラクレットを楽しむときは、材料、つけあわせ、香辛料、ソースなどはすべて手の届く範囲に用意しておく。この点も、セルフサービスでデータを探求するにあたり欠かせない要素だ。業務を通してデータ活用の社内文化醸成に関わる機会が全従業員にあるところがメリットといえる。

　これは大事なことだ。データ活用能力が競争上の優位性となる業務や職務は、これから急速に増えると予測されている。やがて、博士号などの資格を持つ本格的なデータ・サイエンティストは、社内のデータ関連業務のほんの一部に特化するようになるだろ

う。データ関連業務の大部分を担うのは「市民データ・サイエンティスト」——データと分析業務の適性を持つ一般従業員が、メインの職務の傍らで行うのだ。

　社内に唯一の分析チームだけにデータ活用を任せている企業ではボトルネックが生じがちだが、データを扱える人材を育成すれば解消できる。このボトルネックを放置すると、プロジェクトや試験プロジェクトが成功して分析作業の負荷が大きくなるにしたがって、大問題へと発展するケースが多い。

　何百人が大群をなしてビュッフェに押し寄せたら会場は大混乱になるのと同じで、セルフサービス方式を十分に活かすためにも、作法とベストプラクティスについての丁寧な指導と手引きが必要となる。ラクレットのテーブルでは、さまざまな味と食感の組み合わせから好みに合うものを教えてもらうことができ、環境もホテルの無料朝食ビュッフェの無法地帯とは雲泥の差だ。

　データダッシュボードでいえば、有効に機能させるには適切なデータとツールだけでなく、ユーザへの指導と共通の文化意識の喚起も必要というわけだ。

　時代の流れが向かう先は明白だ。あらゆるビジネスの意思決定においてデータの重要性が高まっているからこそ、職場全体のデータ活用能力向上も急務となる。そのために克服すべき課題は組織によって異なるが、たとえば次のような質問で見えてくるのではないだろうか。

- 従業員のIT能力とコンピュータ使用能力はどのくらいか？
- 経営層、マネージャー、一般の従業員では、データ活用能力にどのような違いが見られるか？
- 従業員が変化に対して抱く抵抗は大きいか？（どの現場が最も強く抱いているか？）
- 組織の仕事のしかたは、上から下への指示が中心か？　それとも、民主的な意思決定プロセスとイノベーションが推進されているか？
- 上司の判断や「直感的に」下した決断が間違っていると示すデータを部下が差し出したとき、上司は潔く過ちを認めるだろうか？

　組織によっては、正面から向き合うのがつらい質問もあるだろう。特に、トップダウンの社風を固持する企業や、首脳陣が決めた事業展望や施策は申し分ないと自画自賛している企業は、耳が痛いのではないだろうか。

┃ 現実世界における「ラクレット」分析 ┃

　この章で述べてきた基本原則をわかりやすく説明するために、セルフサービス型のデータダッシュボードを採用した超有名企業2社の成功事例を手短に紹介する。ShellとWalmartはいずれも、やりたいことをするのに十分なリソースを持つ大企業だ。だが、もっと小規模であっても、データをより良く活用する必要に駆られているなら、同じくらいの効果を見込めるだろう。

　Shellは私のクライアントで、データ戦略の開発に私も携わった

が、社内のデータ活用とアナリティクスを担う大規模なチームの構築にリソースを割いていた。データを使って業務を楽にしたり生産性を上げたりすることに関心のある従業員は、立場を問わずチームに参加できた。何よりも重要なことに、「データを使うことに魅力は感じるものの、具体的に何が変わるのかよくわからない」というチーム外の従業員との架け橋になる存在の育成に、重きが置かれた。

　こうした、いわば「データ翻訳者」の役目（少しあとで説明する）を持つメンバーが、ハッカソン（＊訳注：ハック＋マラソン。数日間の短期集中でIT関連の問題解決に取り組む）を活性化させた。ハッカソンの期間中は、専門知識を有するメンバーの下に社内ユーザが業務上の悩みや難題を持ち寄ることができる。メンバーはただ答えを出すのではなく、データを用いてユーザが自ら問題解決できるようサポートする。ハッカソンはShell社内で定期的に行われるようになり、問題解決と能率アップに大きく役立っている。

　Walmartもまた私のクライアントで、Shellと似た取り組みとしてアーカンソー州の本社に「Data Café」を開設した。ちょっとしたデータ活用促進活動や指導が大きな効果を生みそうだという気づきから、スターバックスのような雰囲気のカフェを用意して、従業員がデータ・サイエンティストと一緒にコーヒーを飲みながらアイデアや課題について話し合える場をつくったのだ。毎時2.5ペタバイトのデータのリアルタイム処理が可能なWalmart独自のデータ処理エンジンの裏側を、少しだけ覗き見ることもできる。従業員が活用できる多様なデータについて、またそれを使って業務を改善する方法について、従業員に考えさせるきっか

けとなる場所だ。コストはかかるが、Walmartのような企業にとっては、従業員のデータ活用能力を高めてAIや機械学習などを導入できる土壌をつくることの価値は計り知れない。

― データの民主化と「データ翻訳者」の役割 ―

　Shellと同様、Walmartも、適性を持つ従業員が就く「データ翻訳者」という新しいポジションをつくった。データ・サイエンティストである必要はなく、データを扱う能力に長けているほか、コミュニケーション能力があること、自社の課題をしっかりと理解していることも大切だ。データ翻訳者のような役割は今後いっそう多くの企業で重要度を増すうえ、その適性が自分にあると証明できる人材の需要も高まるに違いない、と私は見ている。

　ラクレットを出すレストランでは、チーズをかける役の店員が「データ翻訳者」にあたる。チーズを削る最高の腕前を披露するため、そして最高に美味しい素材の組み合わせを提案するために、控えめだが頼もしい様子で常に客の近くで待機する。

　企業のデータ翻訳者は、従業員全体を業務の面でサポートするだけでなく、データの専門家と意思決定役をつなぐパイプ役にもなる。つまり、両者が理解できる言葉で話し、両者のあいだに立って問題と解決策のやりとりを助ける役だ。専門知識とビジネスの橋わたしをする貴重な存在として、データの原則に関する基礎知識はもちろん、会社の目的や目標を理解している必要もある。

データ翻訳者を求めている、もしくはなりたいと考えているなら、あると好ましい素質には次のようなものがあるので、参考にしてほしい。

- 探究心の旺盛な性格で、問題解決にデータを使用することが好き。
- 自信を持って取り組める──偏見から来る、ときに利己的な反対意見を（もしかすると経営幹部クラスから）浴びたとしても、データ・ファーストの行動計画を推進し続けられる。
- ビジネスの戦略と基本原則をしっかりと理解している。
- ビジネスの指標と分析方法に関する知識または関心を持っている。
- 新しい概念を周囲に伝えたい、表現したいという強い気持ちがある。

　このように、データ・サイエンティストではなく、もしかするとITに強いわけでもない従業員に、データ関連スキルとデータ活用能力を広めることを、「データの民主化」と呼ぶことがある。ビジネス界全体がよりデータ重視、データドリブンになっていることもあり、この動きは顕著になる一方だ。どんな職種に就こうとしても、データや分析に関する関心やスキルについて雇い主から必ず聞かれると思ったほうが良い。長期的に見ても、データに明るい企業ほど優れた企業であり、データの民主化の流れはもっと効率的で革新的なプロセスと組織を構築する追い風となるはずだ。

データでストーリーを語る

　データを取り入れ始めて間もない企業が（特にデータが精選されたダッシュボードで）最初に犯しがちな最悪の過ちが、全データをストレージに積み上げていちばん上にダッシュボードを置き、これで分析プラットフォームができたと満足することだ。

　たしかに単独の情報ならそこからいつでも引き出せるし、なかでも業績や指標、KPIに関するデータや、事業活動や時期に従って上がり下がりする統計値であればすぐに表示できる。しかし、こうしたデータポイントを変革や効率アップに実際に役立つインサイトに変えるとなると、別問題なのだ。

　データポイント間の関係性はどうやって把握すれば良いのだろう。たとえばアイスクリーム屋を経営しているとして、値下げキャンペーンをするとアイスクリームの売上が上がることがわかったとする。だが、どうやら気温の高い日にも上がるようだ。チェーン店なので複数の店舗を持つが、店舗間では売上の違いのほかに看板の色も違うことに気がついた。看板の色は売上に影響があるのか、それとも赤い看板の店舗が青い看板の店舗よりも必ず売上が高いのは単なる偶然に過ぎないのだろうか。

　収益を増やしたいなら、恒久的に値下げをする、またはもっと日あたりが良い場所に新店舗を開くのが正解なのだろうか？　各店舗のアイスクリーム売上数、販売価格、店舗所在地の全地域の天候記録、各店舗の看板の色などといったデータを残さず収集で

きたとしても、推測ではないといい切れる答えを出すには、多くの人が苦戦するだろう。なぜなら、データを見て何が起きているかを理解するのは比較的簡単でも、なぜそれが起きているかを解説するにはまだ足りないものがあるからだ。

それが、データでストーリーを語る能力である。一般論だが、人間は数字の羅列から何かを理解するのは得意でなく、一方で物語を受け止める能力は高い。文字が存在しない頃から数千年にわたり、先祖代々、知識や見識を受け継ぐ方法に物語が使われてきたのは、こういうわけだ。

では、物語のなかの何の要素が鍵となって、アイデアや事実、知見などを伝える理想的な伝達手段になったのだろう。物語には普通、序盤と中盤と結末がある。通常、序盤では問題や課題を示す。状況にドラマ性を導入して、読者を「物語がどう展開するか見届けたい」気持ちにさせるためだ。

先ほど挙げた質問が、まさにこの役割を果たす。アイスクリームの値段を下げると、収益にどう影響するだろうか？　新しいトッピングを販売して、既存顧客が落とす金額を増やすことに集中すべきか、それとも故障しそうな冷凍庫を特定し、壊れた場合に無駄になるアイスクリーム在庫の数を減らすことに注力すべきだろうか？

物語の中盤は、主人公がその問題の解決に取り組む様子が中心となる。何を、どのようにして、なぜその行動を選んだかが描かれる。つまりデータの物語では、結論に至るまでにどのデータを

使ってどのように分析したかを説明する部分にあたる。

　物語の結末で結果が明かされる。問題や課題への取り組みがうまく運んだか、結果はどうなったか、そして次が重要だが、主人公はその過程で何を学んだか。データの物語では、これがデータから読み取った知見の内容であり、そこから立てた計画を実行に移して得られた（もしくは得たい）成果にあたる。

　こんなふうに、データの物語を語るときにも必ずこの3つの要素が必要なのだ。ただし、必ずしも時系列で語る必要はないことを覚えておいてほしい。たとえばクエンティン・タランティーノ監督の映画『レザボア・ドッグス』は、序盤にいきなり結末を見せる。強盗計画が大失敗に終わったあとの場面なのだが、これが大いにドラマチックな効果を生んでいる。タランティーノは、この結末こそがいちばんの魅力であり、盛り上がるところだと理解したうえで、あえて最初に見せて観客の心をいきなりわしづかみにしよう、と考えたのだ。

　これをデータのストーリーテリングで行うと、たとえば驚きの結果や衝撃の結論（物語の結末）を最初に伝えることになる。それから、答えを出そうとしていた質問（物語の序盤）に立ち戻り、その次に、策定した計画をどのように実行したかという技術的な情報（物語の中盤）へと移る。もちろん、常に聞き手の関心を引きつけながら話を進める必要はあるが、もし分析ツールや分析方法を説明している途中で聞き手の意識が結論のほうに向いてしまったとしても、大きな問題ではない。結論を先に話したので、相手が知るべき内容はすでに伝わっているからだ。

時系列に沿わない語りをとりわけよく使う例として、昔ながらのニュース記事が挙げられる。小説家や映画監督（タランティーノは例外）とは異なり、ジャーナリストは受け取る側を推測させたままにしない。物語の結論をいきなり見出しで明かす――「銀行強盗未遂、容疑者撃たれる」などと。

　ジャーナリストはそこから逆ピラミッド型に記事を書き進める。最重要な事実や発見を初めに書き、背景情報を肉づけしたり事実で裏づけしたりしながら、徐々に重要度の低い情報へと移る。このようにすれば、読む側が面倒がって最後まで読まなかったとしても、最重要な情報は持ち帰ることができる。

　このしきたりのおかげで、私はいつも新聞屋のスタンドに並ぶ新聞をざっと眺めるだけで、またはニュースサイトをスクロールして記事タイトルを見るだけで、その日の主要なニュースの概要を割と楽に拾える。ページや物語ごとにつけられた見出しが、いちばん重要な情報を読者に教えてくれる。写真や画像が添えられていることも多く、これも、物語が伝えようとしているメッセージの骨子を図という形で説明してくれている。それから本文があり、出来事の一部始終を正しく理解する必要があるときにはこれを読み込む。時間がなく、大量のタスクに追われているときは、自分の行動に関わってくる部分はもう把握できたと安心して、本文はしばらく放っておくことだってできる。

　ここでの学びを簡単にまとめるために、先ほどのアイスクリームチェーンの話に戻ろう。従業員が十分に分析を行い、最善策はもっと日あたりの良い場所に新規店舗を出すことだという結論に

至った。アイスクリームショップ社のストーリーテラー（語り手）は、データをこのように報告するのではないだろうか。

　　最新情報です。我が社の収益アップをかなえる最善策は、日照時間の多い場所に新店舗を開くことです。

　　事業目標を達成するには、収益を上げなければなりません。そのためには値下げするか、より気温の高い場所に開店するかして、売上額を上げることになります。しかし両方を同時にはできないので、どちらがより効果的かを突き止める必要があります。

　　データ分析をしたところ、値下げをした場合は今後6カ月間で20％の収益増が見込める一方、日あたりの良い土地に新店舗を出すと50％の収益増が見込めることがわかりました。

　　分析には、売上額、価格変動、天候のデータを用いました。価格の変動で収益がどう変わったかと、天候の変動で収益がどう変わったかを比較した結果、価格よりも立地のほうが売上額の予測材料として良いことがわかりました。収益アップの代替案として、たとえば商品の価格を下げることも検討しましたが、収益増加は20％にとどまります。ほかにも、赤い看板の店舗のほうが青い看板の店舗よりも収益が高い点も確認しましたが、これは単なる偶然に過ぎず、全店舗の看板を赤に変えたところで事業への影響はないと思われます。

このとおり、最初の段落で物語のいちばん重要な部分（どんな行動をとるか）を提示して、「最初に結末を語って」いる。その後の2つの段落では、質問と克服するべき課題、それにどのように取り組んだかを説明している。最後の段落で、物語を完全に理解

するには必要だが、さしあたり意思決定役が無視しても構わない情報、つまり背景情報や、骨子から少し逸れる部分へと掘り下げる。

　では、データのストーリーテリングを効果的にする鍵とは何だろう？　「短い手紙を書く時間がなかったので、長い手紙を書いた」というマーク・トウェインの言葉がある。長い物語のほうが短いものよりもすばやく完成させられる、というトウェインの所見だが、データのストーリーテリングにおいても間違いなくこれがいえる。長い物語ではいいたいことをいう余地が多くあるし、簡潔にまとめる場合に行う関連性の薄い情報やノイズを省く作業に労力を割かなくて良い。厄介なのは、ダッシュボードに情報を多く詰め込むほど、本当に大切な情報が見過ごされる可能性も上がるという点だ。見る人の関心を集めづらく、じきに誰からも見られなくなるリスクもある。よって、物語から「ノイズを取り除き」、語るうえで欠かせない情報のみで物語を構成する能力が、必要不可欠となる。簡潔で明瞭な物語をつくるほうが手間はかかるだろうが、物語をまとめる段階で少し余分に時間をかけておいたほうが、のちに意思決定役が必要な行動を明確に見極めることができ、最終的には大幅な時間削減になるのだ。

　こうしたデータのストーリーテリングの手法は、データが精選されたダッシュボードを構築するときや、知見を他人に伝える準備をするときに、特に重宝する。

データの可視化と
ストーリーテリングのこれから

　現代に生きる私たちは、データの説明と伝達に使われる見事な可視化技術と、引き込まれるようなストーリーテリングのテクニックにもう慣れている。これからはデータのなかに仮想的に入り込んで、これまで想像したことのない方法で何かを経験したり、相互にやりとりしたり、形づくったりできるようになっていくだろう。

　というより、すでにこれは実現している。BadVRはVRを使用したデータ可視化プラットフォームを提供しており、ユーザはヘッドセットをつけてリアルな3D空間でデータを探索、操作できる。AR（人が実際に見る景色の上にコンピュータイメージを重ね合わせる技術）に加えて、VRもデータ全体を眺める新しい方法を今後もたらすだろう。理由は単純で、人間の脳は2D環境よりも、現実世界と同じ3D環境にいるときのほうが、より自然に何かを理解したり関連づけたりできるからだ。棒グラフや円グラフ、皆さんがこの本で目にする文字データは、2Dの抽象的な概念に過ぎない。

　3DのVR環境にいると、人間の脳はより楽に点と点をつないで関連づけることができる。VR環境が現実に近いクオリティになるにつれて、脳が受け取るデータと知見の量も多くなる。情報の宇宙に飲み込まれて本筋から逸れないよう、そして自社にとって核となる質問を見失わずに重点を置き続けられるよう、ここで

AIなどほかの技術が活躍するはずだ。

　VRは、今後のAI技術において中心的な役割を担う可能性すら
ある。現代の複雑な仮想ニューラルネットワークと自然言語モデ
ルのメカニズム（もちろん未来のも）を理解したり視覚化したり
するには、2Dの表現方法では難しい。VRを使えば、こうしたア
ルゴリズムの内側を覗くことができ、アルゴリズムの「思考」プ
ロセスと結論をより深く理解できる。こうしたAIマシンの動き
を精査したり見直したりする能力は、極めて重要となるのではな
いだろうか。マシンの信頼度と監視の水準を確立して、偏りのな
い、倫理的に健全な方法でマシンが動作しているかを確認できる。

　それだけではない。VRにより、データとAI技術は大勢で協力
し合う、社会的な環境でも使えるようになるだろう。画面にのめ
り込んでひとりでデータを解釈しようと奮闘するのではなく、
データから何がわかり、それが重要な質問に答える助けとなりう
るかをチームで考えられるようになる。

　私たちのデータの使い方を定義しなおすような大きな潮流がも
うひとつある。拡張分析と呼ばれる、データの収集から整理、処
理、得られた知見の報告までを人の手の介入なしに実行できる、
完全に自動化された分析システムだ。データ・サイエンティスト
が拡張分析ツールを開発するのは、自らの仕事を自動化している
ように見える、奇妙な状況ではある。しかし実際には（第14章で
詳しく述べるが）、拡張分析ツールはどう見てもまだ世の中に行
きわたるほどは開発されていないうえ、これからのビジネスで扱
うこととなるおそろしい量のデータを高速処理するには、自動化

するなり市民データ・サイエンティストの支援を得るなりする必要が出てくる。

この章の締めに、私が純粋に気に入っている、とてもクリエイティブで面白いデータ視覚化の事例を紹介する。データ料理（そう、また食べ物の話だ）というプロジェクトで、誰も尋ねはしないが実はみんなが知りたがっていたらしい質問、「データってどんな味？」に答える試みだ。

データ可視化を専門とするスザンヌ・ジャシュコとモーリッツ・ステファナーの指導で、「データ料理」が完成した。たとえば、地域ごとの漁業の動向データを表現した魚の煮込み料理、ヘルシンキの人口構成をトッピングで表したピザ、死因の割合を表したチョコレート・セレクション。

死因チョコレートにはさほど食欲をそそられないかもしれないが、このような作品のねらいは、データを伝達するという行為についてもっと個人的で感情的、自分に関係のあることとして考えてもらうことだ。ワークショップの参加者たちは、何かしらのデータを表現する料理をつくって盛りつけるという課題を与えられ、プロのシェフから味と盛りつけのアドバイスを得て、作品を完成させた。

ステファナーいわく、料理とはそもそも不明瞭なものだが、それは完成品が伝えるメッセージの奥深さで補われる。「料理は、視覚だけでは永遠に伝えきれないような、豊かで多面的な表現ができる媒体です。図表でできるすべて（つまりデータをさまざまな

図形、色、形式で表すこと）に加えて、さらに味、食感、温度、料理や食材にまつわる文化的な意味などを自由に絡めて、3Dで表現できるのです」

　この流れでデータアナリストたちが、本物のパイでつくった円グラフで研究成果を発表し始めるとは思わないが、それでもこのプロジェクトがいわんとしていることは大いに正しい。まだ誰も考えついたことのない、クリエイティブで有用なデータ解釈手法は無数に存在し、予想外のところから革新的な手法が生まれる可能性だってあるということだ。

第4章

顧客を理解する
活用目的②

　顧客に対する理解が進めば、顧客のニーズをより的確に捉えられる。これはあらゆるビジネスの基本原則であり、現代のビジネスでデータとテクノロジーが活用される主要な領域でもある。

　これを、マグロ漁になぞらえて説明してみよう。海での漁では、技術と人材を大量に要する。より利益になる漁をするために人間が初めて陸を離れ、海に漕ぎ出したときから、それは変わらない。

　およそ1,000年前か、もっと昔だろうか。組織で行う商業的漁業が始まった頃、漁師たちは「過去にあの場所でよく魚が獲れた」という程度の情報を頼りに漁に出ていた。家業として漁業を営んできた家系では先祖代々知識が受け継がれ、どの時季にどこに魚群がいるかを、知識と経験に基づいた勘で予測できた。だが、つまりはいちかばちかであり、手ぶらで岸に戻る日や、目的の場所

に着いたらすでに競合相手が漁をしていることも多かったはず
だ。嵐の被害を受けたり、外海のさまざまな危険にさらされたり
して、漁師が戻らないことさえあっただろう。

時代が進むと、星を使ったもう少し正確な航海術が発明され
る。それでも間違えることがないとはいえず（特に曇りの日）、天
候やその他の危険に対処できるものでもない。そうしてようやく
気象観測データやGPSが使われるようになり、マグロ漁の危険度
は下がった。だが新しい技術があたり前となり、誰でも手が出せ
るようになると、競争が最大の問題となった——乱獲が進み、利
益を上げることが難しくなったのだ。

問題の一因に、マグロ群の予測の難しさ（顧客と同じだ）が挙
げられる。マグロは群れを成して広大な海を常に移動する。だが、
その位置をより正確に突き止める新技術と手法が開発され続けて
いるのは、マグロ漁が儲かるからだ。最近では、売るには小さす
ぎるマグロが獲れたら、追跡用の発信機を取りつけて海に逃が
す。そのマグロが大きめの群れに合流してくれれば、漁師は次の
漁の成功を確信しながら安心して家に帰れるというわけだ。

このように、最新の漁船はGPSと気象観測データ、そして利益
になる魚群と出会えるという予備知識とともに出港する。つま
り、最先端の技術と最新のデータを手に入れられない漁業従事者
は、それを備えた業者にはどうにも対抗できない。

顧客分析とは何か

　現代の企業が顧客中心のデータ戦略を検討するべき理由をおわかりいただけただろうか。インターネット、ソーシャルメディア、ネットワーク接続されたデバイス、そしてデータ分析技術を駆使すれば、どのような企業も、自社の顧客は誰でどこにいるのか、その人々の注意を引いて接点を持ついちばん効果的な方法は何かについて、360度の全方位から把握する仕組みを構築できる。あなたの組織がまだ構築していなくても、競合相手はきっとしている。

　顧客分析は、いくつかのレベルに分けて行う必要がある。最初に、広範な市場動向を把握して行動に移す場合の分析を見てみよう。これを行うと、製品・サービスの設計や、生産戦略、マーケティング戦略、流通戦略策定の際に、何に注力すべきかがわかりやすくなる。

　これは市場動向分析とも呼ばれ、「この市場は成長するだろうか、衰退するだろうか」、「市場におけるこの製品への関心は1年前と比べて高いか、低いか」などといった基本的な質問への答えを得ることがねらいだ。

　当然ながら従来の市場調査も変わらず大切で役に立つが、より実のある答えを得るために、近年は販売時点情報（POS）データを活用したり、特定の市場の変動を追跡、記録するためにさまざまなデータの取り込み方や分析手法を採用したりできる。また、雇用水準、利率、GDP成長率などの幅広い経済指標を、近い将来

の市場の動きの予測に役立てることもできる。ただ単に特定の時期の市場規模を見るのではなく、市場が成長しているか、衰退しているかの動きを見ることが重要だと覚えておこう。

　自社製品の市場が成長していて、顧客からの注目度も上がりつつあるとわかれば、いまの方向性を維持してリソースを追加投入し、製品の流通量を増やすことができる。反対に、市場に活気がない、または縮小傾向にあるとわかれば、見限って次に移るべきかどうか、または再び活性化するためにできることがあるかどうか（あったとしても、その市場用にマーケティング戦略を練り直すくらいだろうが）を考えることができる。

　広範な市場動向に加えて、特定の顧客グループやときには個人顧客の活動と行動についても分析する必要がある。そうすることで、顧客ひとりひとりの要望をすべて満たせるような、カスタマイズ可能なサービスや好みに合わせたサービスを強化できる。

　顧客ロイヤルティ（ポイント）プログラムは、元はスーパーマーケットと航空会社で考案された。いまはチェーンのレストランやカフェ、そして年々多くの企業が採用している。ロイヤルティプログラムを支える分析基盤が高性能になるにつれて、プログラムは顧客セグメントごとの商品の人気度を測るだけのツールから、顧客に合ったサービスや割引を提供する個人顧客向けプログラムへと進化を遂げた。ここで集めたデータは、需要予測や、顧客をつなぎ止める戦略づくり、オンライン発注を正常に受けつけられないときの代替品選びなど、さまざまな用途に使われている。

なかでも特に重要な用途が、価格の最適化だ。ある程度の期間の基本的な取引記録を見ると、価格変動が特定の地域での売上にどう影響するかを知ることができる。より粒度の細かい顧客情報を得られれば、特定の年齢層や年収グループに及ぼす影響を評価することもできる。会社の収益目標を達成するために価格の最適化が必要であるとき、値上げしたせいで売上を落とさないようにするためには、データが大いに役立つのだ。

ゆくゆくは、買いたいものを顧客が自覚するより先に企業側が察知し、注文が入る前に必要な商品を顧客が満足できる価格で販売・発送するレベルにたどり着くのだろう。そんな馬鹿な、と思うかもしれないが、実はすでに実現間近だ。Amazonは、まさにこれを行う「予測出荷」技術の特許を取得している。

人間を理解する——動向を知るために、大勢のデータを幅広く追跡、計測し、収集する——ことこそが、Google、Amazon、Facebook（現Meta）などの大手テック企業が世界最大手となり、桁外れの影響力を持つ存在になった所以だ。

仕事や遊び、コミュニケーションの場がオンラインに移行するとはつまり、貴重な個人情報の源となりうる「デジタルフットプリント（足跡）」をひとりひとりが残すことである。それを理解した大手テック企業が、これまで世界を征服してきた。そして、フットプリントが残る「サンドボックス（砂場）」（検索エンジン、ソーシャルメディアネットワーキング、オンラインショッピングサイトなど）を所有するとはつまり、そのデータを他社に売って収益化できるということだ。そのデータを購入して事業に活かし

てきたのが、ユーザデータを核とする有名サービスを創出した Netflix、Uber、Airbnbなどである。

　マーケターにとって顧客データは大きな値打ちを持つ。「自社の顧客は誰か」、「顧客はどこにいるか」、「顧客は何を欲しがっているか」などといった基本的な質問の答えを得るのに役立つからだ。

　大手テック企業のサービスを使うと、どんな企業であっても、自社の製品・サービスに寄せられる関心度を予測したうえで、顧客のセグメント化とターゲット層決定に取り組むことができる。GoogleやFacebookの広告アカウントは誰でもすぐに作成でき、AIを使用したマーケティングアルゴリズムの恩恵を受けられる。だが、落とし穴もある。こうしたターゲティング広告プラットフォームは、未知の顧客セグメントがどこにあるかは教えてくれるものの、どの顧客セグメントがあなたの事業に適しているかは（すぐには）割り出せない。

　たとえば、あなたが電動スクーターを販売するとして、「いちばん購入が見込まれる層は旅行や機械に興味を持つ16〜45歳の男性」だと思っているなら、その層の目につくところに真っ向から広告を打てば良い。しかし、そもそも本当にそれがねらうべき顧客層なのだろうか。ほとんどの人は、知識と経験に基づいて、そこそこ的を射た推測を立てられるだろう。自社のことならわかっているし、顧客層だって普通は知っているじゃないか、と。だが、真の競争優位性を獲得するための顧客分析は、推測や「普通は」の先を見せてくれるのだ。

メインのターゲット層の外側にたくさんの潜在顧客がいる可能性は高いし、ターゲット層の内側にだってほかよりも収益性の高いニッチな層がいるかもしれない。だから、「360度ビュー」というマーケティング用語があるのだ。ねらいは、顧客について可能な限りすべてを知ることであり、それはあて推量や仮定ではなくデータに基づいた情報でなければならない。必要なツールはもう世に出ているのだから、使うべきだろう。使わない道を選んだとしても、競争の激しい市場にいれば他社が必ず使い始める。

顧客（または顧客になりそうな人々の）分析は、必ずしも販売や宣伝だけに使われるわけではない。新型コロナ禍では、感染状況を追跡して医療リソースを有効に使う計画を立てるために、患者と地域社会の徹底的な把握をしようと分析が行われている。活動レベル（外出や地域間の移動など）を測定してウイルスの広がりの予測に役立てたり、フィットネストラッカーやスマートフォンからデータを集めて年代などのグループごとに影響度を把握したりもしている。世界各国が取り入れた「トラック＆トレース」プログラムには、人同士の接触を把握し、分析できる機能もある。こうした技術を展開しながら得られた数々の学びは、今後はビジネス界で企業主体の分析戦略に活かされることだろう。

実はGoogleは、新型コロナが流行するずっと前に、患者が自己申告した症状のデータを使ってインフルエンザの流行予測をするサービスを開発している。これにより、地域の医療センターが地域社会に十分なサービスを提供でき、ワクチンや抗ウイルス薬の在庫切れがなくなる、という触れ込みだった。

銀行・金融業界では、顧客データは、不正行為を発見・阻止するセキュリティアルゴリズムの材料として使われることが多い。悪質な行動を見抜く仕組みをつくるには、銀行や金融機関が、正常で不正のない行動とはどのようなものかを特定の時間と場所ごとに細かく描き出せるかが鍵となる。つまり、銀行と金融機関は通常の取引や活動のパターン（誰がどの時間帯にどのような商品・サービスにお金を支払うか）をまんべんなく理解しておく必要があるということだ。その理解を基に、基準値から離れたデータや異常値を、疑わしい動きを示唆する値としてさらに正確に検出できるようになる。

顧客データの種類

顧客データにはさまざまな形態があり、そのいくつかをこの章で紹介する。おおまかにいうと、顧客データは3つのカテゴリーに分けられる。

- **個人データ**：特定の人物に直接関係するデータすべてを指す。データだけを見て個人を特定できる場合も、氏名が省かれていたり別の一意の識別コードに置き換えられていたりする場合もある。コンピュータのIPアドレスやデバイスIDも含まれる。たいていの人はこの個人データに対する保護意識が高い。独自の規則を設けている国もあるので、その国で個人データを収集、分析、販売する際には従う必要がある。
- **行動データ**：顧客の購入履歴や取引記録、顧客が企業のWebサイトやソーシャルメディア、対面取引を介してとった行動、製

品・サービスの使われ方、販促活動やキャンペーンに顧客が反応した割合、価格変更やサービスの提供方法の変更が購買行動に与える影響など。ソフトウェアサービス（のちほど詳しく言及する）の場合は、製品・サービスが顧客にどう利用されているかがわかる細かい情報（最も人気のある機能、使われていない機能など）も含まれる。

- **意見・感想データ**：製品・サービスに対する顧客の反応をうかがい知れるデータすべてを指す。ただし、顧客が購入や利用した際に直接得る情報は含まない。具体的には、市場調査アンケート、ブランド認知度や顧客満足度のデータ、ソーシャルメディア上での感情分析など。

内部データと外部データ

　顧客分析を活用するにあたり、まずは顧客やその他の人々をデータに基づいて深く理解するための仕組みを整える。データを集める方法は主に2つある。1つ目は、顧客の行動データ（つまり自社の内部データ）をさまざまな手段で収集する方法。2つ目は、データを買う、または第三者機関の外部データセットを取得する方法だ。

　内部データの取得と分析を行うプログラムをつくるには、市場と顧客の評価と理解に特化したツール作成や戦略策定も必要となる。自社で独自にデータ収集と分析を行うとなると、テクノロジーとスキルに巨額の投資をする必要があり、昔からコストのかかる方法といわれてきた。もちろん、これは事業や業種によって大きく異なる。完全にデジタルで運営する事業であれば、データ

取得基盤も基本的にはソフトウェアベースなので、構築は割とやさしいだろう。小売やレジャーなど、「現実世界」で顧客と対面する事業では、データ取得基盤はおそらくもっと複雑で、ハードウェアが中心となる。とはいえ、ネットワーク接続された最新のデバイスとツール（IoT）のおかげで、いまは現実世界の顧客の行動をバーチャル世界と同じように記録して、有効なデジタルデータをつくることができる。そのためのツールもサービスも、ますます身近に、手の届きやすい価格になってきている。

　自社のデータを収集する明確なメリットに、データを収集すること自体が顧客との関係づくりになる、というものがある。ソーシャルメディアやカスタマーサービスを介する場合も、別の方法で顧客活動を監視し、把握する場合も、ブランドと顧客のあいだに新しいコミュニケーションチャネルが生まれる。よって結びつきを強化でき、信頼を築けるのだ。カミソリ業界の革命児であるDollar Shave Clubの好例を、のちほど紹介しよう。

　こうした内部データはとても貴重なうえ、有益な情報が豊富に含まれている。顧客が自社の事業、製品、サービスをどのように利用し、どこを気に入っているかがわかる鳥瞰図なのだから、これ以上に参考になるものがあるだろうか。だが、内部データだけに頼ってしまっては、顧客よりもずっと大きな割合を占めるもう一方の層を逃しかねない。そう、まだ顧客ではない（しかし適切な行動をとればいずれ顧客になるであろう）人々だ。

　内部データのみに頼ることには、別の問題点もある。内部データの性質上、どうしてもタイムラグが生じがちであり、よってそ

こから得るインサイトにもタイムラグが生まれることだ。

　この問題を解消するのが、第三者機関から得る外部データである。具体的には、Googleトレンド（ユーザがインターネットで何を検索しているかのデータを得られる）や、Faccbookのカスタムオーディエンス（自社の顧客データをアップロードするとFacebookのデータベースと照合され、顧客プロファイルに一致するユーザを教えてくれる）などだ。

　地域ごとの所得分布のデータセットは、商品・サービスの価格を地域ごとにどう決めるかなどといった営業面の判断に役立つ。また、年齢や教育レベルなどの人口統計データも重要な意思決定の材料となるので、顧客分析に盛り込んでも良いだろう。

　ソーシャルメディアの感情分析を行う外部データ提供業者もいて、製品やブランドがどのように認識されているか、そしてどのように使われているかまでも明らかにできる。感情分析を専門とする業者は、コンピュータビジョンを使って、対象とする製品の画像がソーシャルメディアでどのように投稿、シェアされているかを「見る」ツールを開発してきた。製品がどこでどのように使われているかだけでなく、どんな人に使われているかも詳しく把握できるようになっている。

　窓のメーカーが、犯罪報告書から取得したデータを分析して、窓に対する喫緊の改善要求を突き止め、リソースと小売店の重点化計画を策定するのに役立てた事例もある。

外部データセットが予測の材料として重宝されやすいのは明らかであり、多くの企業が成果を見込んで外部データを取り入れている。ただし、内部データと同様、外部データだけで360度全方位からの絵を描けるわけではない。そもそも外部データは広く普及しているので、あなたが購入できるということは競合相手も購入できるということだ。つまりは、顧客向けの製品・サービスの質を上げるには有効でも、競争優位性を得られるわけではない。

　「デジタルツイン」モデルを思い出してほしい。自社のパフォーマンスをモデル化し、変数を変えるとどのような影響があるかを分析できる、とても便利なツールだ。製品・サービスの価格、購入が見込まれる層、従業員の離職率などの値を変えてみることができる。デジタルツインでは、内部データはプロセスや業務活動を検証するシミュレーションの構築に、外部データは直接制御できない外部要因から受ける影響の評価に使用される。

　内部データも外部データも、前述の顧客データ3タイプ（個人データ、行動データ、意見・感想データ）のデータソースとなりうる点では同じだ。ただし、内部データには自社の顧客とプロセスのみが反映され、外部データには広範な市場全体が反映される。顧客と市場を本当の意味で360度から見るには、3種類の顧客データすべてにおいて、内部データと外部データの両方を取得する必要がある。競合相手よりも先にインサイトを得るためにデータを確実に揃えるには、これ以外に方法はない。

360度分析の先駆者たち

　私たちの知る現在の顧客分析は、1960年代のダイレクトマーケティング業界の動きを発端とする。先駆者のひとつはAcxiomという、「名前を聞いたことがない最大手企業」と呼ばれる会社だ。

　Acxiomは、銀行や保険会社がターゲット層を定めて製品・サービスを販売するためのデータベースに、コンピュータアナリティクスを適用した先駆け的存在である。この分野の競争がとりわけ激化したのは1980年代、アメリカの銀行が個人向け取引を中心とするモデルにこぞって移行した時期だ。当時のAcxiomの主要取引先だったCitibankは、大量の顧客のデータを前に、ひとりひとりに最適な商品をどう判断したものかとAcxiomの協力を仰ぐ。そこで当時のAcxiom社長のチャールズ・モーガンが、前職のIBMで学んだコンピュータと分析の知識を基に最善の策を練った。その計画を実行に移した結果、世界初のオンラインメーリングリスト生成プログラムが生まれた。顧客の年齢、位置、職業、所属業界など、データベース上の任意の情報で自由にセグメント分けして宛名ラベルを作成できるシステムだ。Citibankはこれを使い、顧客セグメントごとに、最も関心を引きそうな商品の割引情報やプロモーション情報をメールで送付できるようになった。

　そこからの10年でインターネットが登場すると、企業がデータ主導の顧客関係を理解し、拡張する能力は、かつては想像もできなかった方向に進化を遂げた。進化の推進役の多くは、データの活用方法を開拓し、AIや機械学習などの分析テクノロジーを進

歩させてきた大手テック企業だった。

オンライン小売業の最大手であるAmazonは、自社データと
サードパーティのデータから顧客を理解する能力を土台に、巨大
企業を築き上げてきた。ひときわ優れているのがおすすめ商品を
表示する技術で、協調フィルタリングと呼ばれるデータ処理を用
いて、プロファイルの類似した別のユーザの購入履歴を基におす
すめ商品のリストを作成する。

加えて、Amazonサイト内の閲覧箇所、ユーザの属性と地理
データ、さらにはユーザの購入品レビューの投稿有無についての
情報もあわせて収集し統合して、ユーザひとりひとりのプロファ
イルを作成することで、セグメント化や分析に使用している。

Amazonの売上の3分の1が、おすすめ商品を表示する機能の
おかげだという情報もある。

Eコマース小売業として世界トップに上り詰めるだけでは終わ
らずに、Amazonはさらに歩みを進め、データ収集・分析技術自
体を収益化している。Amazon Web Servicesのツールとプラッ
トフォームを介して、データプロジェクトを立ち上げたい企業に
提供するのだ。

世界最大のソーシャルネットワークサイトを持つFacebook
も、この分野を率いる企業のひとつだ。数十億人のユーザがここ
で写真をシェアし、友人とチャットし、会合やイベントの計画を
立てている。たくさんの小規模企業も、顧客に接触して製品・

サービスを知ってもらう手段として、そして身近で便利なカスタマーサービス・チャネルとして、Facebookを活用している。この両グループ（データを投入してくれる個人ユーザと、それを利用したい企業）をつなぎ合わせることが、Facebookのビジネスモデルの基盤だ。Amazon同様、Facebookも業績はかなり好調で、最近はブロックチェーン（独自の仮想通貨を発行する計画がある（＊編注：LibraまたはDiemという名の仮想通貨を発行する計画があったが、2022年に断念した））、VR、ARなどの新興テクノロジートレンドに投資している。こうした新興分野で早くからまわりに差をつけることが、近い将来にグローバルなテクノロジーリーダーとしての地位を確立するうえで極めて重要だというのが、同社の見解だ。

Facebookの話のついでに、避けては通れない信頼問題に言及しておこう。Facebookが顧客データを山のように収集できるのは、ユーザがシステムを信頼しているからにほかならない。それが正しいかどうかは別にしても、長年にわたりユーザから「Facebookプラットフォームはデータを保護し、同意した目的以外に使用することはない」と信頼されてきたことの証だ。だが、常に順風満帆だったわけではない。新規ユーザの増加率はおおむね上昇傾向にあったが、何か問題が起きて世間の注目を浴びると増加率は目に見えて落ち込んだ。最近話題になった例だと、新型コロナ禍でプラットフォーム上にあふれた「フェイクニュース」の量に抗議の声が上がったときだ。

もうひとつ注目を浴びた例が、Facebookが米国住宅都市開発省から告発された件である。特定の宿泊施設や不動産の広告を表示するかをユーザごとに決定するアルゴリズムが、公正住宅法と

いう、居住場所を選ぶ機会を誰もが平等に偏見なしに手にできるべきだと定める法に違反しているという訴えだ。Facebookのアルゴリズムは単純に、商品とそれを購入する可能性が最も高い人とをマッチングする設計になっている。つまり、Facebookが予測するユーザの収入レベルなどの要素によって、法的には見る権利のある広告が除外される可能性があるというわけだ。

顧客がデータを嫌がらずに共有してくれる安全性の高い環境を確実に構築することが、基本原則である。これを実現できなければ、事業の成長が顧客データにかかっている企業は、今後困難にぶつかる可能性が高い。

Netflixの顧客分析

Netflixもまた、顧客データを収集し活用する能力を基盤に会社を成長させ、すばらしい業績を残している成功事例だ。登録会員数は2億人超。ユーザが見たいものを見ることができ、隠された退会ボタンを探す気にならない環境を、Netflixはつくり上げてきた。

2億人分の顧客データを持つとは、世界中のオーディエンスの映画とテレビの視聴習慣を把握できる、極めて稀な立場にあることを意味する。Netflixは少し前に、ユーザが視聴を途中でやめたホラー映画のデータを基に、結末まで見られなかった人が多い恐い映画リストを作成した。これを「史上最恐の映画リスト」と銘を打って売り出し、Netflixにとって理想的なユーザとなる可能性

の高い、筋金入りのホラー愛好家たちの目に留まらせた。

　さらに前の有名なデータ活用事例が、過去に評判の良かったテレビ番組のデータを使用して、「完璧なテレビ番組」をつくるというものだ。統計的にいうと、映画監督のデヴィッド・フィンチャー、俳優のケヴィン・スペイシー、刺激たっぷりで現実的な設定とストーリー、という組み合わせがヒット作となる可能性が高い。これを踏まえて制作されたのが、ドラマシリーズ『ハウス・オブ・カード　野望の階段』だ。新番組をつくる場合、通常はまずパイロットエピソードを制作するのだが、このプロジェクトには相当自信があったのだろう。2シーズン分となる26エピソードを一気につくり上げた。そしてこれはNetflix史上最大のヒット作となり、同社は何百万人もの新規ユーザをプラットフォームに引き込んだうえ、質の高いオリジナルコンテンツを制作できるというイメージを定着させることにも成功した。

　Netflixはこのやり方で、80％の確率で長期的にヒットする新シリーズをつくるモデルを構築した。業界平均は30〜40％にとどまるため、かなりの好成績だ。

　新シリーズの制作以外にも、ユーザの好きな作品と嫌いな作品のデータを基に、次に見るべき番組や映画を勧めるというデータ活用方法も採用している。2019年に同社は、いまやユーザの視聴行為の80％がおすすめ機能をきっかけとしていると明かした――驚異的な効果だ。Netflix独自のアルゴリズムは、『ハウス・オブ・カード　野望の階段』のような「大ヒット作」だけではなく、ニッチなジャンルのファンの要求を満たす番組や作品の制作にも

使用されている。

　最後にもうひとつNetflixのデータ活用事例を挙げよう。ユーザが次に視聴するコンテンツ選びにかける時間は平均1分〜1分半で、1分半を過ぎるとプラットフォームから注意が逸れることがデータからわかった。よって、ユーザが魅力を感じるコンテンツを10〜20個並べておくことが重要だ。そこで、サムネイルやティーザー用にコンテンツからシーンを切り取る際に機械学習を使用することで、ユーザの「イッキ見」を促すことにした。現時点ではどのユーザにも同じサムネイルが表示されるが、将来オーディエンス層ごとに異なるシーンが表示されるかもしれない。たとえば、『スクリーム』のようなホラーコメディ映画の場合、普段からコメディをよく見るユーザには面白いシーンを、ホラーをよく見るユーザにはおそろしいシーンを表示できるかもしれない。というわけで、次の話題である「顧客分析のパーソナライズのリアルタイム化」に移ろう。

マイクロモーメントを捉えて
リアルタイムにサービスを提供する

　データの多様さが重要だと語ってきたが、スピードも大切である。昨日のデータから昨日の状態を知り、そこから今日何が売れるかを推測できるが、今日のデータがあればなお良い。いまこの瞬間の状態を知ることができるからだ。

　Walmartが、数百店舗から集めた何ペタバイトものデータを日

次処理する最新のデータ分析プラットフォームを発表したとき、意思決定に利用する価値があるのはせいぜい過去2、3週間分のデータまでだとした。それよりも古いデータは鮮度に欠けるうえ、そこから得られる機会はすでに過ぎ去ったものだからだ。

現代の最先端の顧客分析プログラムは、リアルタイムで、つまり発生と同時に分析結果を出すことを目指している。ねらいは、顧客がある製品・サービスを必要とするまさにその瞬間に——そうはいかなくても、購入意思が生まれてからできるだけすぐに——その製品・サービスを目の前に差し出せるようにすることだ。マーケターは「マイクロモーメント」（顧客ごとに異なるほんの数秒間の販売機会）を捉える、といういい方をする。たとえば、旅行者が空港に到着し、ホテルやタクシー、何か食べるものを必要としたそのときに、マイクロモーメントが生まれる。企業にとっては、その人が必要とするものをすばやく便利に提供する好機だ。到着ラウンジでうちの広告を見てくれたら良いなと願って終わりではなく、いまは旅行者の携帯電話に通知を送ったり、旅行者が家族や友人に到着を知らせようとFacebookにログインしたところに広告を表示したりして、企業側からアプローチできる。これも最新テクノロジーがあってこそだが、技術基盤の整備と、事業目標に沿った分析戦略の策定も欠かすことができない。

自社が何を達成したいか、どんなリソースを保持しているかによって、基盤を整えるためにさまざまな方法をとることができる。大手多国籍企業で資金に余裕があるなら、顧客が購入した瞬間、または販売機会が失われた瞬間を起点として顧客を追跡できるよう、専用アプリと独自の分析基盤を開発すると良いかもしれな

い。予算にあまり余裕がないなら、複数のサードパーティアプリ
やショッピングサイトにまたがる販促活動を行って、顧客が必要
なサービスを見つけたり利用したりしやすいよう整えると良いだ
ろう。

次のセクションでは、大手多国籍企業の事例を詳しく紹介する。あるグローバル企業が、リアルタイムのデータ分析、パーソナライズ、マイクロモーメントに力を入れながら、顧客の360度ビューを構築した過程を見ていく。

Disneyのマジックバンド

2013年、DisneyはRFID技術を使用した来場者用リストバンド
「マジックバンド」を世界中の系列パークとリゾートに導入し、入
場パス、ホテルのルームキー、パーク内での支払いシステムとし
て機能させた。このバンドを身につけると、入場チケットやキー、
現金を持ち歩く必要なく、ライドに乗ったりミッキーマウスたち
と写真を撮ったりできる。パーク内のフォトグラファーやアトラ
クション内のカメラが撮影した写真は、自動的にバンド装着者に
送信される。さらに新型コロナの感染拡大を受けて、バンドには
衛生規則と「密」回避の遵守を促進できる新たな技術も加えられ
た。

楽しく便利な機能がたくさん備わっているが、Disneyにとって
のバンドの真価は当然、データにある。来場者がパーク内のどこ
にいるか、何をしているか、アトラクションや施設をどのように

利用しているかなどの情報をリアルタイムで途切れることなく入手できるのだ。こうして集めたデータは、来場者になるべく多額の消費を促すために使われる。来場者が次に何を買いたいかをできる限り把握し、その商品を良いタイミングで確実に入手できるようにするのだ。

マジックバンドのコンセプトは、「ディズニファイド（ディズニー化）」。1980年代にスーパーマーケットや航空会社が始めた顧客ロイヤルティや顧客トラッキングプログラムの進化版だ。1990年代後半にアメリカのホテル・カジノチェーンのCaesars Entertainmentが、こうしたプログラムをレジャー・旅行業界で先駆けて採用した。2020年に競合のEldorado Resortsに買収されるまで20年間以上にわたり集められてきた、莫大な量の顧客分析データこそが、Caesarsでいちばん価値の高い資産だといわれる。アメリカ中の主要な観光地に何十億ドル分の不動産を所有していたことを考えると、衝撃的だ。

顧客からのデータ提供を促す奨励策として使われたのが、リワード（報酬）システムだ。顧客生涯価値が最も高くなりそうな顧客をアルゴリズムで割り出し、アップグレードや食事を無料で提供する。7つ星のメンバー（累計5万ドル以上を費やした顧客）は航空料金を免除されることさえあり、旅行三昧の豪遊生活に確実に拍車をかけられる仕組みだ。噂によれば、Caesars系列に桁違いの額をつぎ込んできた顧客であるターランス・ワタナベは、毎月の旅行の値引き額上限が1万2,000ドルにまで引き上げられたという。

データの力で設計プロセスを
顧客主導型に

現代のビジネスにおいて、顧客データを意思決定の基盤としている重要な分野がほかにもある。製品・サービスの設計と生産だ。すでに言及したように、Netflixのようなオンラインサービスは絶えずユーザデータの収集と高速処理を行って、サービスの利用状況と顧客の要望を探っている。これと同じデータ収集・分析プロセスを使えば、製品・サービスの特徴や機能のうち、顧客から好評を得ているものはどれか、見落とされていたり正しく理解されていなかったりするものはどれかを判断することもできる。ソフトウェア設計の業界では、Autodesk（AutoCADやMayaなどといったコンピュータ支援設計やデザインツールの老舗サプライヤー）が顧客へのツール提供方法を、クラウドを介したサブスクリプションベースのSaaSモデルに切り替えた。これにより何が変わったかというと、顧客アンケートや販売後のサポートを通して得るわずかなフィードバックに頼るしかない状態から、プログラムの使用状況をあらゆる側面から分析し、解釈して、改善の余地を探せるようになったのだ。

ある機能が予想以上に広くユーザに使われているとわかったら、ユーザの目的にかなうようさらに開発を進めたり改良したりできる。また、あまり使われていなかったり、気づかれてすらいなかったりする機能が判明した場合は、単に顧客が求めていない（よって不要である）のか、または正常に機能していないのかを判断できる。

こうした顧客からのフィードバックデータを必要なタイミングで収集できると、複数の機能を開発するために開発リソースの優先順位づけを行う必要があるときや、特定の市場に合わせて設計する必要があるときに、非常に役に立つ。これと同じ原理で、タイヤメーカーはタイヤの摩耗状況のデータを見て、地域別の運転傾向がタイヤの消耗に与える影響を確認している。その地域の運転傾向に合うタイヤを勧めることができるのだ。

顧客と直につながることの利点

2016年に、日用品の超大手メーカーであるUnileverが勢いのある新興企業のDollar Shave Clubを10億ドルで買収したが、これも「顧客データの価値が決め手となった一例」と見られている。

クラウドファンディングを経て2012年に創業されて以来、Dollar Shave Clubは、刃を換えるタイプのカミソリにおいてアメリカ市場の16％を確保してきた。サブスクリプションモデルとダイレクトマーケティングという特長を活かして、Unileverなどの大手を含む競合他社と比べてはるかに安くカミソリを売っていた。

Dollar Shave Clubは、競合他社がブランド確立に使用した屋外広告や雑誌広告などのオフラインチャネルには頼らず、ソーシャルメディアを介して消費者と直接関わることで世間に浸透した。顧客と直接つながることで、顧客とのやりとり記録や、顧客の行動データ（消費者層のひげそり習慣や、顧客の手にわたったあとのカミソリの性能の変化など）を集めた大規模なデータベー

スを構築できたのだ。ここから引き出したインサイトには新しい発見が多かった。というのも、従来の流通方法や消費者へのアプローチ方法（小売業者や卸売業者を介する場合も含む）では、これほどの強いつながりやフィードバックは得られなかったからだ。Unileverは、Dollar Shave Clubの持つデータがP&Gなどの競合の手にわたると脅威になると恐れて真っ先に買収を決めたのだろう、というのが業界内の憶測だ。

　昨今の企業は、販売、マーケティング、流通業務を通じて収集したデータによって顧客とのつながりを構築する新しい手段を次々に開発している。繰り返しになるが、目的は、個々の好みに合い、それぞれの生活様式になじむ製品・サービスをつくり出すことだ。

　Royal Bank of Scotland（RBS）が「パーソノロジー」と呼ぶデータ主導の顧客理解計画に乗り出したが、そのねらいは、1980年代以降に急速に広まった機械的な小売銀行業務以前の、顧客との親密な関係性を再興することだった。その一環として、自社商品に合う顧客を見つける戦略から、顧客ひとりひとりに合う商品を見つける戦略へと切り替えた。現代の大通り沿いにある支店の銀行員にはもう、顧客ひとりひとりと関係を育む1970年代のやり方を真似る暇はないだろう。しかし、テクノロジーの力で顧客と銀行間のやりとりや勧誘をパーソナライズすれば、そこを補うことができる。

　まとめよう。まずは明確な戦略を立て、鍵となる質問とそのために必要なデータを突き止め、社内データとサードパーティの

データを組み合わせ、この章で紹介した成功事例を取り入れる。そうすれば、本当の意味での顧客理解につながるデータ導入計画が動き出すはずだ。

　特に、顧客が求める製品・サービスを特定し、購入の意思が固まるタイミングで目の前に差し出すことにおいては、以前よりもずっとやりやすくなっている。第5章と第6章では、データ主導のアプローチでその製品・サービスをつくる方法について、企業の成功事例も交えつつ見ていく。業界に革命を起こしたケースも多くある。

第5章

より優れたサービスを生み出す
活用目的③

　前の章では、顧客層をできる限り正確に捉えるためにデータや AIをどのように活用できるかを見てきた。次のステップは、その顧客理解を利用して、日常生活で問題を解決したり、何かを便利にしたり、摩擦を減らしたりする製品・サービスづくりをすることだ。

　この章ではサービス、次の章では製品に注目して、何かをより良く、より早く、またはより無駄なく行うためにイノベーションを起こした代表的なデータ活用事例をたくさん紹介する。なかには史上初の試みに出た事例もある。

　サービスは21世紀版の製品である。世界経済フォーラム（WEF）は2016年、デンマークのイーダ・オーケン議員とWEFのメンバーが執筆した記事を基に、動画「2030年の世界の8つの予測」

を制作した。8つの予測の1つ目は、「何も所有することなく、満ち足りた生活を送る」だ。

これを取り上げて、WEFなどの国際機関が富の再分配という社会主義的な謀略を抱いている証拠だと主張する陰謀論者はあとを絶たない。だが、動画はこう続く。「欲しいものはすべて貸与され、ドローンで配達される」。元の記事には「これは宣言の類いではなく推論である」と明示されており、次の10年で社会がどう変わるかを最近の風潮から単に予測したものだ。

この予測は身のまわりのあらゆるところで、すでに現実になりつつある。棚にずらりと並んでいたDVDとCDは、NetflixとSpotifyのサブスクリプションに取って代わられた。乗り物も借りられる。Uberやライドシェアサービスがあるし、もしいつでも好きに乗りまわしたいならメーカーから直接リースできる。事業経営に使うソフトウェアツールは、月額サブスクリプションとしてクラウド経由で利用できる。食べ物のサブスクリプションサービスもあり、週に一度、玄関のドアの前に材料の入った箱が届く。

テック企業の先進的なサービス

サービス中心型の経済への移行で、先頭を突き進んできたのがテクノロジー業界だ。ほかの業界は、基本的にはテクノロジー業界が開拓した考え方や方法論を受け入れながらあとに続き、その過程でテック企業へと変身を遂げる企業も多い。

よく「ビッグ・テック」とも呼ばれる世界最大クラスのテック企業は、たいていひとつのサービスで大成功を収めるところから始まった。それから、そのサービス経由で収集したデータを使って、2つのことを実現した。1つ目に、データと分析結果を収益化する方法を見つけて収入源を確立した（収益化については第8章で詳しく述べる）。2つ目に、インターネット接続機能が強化されたますます高性能で便利なサービスをつくり続けた。

　皆さんは覚えているだろうか。データドリブンでテクノロジー第一の戦略を採用する前のAmazonは、ただの通信販売の書店に過ぎなかった。初期のレコメンドエンジンを構築したのをきっかけに、世界最大規模の企業への道を歩み始めた。いまは人間のスタッフのいない実店舗を運営し、注文からほんの数時間でユーザの手元に商品を届け、わずか数年前にWEFが予測を出したときには夢のように思えたドローン配送サービスを近く開始する計画だ。さらには、Amazonは企業向けのクラウドコンピューティングシステムの超大手プロバイダーとしての顔も持つ。

　Facebookは、大学の友人とのチャットや社交の手段としてつくられた。収集したデータをインサイトに変え、ユーザに製品・サービスを宣伝したい企業に提供し始めたところから、広告、ビジネスアナリティクス、コミュニケーション、ハードウェアデバイス、ゲーミング、VR・ARサービスのプロバイダーへと成長した。

　シンプルな検索エンジンとして登場したGoogleは、Facebook同様、消費者と企業をマッチングすることで収益を上げられることに早い段階で気づいた。電子メールからビジネスツール、携帯

電話、音楽にゲームに動画ストリーミング、さらにはスマートホームから自動運転車に至るまで、多様なサービスに乗り出しているが、一貫して、大量の情報を整理してより高度なサービスをつくる能力を育み続けている。1日に10億km分の道案内をしているGoogleマップを例に見てみよう。運転中に開くと、同じ時間に道路にいる何百万人ものユーザのデータを基に、現在地の交通状況だけでなく、10分後、20分後にどこに到達しているかなどといった予測情報まで教えてくれる。この積み重ねにより、最近の到着予定時刻（estimated time of arrival, ETA）予測の精度は97%だそうだ。

Netflix（AmazonのクラウドサービスであるAWS上に大半のインフラストラクチャーを構築している）は、映画館でDVD販売、テレビ放送という概念や、ケーブルテレビに向けられていた消費者の関心を奪って、テレビ・映画産業を根本から破壊した。現代の視聴者がテレビや映画などのエンターテインメントに求めるのは、完全にオンデマンド式で視聴でき、自分の関心と嗜好に合わせてカスタマイズできることだ。初めにNetflixが、そのあとに別のサブスクリプションサービスの波がやってきてから、テレビ番組表や公開中の映画リストを眺める習慣は過去のものとなった。わざわざそうする必要がなくなったのだ。

いろいろな曲を入れたカセットテープを友人につくってあげたことがあるだろうか？　皆さんの年齢にもよるが、ラジオで流れた曲をカセットテープに録音したり、mp3形式の曲をCDに焼いたりしたこともあるかもしれない。音楽ストリーミングサービスのSpotifyは、月額に見合う価値があるとユーザに思わせなけれ

ばならなかった。ユーザが頻繁にサービスを利用するほど、価値を感じる可能性は高くなるはずだ。そこで、Spotifyは何万もの曲を聴けるようにするだけではなく、「Discover Weekly」や「Release Radar」などのスマートプレイリストを開発した。ユーザが再生した曲と、何億人もの別のユーザが再生した曲のデータを使用して、ユーザに新曲を紹介したり、ますますサービスに引き込んだりするためのカスタムプレイリストを作成している。

だが、AIとデータを使ってさらに高性能でユーザ中心のサービスをつくるというSpotifyの戦略は、そこで終わらない。フランスの科学者でAIを使った音楽制作の専門家であるフランソワ・パシェをチームに迎えたことから、SpotifyはAIの力を借りたコンピュータ作曲技術に目をつけているようだと噂されている。先見の明あるこの行動の目的は間違いなく、個々のユーザの好みに合うようカスタマイズした音楽をつくることだろう。事実、SpotifyはすでにユーザとAIとの共同作業で作曲できるサービスを展開している。

これはコンテンツの自動生成と呼ばれる技術で、音楽制作の領域に限った話ではない。アメリカの企業であるNarrative ScienceやAutomated Insightsなどは、何十年も前から、自然言語処理ツールを使用して経済、気象、スポーツのデータから人間が読める文章を生成し、社内報告書や、マスメディアで公開する公共用の記事などを作成してきた。

大手テック企業が開発してきたディープラーニング（深層学習）、コンピュータビジョン、レコメンドエンジン、自然言語処理

などの技術が新しい産業を生み出し、その成功を基盤にたくさんの企業が成長してきた。Facebookは10周年をとっくに過ぎてもなお、世界最大の利用者数を誇るソーシャルネットワークだ。だが、Facebookが築いた土台のうえに芽を出し、さらに高度な機能を開発し続けているサービスもある。たとえばTikTokでは、ユーザの好みに合いそうな動画をアルゴリズムが予想するのに「いいね」ボタンのタップは不要だ。代わりにユーザがどの動画をどのくらいの時間見たかを記録しているわけだが、そのおかげでユーザ側の手間が減り、より「スマートな」（より自動化された）サービスを提供できている。

TikTokの開発元である中国のテック企業ByteDanceは、笑える動画やためになる動画を簡単にシェアできるようにするだけで満足してはいない。AIを活用したニュース集約サービス、Toutiao（今日頭条）も運営しており、ユーザが関心を抱きそうな記事を集めてパーソナライズしたニュースフィードを提供している。

ハイテクなサービスを生み出す能力が高まり続けているということは、元来データサービスとあまり関係のない産業──たとえばオーダーメイドの洋服店など──も、データを活用して顧客のニーズにいっそう寄り添えるようになってきているということだ。2011年にサンフランシスコで創業されたStitch Fixは、サブスクリプションモデルで服を販売している。顧客の好きなテイストでサイズもぴったりの服をアルゴリズムが選び、郵便小包で定期的に顧客宅に届けるのだ。同社はこのサービスをしばらく続けたのち、袖や襟の形、色などを顧客が指定して服を自らデザインできる機能を考案した。ほかにも在庫管理、倉庫管理、配送業務

にAIを使用して効率を最大限に引き上げ、年間収益15億ドル超えに大きく貢献した（データを活用した業務プロセスの自動化については第7章で詳しく扱う）。

データドリブンなサービスをつくり、性能を進化させながら成長してきた注目の企業がもうひとつある。Uberだ。Uberもシンプルな野望から始まった——データの力で、誰もが自分の車をタクシー化できるようにして、ハイヤーやタクシー市場を破壊する。道ばたに立ってタクシーが通るのを待ち、呼び止めなければならなかった時代に、利用客と近くにいるドライバーをアプリでマッチングできる機能は革命的だった。人気にともなって膨大な量のデータを得た同社は、フードデリバリーのUber Eatsのほか、機械学習を活用した顧客サービスシステムを用いることで、料金絡みの揉めごとや忘れ物などのトラブルを迅速に解決するサポートチケットにも手を広げた。

このサポートチケットを導入した結果、顧客満足度が上がっただけでなく、サポートスタッフが問い合わせ1件にかける平均時間を15%削減（平均20分から17分に）できた。たいした数字に見えないかもしれないが、毎日2,000ものサポートチケットが使われることを考えると、1日あたり100時間を削減できている計算になる[注1]。

中国におけるUberのライバル、DiDi（Didi Chuxing、滴滴出行。クラクション音を表す中国語「didi」が社名の由来）は、欧米ではまだ聞き慣れない名前かもしれないが、グローバルの登録ユーザ数は5億人以上と、シリコンバレー発のUberよりもずっと

多い。しかも、DiDiの7,000人の従業員の約半数が、データを扱ってサービス内容の開発と発展を推進するデータ・サイエンティストだといわれている。結果、DiDiは配車サービスだけでなく、独自開発のソリューション、Smart Transportation Brain（高度道路交通）を使った交通管理サービスを提供する会社へと進化した。交通局や交通計画担当者がこのサービスを利用して、信号などの交通インフラ整備、道路工事、安全対策などの計画策定に役立てている[注2]。

┃— 老舗も健闘中 —┃

　データの恩恵を受けているのは、スタートアップやデジタルネイティブ企業だけではない。創業70年超のデータ管理企業、Iron Mountainは、地下の廃坑を使った機密文書保管サービスを原点とする。ダイアナ妃やチャールズ・ディケンズの遺言書、ユニバーサルミュージックグループのレコードの原盤、ビル・ゲイツが個人的に収集した写真コレクションも収められているという噂だ。いまは顧客のデータ保護を支援するだけでなく、データ把握の手助けもしている——Googleの機械学習とコンピュータビジョンを使って、年間数万m³分もの書類をデジタル化しているのだ。顧客は文書が安全に保管されていることを確認できるうえ、いつどこにいても必要なときに文書の中身を見ることができる。

　洗濯機メーカーのCandyは最近、世界初の洗濯サブスクリプションと謳うサービスを立ち上げた。月額を払うとまず洗濯機が

届き、必要な洗剤類が定期的に配達され、洗濯機の点検修理サービスもついてくる。洗濯機が使用されるたびにデータを収集するので、必要な洗剤類の量を顧客ごとに予測できるうえ、パフォーマンスと故障率の監視を行って修理や部品交換が必要となる時期を正確に見定めることもできる。「Snap and Wash」という、衣服を撮影すると最適な洗濯コースと洗剤類を提示してくれる機能もある。

銀行、金融、保険業界の スマートサービスの例

すでにデータドリブンな業界である銀行や金融サービスが、いち早く時代の波に乗り、ありとあらゆるデータを集めてスマートなサービスを次々と生み出している事実に、驚きはないだろう。

まずは、私たちが生活の監視を少なからず許している機関である銀行から見ていこう。キャッシュレス化が追い風となって、銀行はまるで人間のように、利用者の生活の細かな情報、それも親友や身内でさえ知らないことまでよく把握している。

利用者側は基本的にはそれを容認している。何しろ、決済などの基本的なサービスを利用するには、いつどこで買い物をしたかなどといった経済活動の情報を銀行に差し出さなくてはならない。だが私たちはもっと、もっとと豊かなサービスを期待し、銀行も積極的にサービスを拡充している。資産管理や不動産購入などで利用者をサポートしたり、単純に詐欺や不正行為から利用者

を保護したりする目的で顧客情報を活用するサービスを、近年では多くの銀行が開発およびリリースしている。

第4章で、RBSの「パーソノロジー」の試みについて触れた。ただ顧客と商品をマッチングするマーケティング目的ではなく、洞察に基づいた有意義な関係を顧客ひとりひとりと構築するためにデータを活用しようという、戦術の転換だ。ねらいは、1970年代に顧客が懇意にしていた銀行の支店長と築いていたであろう、親密で気さくな関係を復活させることだ。1980年代に支店が大通り沿いのビルに収まり始めると同時に薄れた文化である。

支店内でカスタマーサービス担当者がコンピュータ画面の前にずらりと並び、支店長が奥に引っ込むようになったのも、ちょうどその頃である。貸付の申し込みなど用事のある顧客は、自分で機械端末に詳細を打ち込み、コンピュータの答えを待つようになった。イギリスのコメディ番組『リトル・ブリテン』の「コンピュータがノーといっています」という寸劇（＊訳注：キーボードを叩くだけの事務的で無愛想なオペレーターが登場する）で風刺されたとおり、顧客からすれば、担当者が手順や判断事項（結果が大きく変わる場合だってある）についてほとんど説明してくれないのは事務的すぎるしわかりにくい、という印象だった。

いまは支店に足を運ぶ機会さえも減っているので、支店長が自身の判断力と顧客についての知識を総動員して対応していた時代には、もう戻らないだろう。でも、AI支店長がいたらどうだろう？　もちろん、結局はアルゴリズムとやりとりしているだけとわかってはいる。それでも、公平で顧客ひとりひとりに合わせた、

そして何より透明性の高いアプローチで顧客の要求に応えられるアルゴリズムがあれば、顧客と銀行の関係性は大きく変わるはずだ。

　いま、多くの銀行がパーソナライゼーションに注目したプロジェクトに乗り出し、付加価値の高いサービスを生み出そうとしている。

　Royal Bank of Canada（RBC）はNOMI Budgetsという専用アプリを介してサービスを提供している。顧客の支出記録を分析してカテゴリー分けし、使いすぎている可能性のあるカテゴリーや節約の余地がありそうなカテゴリーを選び出す。たとえば、今月の娯楽費と外食費があらかじめ設定した予算額に近づいているとわかったら、「今後数日間は家で過ごし、夕飯は自炊すると良いでしょう」とユーザに通知する。無理のない貯金計画を提案したり、全口座の入出金を監視して得た情報から資金計画のアドバイスをしたりもできる。2019年のRBCの発表によれば、このスマートサービスを利用した顧客の貯金額が、合計8,300万ドル増加したそうだ。1人あたり毎月約180ドルを貯めた計算になる。

　こうしたサービスは、口座の構造化データ（入出金の記録）を理解しやすいインサイトへ、つまり顧客の支出管理や借金回避に役立つ情報へと、噛み砕いているのだ。

　銀行がイノベーションを起こそうと懸命に取り組むのには、そうしなければフィンテック（金融IT）業界に増え続けている無数のディスラプター（＊訳注：斬新な発想で業界を破壊する新興企業）に市

場シェアを奪われるから、という理由も当然ある。フィンテック系のスタートアップは、非常に高性能でデータドリブンなサービスを打ち出して顧客のサービス乗り換えをねらっている。たとえば、完全オンライン銀行のMonzoやRevolutは、高い費用を払って大通り沿いに店舗を維持する必要がない。よって、顔認識、予算管理ツール、預金をどこからでも引き出せる仕組み、24時間365日のカスタマーサポートなどといったAIを活用したサービスにその分を投資できる。いずれの機能も、顧客が感じる不便を減らし、全体的なカスタマーエクスペリエンスを向上させることが目的だ。

　銀行と直接は競合しないが、データを活用して銀行よりもさらに高度なサービスを顧客に提供するフィンテック系スタートアップもある。たとえばChipというアプリの「自動貯金」サービスは、ユーザの支出傾向を分析して（オープンバンキングポータルを介して銀行口座とアプリを紐づける）、どの程度貯金にまわせるかを自動で算出する。その額を定期的に銀行口座から引き出し、ユーザが浪費しづらい別口座に入金するのだ。「口座にお金があるから買ってしまおう」や「もうすぐ給料日だし奮発してしまえ」を防いでくれる。

　また、Moneyboxという革新的なサービスもある。デビットカードで買い物をすると、支払金額の端数を自動で切り上げ、その端数分の小銭を株式投資にまわしてくれる。投資のリスク許容度は、ユーザが指定する。

　紹介したいサービスはまだある。自然言語処理を使ってFacebook

Messengerでユーザと会話するアプリ、CleoやPlumは、ユーザの銀行口座のインターフェイスの働きをする。預金を何に多く使っているか、どの程度貯金にまわせるか、などといった質問に答えてくれるのだ。貯金できるとアプリが判断すると、貯金用の口座に少額が自動振替される。お金を貯めたいが意志が弱くて自力では貯金できない、という人にぴったりのアプリといえるだろう。

　保険業界では、データドリブンなサービスは割と前から存在している。保険業者がより正確な予測結果を基に、効率良く保険料を設計することが目的だ。最近の若いドライバーには、運転の様子を監視する遠隔計測装置を車につける代わりに保険料が安くなる自動車保険を選ぶ人が多い。データ分析、データ、AIを活用したサービスにいち早く移行したほかの業界と同じように、保険業界でもデータ戦略が発展を遂げ、サービスのハイテクさも便利さも増し続けている。

　保険のスマートサービスのエコシステムで基盤の役目を果たすのが、モノのインターネット（IoT）だ。インターネットに接続可能なセンサーやデバイスが、世界中の携帯電話、腕時計、ウェアラブルデバイスから家電に産業用機械まで、あらゆるものに内蔵され、ネットワークは広がり続けている。2020年時点でIoTデバイスの総数はおよそ300億台と推測されていたが、2025年には750億台に到達すると予想される[注3]。増え続けるIoTデバイスのデータをどんどん取り込んで、現実世界のデジタルモデルをより正確に構築する。そのモデルを使ってシミュレーションを行えば、現実世界で起きることをさらに的確に予測できる。

保険はサービスに分類されると思われがちだが、実は商品取引が軸だ。いったん保険料の支払いが済めば、請求する機会がない限り保険業者と顧客とのやりとりは発生しない。だが、スマート化したサービスがそれを変えつつある。顧客と保険業者の関係が近づき、継続的なデータのやりとりがサービスの基盤となってきているのだ。

イギリスの革新的な保険会社であるVitality Healthは、データを活用して顧客の健康的な生活や運動を推進している。そのねらいは、病気のためではなく健康のためにお金を使わせること。会員になると専用のヘルスケアプランが作成され、今後高額な治療が必要となる可能性を下げる活動をすると特典（リワード）がもらえる。企業などとの提携も充実していて、たとえばVitalityアプリとスポーツジムのマシンを連携させると、目標までの過程が追跡、記録される。アプリから一般医の診察予約を直接とることも、フィットネストラッカーやスマートウォッチとの連携も可能だ。ほかにも、オンラインスーパーのOcadoを始めとした小売パートナーに健康食品を注文すると、割引が適用される。顧客のひとつである医薬品会社のMcKessonは、Vitalityのサービスを従業員が利用した結果、医療費を合計4,700万ドルも削減できたと報告している[注4]。

さまざまな形態の保険に同様のモデルを適用できそうだと考えると、よって保険業者とのつき合い方やサービス内容は、これから転換期を迎えるのかもしれない。スマートサービス化は、表面的には、保険会社にとってのリスクと不確実性が減り、保険料が下がる動きに見える。だが消費者側が、不運に備えた「保険」よ

りも健康の「保証」——または運転中の安全や家の状態（のちほど説明する）の保証——に喜んで料金を支払うようになれば、保険会社は下げた保険料の分を取り戻せるはずだ。

当然ながら、こうしたサービスを拡充させる際にはプライバシーや倫理面に及ぼす影響を十分に検討しなければならない。プライベートの領域にあたるデータを差し出すことに対しては、社会全体が寛容になってきていると私は感じる（自分に明らかなメリットがあればだが）。コロナ禍の「トラック＆トレース」プログラムもこれを裏づけている。異論の声もあるにはあったが、公共の場での行動の監視や追跡には少なからずメリットがあると、おおむね市民権を得た（状況が違えばプライバシー侵害ととられるだろうが）。医療保険のスマートサービスでは、個人データの提供には必ず自由意思と同意があることが前提とされ、表面的にはプライバシーへの配慮がなされているように見える。だが、顧客が加入せざるを得ないと感じる場合——たとえば、保険を「解約」すると雇用先からハイリスクとみなされかねない状況——には、自由意思と同意への考慮などはない。

保険業界のスマートサービスは、基本的には「予防は治療に勝る」という考え方のうえに成り立っている。活用できるデータ量が増えるとは、危険の可能性を予測し、対策を打ち、場合によっては回避できるようになるかもしれないということだ。HomeServe Labは、水道管に取りつけると家のなかの漏水を検知できるLeakbotというデバイスを開発した。漏水は長期間放置すると大規模な損傷を引き起こすこともあるが、事前に検知できれば修理費を大幅に削減できる。HomeServeがコンパクトで安価なデバ

イスを保険業者に供給し、保険業者はそれを顧客に無料で貸与する。顧客からの保険請求額を抑えられるので、保険業者は1年以内に投資回収できるという。

　ここまで見てきたとおり、保険業界の全体的な流れとしては、できれば一生使わずに済ませたい商品を顧客が購入するという取引と商品が軸のビジネスではなくなりつつある。今後は、顧客の生活の安全確保と面倒の回避に特化したサービス、それもデータの力でより深い顧客理解とより良い関係性を軸に展開するサービスが主流となるだろう。

健康管理、医療、製薬業界のスマートサービスの例

　医療業界もまた、分析能力を絶えず発展させ、新興テクノロジーが登場するそばから迅速に取り入れることで進化してきた。結果、スマートサービスが比較的成熟している業界の仲間入りを果たし、数々のイノベーションが生まれている。

　FitBitのような健康管理用デバイスは、私たちの日常に組み込まれており、機能面でもApple Watchなどの主流デバイスに引けをとらない。FitBitは最近Googleに買収されたので、蓄積してきたテクノロジーとデータを今後はGoogleが活用することになるだろう。GoogleはAndroidスマートウォッチと、独自に展開してきたスマートフォンやウェアラブルデバイス経由で、すでに健康管理サービスを提供してきた。

オンライン健康管理システムを提供するBabylonのサービスでは、月会費を払うと24時間365日、一般医の診断が受けられる（イギリス国営の国民保健サービスがこれを採用しているので、ロンドンでは月会費無料で利用できる）。利用者とかかりつけ医とをつなぐ役目を果たしながら、健康やライフスタイルに関する有益なデータを大量に入手している。現時点でイギリスだけで10万人近い会員を抱えており、アメリカ、カナダ、アジアにも展開している。

Babylonはオンライン診察のほかにも、チャットボットを使って患者への症状の聞き取りと初回トリアージを行うことのできるAIツールを開発してきた。患者と医師をつなぐ前に、患者の状況や必要なものを即時診断できる。また、診断と処置に役立つ情報や知見を得られる医師用のAI拡張ツールも提供している。いずれのツールもアプリで利用でき、次の4つの主要な要素で構成されている。

①疾患、症状、処置についての医療情報が格納されたBabylonのナレッジベース。②患者データ（Babylon会員の匿名化された医療記録とやりとりの記録）。③「確率的グラフィカルモデル」と呼ばれるAIアルゴリズム。ナレッジベースのデータと医療記録を組み合わせて、患者が報告したさまざまな症状や数値に対して、いちばん可能性の高い原因を返す。④Babylonが開発した複数のシミュレーションモデル。食生活や運動などの行動の長期的な効果を予測して患者に伝えたり、患者専用の健康プランを作成したりできる。

BabylonやアメリカのTeladoc、中国の平安好医生（Ping An Good Doctor）などの台頭が物議を醸さなかったはずがない。カスタマーサービスなどの分野で初期のチャットボット技術が活躍したからといって、医療診断のような命に関わる用途でチャットボットに頼るのが正しいのかどうか、ユーザが確信を持てないのも無理はない。おまけに、「BabylonのAIは研修修了間際の医師よりも有能である」という同社の主張は、立証が十分でない調査に基づく結論だとして、比較対象とされた医療機関から公の場で批判を受けた[注5]。BabylonはのちにWebサイトからこの調査記録を削除している[注6]。

とはいえ、新型コロナのパンデミックで多くの医師がやむを得ず遠隔医療やリモート診察に切り替えたこともあり、最前線の医療の在り方を見直す動きは高まっている。診察の自動化は、リモートで処置しやすい軽い不調に対しては特に有効だ。医師はより重大な検査や処置に時間をまわせるようになる。

自動化の流れは間違いなく、AIを活用したサービスの高性能化につながり、やがて初診では本当に人間の医者を超える働きのできるAIドクターが現れる可能性は高い。BabylonはAI研究を推進し、患者の様子や喋り方も考慮に入れた判断ができるよう、音声認識とコンピュータビジョンの応用を計画している。データ収集源が増えれば、正確な診断を下せる可能性も上がる。

最近は「バーチャル・ホスピタル」も登場しつつある。リモート医療チームの指揮の下、グループ分けされた患者にまとめて対応する方法だ。ほかにも、パンデミックの影響で加速された動き

として、シドニーのRPAバーチャル・ホスピタルなどのプロバイダーによるIoTデバイスの利用が挙げられる。インターネット接続可能なパルスオキシメーターなどのIoTデバイスを使って、自宅にいる患者の脈拍数と酸素飽和度を測定管理するのだ。異常が見られれば医師や看護師が患者の自宅に派遣されるので、新型コロナ感染の可能性のある患者を病棟に入れずに済む。似たような取り組みとして、バーチャル・ホスピタルのスタートアップであるDocclaとイギリスのノーサンプトン総合病院との共同事業も始まっている。新型コロナやその他の慢性疾患に長期間苦しんでいる患者向けに、リモート監視とリモート医療を提供するサービスだ[注7]。

バーチャル・クリニックは、高い監視能力だけでなく、継続的な医療処置の必要な患者のために空き病床を増やすという点で、遠隔医療のほかの領域と同様にこれから重宝されるだろう。患者に入院が必要か、それとも監視があれば自宅で安全に療養できるのかを正確に判断できるステージに到達することが、今後数年の医療技術業界で主要な課題となるのではないか。スマート医療サービスの普及のおかげで収集できるデータ量が増えていることも、正確性の改善に役立つはずだ。

ファッション、アパレル業界の スマートサービスの例

AIを活用して体型や好みに合う服を顧客に提案するStitch Fixのサービスについては前述のとおりだ。革新的なスタートアップ

として始動し、いまは15億ドル超の収益を生み出している。ファッション業界は当然ながら常に流行に敏感であったし、流行を捉えて活かすことをビジネスモデルの核としている。だが少し前までは、AIなど高度な分析ツールを積極的に取り入れるタイプの業界ではなかった。人間のトレンドスポッターが、トレンドセッターやインフルエンサーを見つけて流行を予測するのが主流だった。インフルエンサーという言葉がソーシャルメディアの影響で多くの業界で通じるようになったのはつい最近の話だが、実はファッション業界ではずいぶん昔から広く使われていたのだ。

　高性能のトレンド予測サービスが登場してからは、ファッション業界の「インフルエンサー」が担ってきた役割（影響圏内にいる消費者の購入意欲を導く）の必要性は、やや薄れつつある。というのも、最新の小売業向け分析システムは、Stitch Fixのスマートサービスのように、消費者のファッション嗜好についてあらゆる人口層にまたがった包括的な情報を提示できるからだ。しかし心配はいらない。インフルエンサーはすでに新しい役割を手にしている——ソーシャルメディア上での製品・サービスの宣伝だ。

　Affinityというモバイルアプリは、まずユーザの服のサイズを尋ね、それから選定した服を複数見せて好きかどうかを聞く。このデータを基に、ユーザが購入したいと思う可能性のある商品をユーザに紹介し、ユーザが購入すると小売店から手数料を得る。STELLA McCARTNEYやJ. Crew、JIMMY CHOOなどの有名ブランドもこれを利用しているところを見ると、ファッション小売業界の大物からの需要もあることがわかる。

ファッション業界での事業経営についてまわる面倒な業務を削減するためのサービスもある。消費者が希望の商品を見つけやすいよう、オンライン小売業者が何百時間もかけ行ってきた商品説明の記載とラベリングの管理を、スタートアップのZilingoはAIで自動化しようとしている。Zilingoは小売業者と製造業者にこのソフトウェアをオンラインサービスとして提供し、サプライチェーンと在庫管理の自動化や、持続可能性と倫理的製造プロセスの実現をサポートしている。

　ファッション業界がテクノロジー主導のトレンド予測に適応している様子がよくわかる別の例が、スタートアップStylumiaのサービスだ。ソーシャルメディアに投稿された画像からランウェイの動画記録まであらゆるデータを対象に、コンピュータビジョンを使って衣服を分析し、最新トレンドと照らし合わせて売れ筋の服を予測する。同社のブログ[注8]によれば、大規模なファッションイベントでは2万4,000着近い新製品が公開されることもある。かつてはこれをトレンドスポッターが丹念に調べ上げ、ランウェイでの芸術的な衣装から、何億人もの消費者が欲しがる製品へとシフトできそうなアイテムを見抜いていた。いまはAIがアルゴリズムを使って、どの程度人気が出そうかを世界中の市場ごとに予測している。

┃─　　　　ロボットのオンラインサービス化　　　　─┃

　ロボットや自律型のスマートマシンは、製造、物流、流通サービスに革命を巻き起こしてきた。Amazonの倉庫を覗けば、人間

とロボットが隣り合って、消費者からの注文を毎日何百万とさば
いている。

　Amazonの倉庫は間違いなく成功例だが、ほかの企業ではどう
だろう？　この類いの変革を採用する障壁は明らかに高い。ロ
ボット──特にAI搭載の産業用ロボット──は、決して安い投資
ではないからだ。とはいえ、この章のテーマを日頃から追ってい
る人なら、マシンを買えなくてもいまは借りられるじゃないか、
とご存じのことだろう。

　inVia Roboticsは、サブスクリプションサービスの形でロボッ
トを顧客に提供する。機械自体の料金とメンテナンス費用、管理
に必要な専門技術がすべて、月額費用に含まれているのだ。ロ
ボットは日々の業務を通して絶えず最適化される。つまり、ひと
つの顧客の業務から得た知見が、別の顧客の業務パフォーマンス
向上に役立つかもしれないということだ。inViaのサービスを採
用すると最近発表したCargo Coveは、倉庫業務の生産性が4倍
になると見積もっている[注9]。

　このように「アズ・ア・サービス（as-a-Service）」モデルに移
行した企業は、顧客の事業の効率化を支援する傍ら、サービス提
供による利益を得るだけでなく、ロボットと自動化サービスを
使った業務に関するデータをさまざまな企業から収集している。
このデータをまとめ直せば、製造と物流業務を合理化するノウハ
ウという有益なインサイトとして、今度は別の企業に売ることが
できる。

セキュリティ業界もまた、「サービスとしてのロボット」にとって強力な市場である。この分野で鍵となる技術はコンピュータビジョン。侵入者を顔認識技術で特定できる、AI搭載のカメラだ。researchandmarkets.com が編集したロボティクスの未来に関するレポートには、カメラ本体に加え、システム管理に必要な専門技術と、人の手が必要となった際のリソースもまとめてパッケージ化したサービスが生まれるだろう、と記されている[注10]。

教育と訓練のスマートサービス

将来、仕事はさらにスマート化する。もっと正確にいえば、仕事をする人間がスマートに（賢く）なる。スキルを必要としない単調なルーティーンワークはロボットや機械が行い、機械がまだ人間に勝てない分野で人間の労働者が重宝されるだろう。たとえば、新しい発想や経営戦略の意思決定が含まれる仕事や、共感、感情、知能、想像力など人間の特性が要求される仕事などだ。

要するに、私たちは高い教養を身につけねばならないということなのだろう。人間の仕事をますます上手にこなすようになる機械に後れをとらないためだけでなく、機械の仕組みを理解して協業する能力を高めるために。機械を使って人間の弱みを補い、強みを強化するために。

「終身雇用」はすでに過去のものとなり、勤め先やキャリアをわたり歩く人が増えている。職を移るには、教育と訓練が必要だ。そういうわけで、生涯学び続けることへのニーズが高まってい

る。とはいえ、慌ただしい現代の生活のなかで、キャリアをいったん中断して学校に通い直す時間を持てる人はそう多くない。そこでニーズを満たすべく、教育のスマートサービスが台頭してきている。

Netexなどの雇用者向けサービスを使うと、従業員専用にカスタマイズしたスキルアップのための学習コースをつくり、必要なタイミングで従業員のスケジュールに入れ込める。学習内容のフィードバックが自動で返されるようにすることも可能だ。このクラウド学習サービス上に学習者同士でコミュニティをつくることもでき、オンライン教育に社会性も生まれる。ひとりひとりに合わせたおすすめのコースやモジュールも自動提案される。

もっと気楽な学習なら、AIを活用して語学学習を支援するDuolingoなどのアプリがある。この学習プラットフォームはユーザの学習状況を分析し、学習速度に応じてやさしい問題か難しい問題を選んで出す。楽器を習いたい人は、AI Music Lessonsというサービスはどうだろうか。AI講師が一緒に楽器を演奏し、ユーザの演奏を聴いてフィードバックを返してくれる。ほかにもSkooveというサービスは、ピッチ検出アルゴリズムを用いてピアノの上達状況を記録する。400曲以上を収録したライブラリからユーザが曲を選んで演奏すると、ユーザの演奏スタイルが自動で分析される。

学校に通う子どもたちも、学ぶ力を支援するAI搭載サービスの恩恵を得るようになるだろう。教育サービスのプロバイダー、Carnegie Learningが開発したMATHiaUは、AIを使用した個別

指導システムだ。機械学習をオープンソースの教育用テキストと組み合わせて、個々の学習計画と速度に合わせて細かくレベル分けした講義を自動で作成する。つまりマンツーマン授業の再現を目的としたシステムであり、特別支援教育が必要な生徒が普通教育を受ける場合に、特に効果を発揮することが証明されている。

VR／ARソリューションを活用して、限りなくリアルな訓練環境を用意するスマートサービスも出てくるだろう。危険な場所で作業したり、ミスをすると経済的損失の大きな機械を使ったりする従業員を、リスクなしに訓練できる。

教師が近いうちにAIに置き換えられるということはなさそうだ。理由は単純で、教育はコンピュータがまだ模倣できないスキルを要する分野であるからだ。医師や弁護士などの専門職と方向性は同じで、仕事の成功率や生徒の習熟度を上げるための高性能なツールの登場に期待したいところだ。

AI自体がサービスに

最後に、AI自体がサービスになりつつある例を見てみよう。企業がAIソリューションを展開するにはツールやスキルに投資する必要があるが、これは革新的なスタートアップの小さなエコシステムにとっては巨額すぎる先行投資である。ここで、「サービスとしてのAI（AI-as-a-Service）」の登場だ。

AIプラットフォームがひとつあれば、いくつもの組織や業界

がさまざまな用途でAIを導入できる。よって最新AIの開発企業は、多種多様な顧客がそれぞれの問題をAIで解決できるよう、誰もが利用できるAIを開発している。クラウド型のプラットフォームで提供すれば、ユーザはデータをアップロードし、サブスクリプションのプランを選んで、インサイトが出てくるのを待つだけで良い。

こうした「サービスとしてのAI」のプロバイダー（Amazon、Google、Microsoft、IBM、Baidu、Alibabaなど）は、保持している大量のデータを使って「事前学習済み」のモデルを顧客に使わせる。もし顧客が自社で保持するデータのみを入れて使いたい場合は、顧客側で直接データを投入することもできる。

この章で取り上げてきたサービスを支えているAI技術——コンピュータビジョン、自然言語処理、レコメンドエンジン、予測エンジン——はすべて、サービスの形で提供可能だ。こうした技術は、プロバイダーから「マイクロサービス」と呼ばれることが多い。クラウドストレージやデータ処理のような一般化されたサービスとは異なり、顧客層を細かく分けて小さなサービスで各ニーズに対応するからだ。

サービスとしてのAIを使うとしても、ユーザ企業は結局はAI戦略の構築——企業目標との合致を考慮しながら、データとAI技術の活用方法を具体的に決める——にしっかりと時間をかける必要があるが、それ以外の部分はサービスに頼ることができる。最適なデータとモデルの選定、データのクリーニングと準備、分析アルゴリズムの実行、分析結果のレポート作成、分析結果から

得られた最重要なインサイトの選定は、すべて任せて良いのだ。

　つまり、AIの活用アイデアとデータ戦略の知識さえあれば、誰でもソリューションの「骨子部分」をさっと作成でき、そのAI活用方法に可能性があるかどうかをすぐに検証できる。どれほどの零細企業だろうと関係ない。「サービスとしてのAI」があるおかげで、誰でもAIの先駆者になれる。

▮━　　　どんな企業もテック企業になれる　　　━▮

　業界に関係なく、テクノロジーとデータを活用して問題解決に取り組んだ企業には、ほかの問題も同様に解決する基盤ができる。知識――データと分析を活用して手に入れた知見――を得たとはつまり、もっと高性能で使いやすいサービスをつくれる企業になったということだ。これは、映画、音楽、ファッション、文書保管など特定分野のリーダーとしての地位を固めるだけでなく、本物のテック企業としての地位を自力で確立することにもつながる。

「いまや、あらゆる企業がテック企業だ」とか「どんな企業もテック企業になる必要がある」という意見をよく聞くのはそういうわけだ。データとAI主導のテック企業と化すかを検討せずにいれば、競合相手にあっという間にマーケットシェアを奪われる可能性が高い。私たちはこれを、NetflixとSpotifyが映画配信企業と音楽配信企業の市場を破壊するさまや、Teslaやほかの電気自動車メーカーに利益を奪われつつある自動車メーカーの例で実

際に目にしてきた。

こうしたディスラプター企業は、新しく開発したテクノロジー（AIとデータ分析技術を用いたものが多い）を普及させるという目的を掲げて登場している（副次的な結果として既存市場を破壊している）。つまり、「テクノロジー第一」思考とみなすことができる。特定の市場をねらって登場し、業務効率と競争力を高める目的でテック企業へと成長した企業（Fordなど）とは対照的だ。

ここまで、主要な市場や業界でサービスが遂げてきた進化について見てきた。顧客インサイト、パーソナライゼーション、利便性がキーワードだ。AIとスマートサービスがもはやグローバルテック企業だけのものではなく、サービスとしてのAIの登場により誰もが利用できるものになったことも、おわかりいただけたと思う。次の章では製品の市場に焦点をあてる。ルールも商機も、サービスとはまた少し異なってくる。

原注

1   Robinson, J (2019) How Uber organizes around machine learning, Medium, 3 February, medium.com/@jamal.robinson/how-uber-organizes-aroundartificial-intelligence-machine-learning-665cdeb946bc (archived at https://perma.cc/3GYF-NATL)

2   Borak, M (2018) Didi is using its new AI Brain to crack the toughest puzzle – our cities, Technode, 26 January, technode.com/2018/01/26/didi-aibrain/ (archived at https://perma.cc/6EB6-AZF5)

3   Maayan, GD (2020) The IoT rundown for 2020, Security Today, 13 January, securitytoday.com/articles/2020/01/13/the-iot-rundown-for-2020.aspx (archived at https://perma.cc/U4HR-A963)

4   EIO (2018) Vitality: A data-driven approach to better health, 9 April, digital.hbs.edu/platform-digit/submission/vitality-a-data-driven-approach-to-betterhealth/ (archived at https://perma.cc/XNL8-GSK9)

5   Hughes, O (2018) Babylon Health says AI abilities 'on par with human doctors', Digital Health, 2 July, www.digitalhealth.net/2018/07/babylon-aiabilities-on-par-human-doctors/ (archived at https://perma.cc/ZEF3-6Y3B)

6   Daws, R (2019) Babylon Health erases AI test event for its chatbot doctor, AI News, 12 April, artificialintelligence-news.com/2019/04/12/babylon-health-aitest-gp-at-hand/ (archived at https://perma.cc/NDT6-FBDR)

7   Health Tech Digital (2020) Doccla & Northampton NHS Trust trial virtual wards for vulnerable patients, 14 July, www.healthtechdigital.com/docclanorthampton-nhs-trust-trial-virtual-wards-for-vulnerable-patients/ (archived at https://perma.cc/FRC3-FDMA)

8   Stylumia (2018) Runway inspirations: Stylumia Next, 9 March, www.stylumia.ai/blog/runway-inspirations-stylumia-next/ (archived at https://perma.cc/3USVPKT9)

9   Straight, B (2021) Logistics firm Cargo Cove jumps on automation trend, adds inVia Robotics solutions, Freight Waves, 25 March, www.freightwaves.com/news/logistics-firm-cargo-cove-jumps-on-automation-trend-adds-inviarobotics-solutions (archived at https://perma.cc/R8KA-8PS2)

10 Business Wire (2021) Global automation and robotics markets, 2021–2026: focus on industrial, enterprise, military, and consumer segments, 1 March, www.businesswire.com/news/home/20210301005566/en/Global-Automationand-Robotics-Markets-2021-2026-Focus-on-Industrial-Enterprise-Militaryand-Consumer-Segments---ResearchAndMarkets.com (archived at https://perma.cc/2VZW-GCBA)

第6章

より優れた製品を生み出す
活用目的④

　すべてはスマホの登場から始まった。スマートウォッチ、スマートアラーム、スマートテレビが登場した直後だった。いまはありとあらゆるもの——靴から冷蔵庫からトイレまで——にスマート版が存在する。「見慣れた定番商品に新バージョンが出ました、従来のバージョンより優れているのでアップグレードを考えましょう」という販売促進に過ぎないものもある。スマートテレビはその良い例だ。少なくとも初期のスマートテレビは本当の意味で「スマート」ではなく、ただたくさんの新機能が加わっていた。インターネットに接続可能であることが、スマートデバイスの定義とされていた。

　ところが定義は徐々に、「目的をよりスムーズに効率良く果たせるよう見慣れたツールやおもちゃ、ガジェットをAIで強化したもの」に変わってきた。たとえばフィットネストラッカーだ。

ユーザについて「学習」し、それを基にユーザの健康状態を改善する最適なプランを決定する。現代でいう「インテリジェント」な製品とは、こういったものを指す。だが、インターネットに接続されるだけの「スマート」化だとしても、のちに真のインテリジェントな製品へと進化を遂げるための入口となることが多い。ひとまずインターネットに接続可能になれば、前の章で取り上げたインテリジェントなサービスの展開にも使えるようになる。

　こうしてスマート（またはインテリジェント）な製品が生活に浸透し、主力製品の見直しという刺激的な機会を企業にもたらしていることは疑いようもない。

　スマートデバイスの急増に火をつけたのが、前の章で簡単に触れたモノのインターネット（IoT）の誕生だ。世界をすでに一変させつつあるテクノロジーの枠組みにしては奇妙な名前だが、いまやインターネットにつながるのはコンピュータだけではなく、あらゆるすべてのモノなのだ、という事実を示している。IoTは世界中の何百億台ものデバイスで構成されていて、どのデバイスもインターネットを介してデータを取得し、それを別のデバイスと共有したり、クラウド上でのコミュニケーションや分析用のハブに提供したりできる。

　製造業者がこうしたデータを使ってデバイスの稼働環境やユーザの行動などを把握すると、消費者の生活や製品の使い方に合った新しい機能や特性を足せるようになる。

　最近のスマートホームでは暖房設備、照明、エンターテインメ

ント機器、セキュリティシステムが互いに情報をやりとりできる
うえ、AIを使って住人が希望する動作を学習するものも多い。ス
マート高速道路にはコンピュータビジョン搭載カメラが設置さ
れ、車両の流れを監視して、渋滞を緩和し事故を減らすために速
度制限やその他の規制を自動で調整する。スマートシティでは、
公共交通機関、大気汚染状況、ごみ収集などの市政サービスの統
括と改善を行う目的で、スマート技術が都市全体に張りめぐらさ
れている。

　ここで挙げたどのテクノロジートレンドも、データ収集能力を
備えた具体的なモノ、つまり製品の力で成り立っている。データ
処理がデバイス側で行われる、たとえば洗濯物の量を解析して洗
剤と柔軟剤の適量を自動で割り出す洗濯機などのモデルを、エッ
ジコンピューティングと呼ぶ。一方で、データ処理がクラウド
サーバーで行われるケースもある。AmazonやGoogleの音声アシ
スタント機能は、録音した音声をクラウドに送り、そこで解析、
翻訳を行ってユーザがデバイスに求めている行為を判断する。

　IoTとスマートデバイスの発展においてもうひとつ重要となる
要素が、小型化だ。アポロを月に導いたコンピュータは、ひと部
屋サイズのスーパーコンピュータの何倍もの性能を持つにもかか
わらず、机に乗るサイズだった。このことに人類が驚いたのはそ
う遠くない昔だ。そこから一瞬のうちにコンピュータはリュック
サックやスーツケースに入れて運べる大きさになり、いつの間に
かポケットに入るまでになった。最新のスマートウォッチを見れ
ば、手首につけるデバイスひとつに必要なコンピュータ機能が余
さず含まれているのだから、将来のナノテクノロジーとなれば、

さらに小型化された自己学習するスマートデバイスになるのだろう。

― スマートサービスを支えるスマート製品 ―

　最近はサービスに注目が集まっているようで、どんな企業も
サービス主体のビジネスモデルに移行しつつある、とよく耳にす
る。たしかにそうなのだが、そのサービスの多くには物理的な製
品やソフトウェア製品が含まれている。たとえばAmazonの
AlexaやGoogleのNestなどのスマートスピーカーは、ユーザの
家でサービスを提供するというサービスモデルには違いないが、
同時に部屋に置く製品でもある。サービスとしてのソフトウェア
が徐々にユーザのニーズを学習していくように、スマートスピー
カーのような製品も、プロバイダーが収集する使用状況データに
よりアップグレードを繰り返して改善される。このような考え方
から、データサービスを製品とセットで売ることで、収益を途切
れさせないようにしたり顧客満足度を上げたりする戦略が生まれ
た。たとえばスマートホームのセキュリティ製品は、ユーザがど
こにいても自宅の内外の様子を確認できるよう、監視カメラで
撮った映像をクラウドにアップロードするサービスとセットに
なっている。こうしたサービスには限られた機能を即座に提供す
るものが多く、さらに高度な機能や継続的な利用を求めるならサ
ブスクリプションに申し込むことになる。工業分野では、農業機
械メーカーのJohn DeereやエンジンメーカーのRolls-Royceなど
が製品にデータ取得機能を組み込み、入手したデータを機械の作
動状況や修理時期の予測などの有益なインサイトに変えて、顧客
企業へと返している。

自動運転車はいまのところ、インテリジェント製品の「キラーアプリケーション」（＊訳注：人気沸騰のきっかけとなるもの）といえるだろう。ほんの10年ほど前には途方もなく未来的で非現実的に見えたが、いまや現実となり、日常生活の一部となる日も近づいている。自動運転車はそれ自体がインテリジェント製品だが、人間をさまざまな場所へ安全に運ぶという任務を遂行するために無数のインテリジェントサービスに頼っている。搭載されたセンサーで集めたデータを基にサービスの調整や開発を行い、車を誘導するナビゲーションシステムや、LiDAR（＊訳注：レーザー光を使った高精度のセンサー）などのセンサーを使って衝突を予測して避ける機能が進化してきた。こうしたサービスが加わってこそ、製品はますます高度でインテリジェントな動きをするようになる。ここからは、インテリジェント製品が成果を上げつつある主な業界や分野について、興味深い実例を紹介しながら掘り下げていく。まずはこのまま、自動運転技術から見ていこう。

自動運転と自動配達

　心をわしづかみにする魅力が自動運転車にあるのは、移動手段の自動化のなかでも、私たちの生活を根本から変えるものだからだろう。だが、車よりも先に完全自動化されそうな乗り物がある。

　航空機の自動操縦装置（オートパイロット）はかなり前から存在するが、本当の自動操縦とみなせるのは最新のシステムだけだ。従来のオートパイロットは、機体を安定させて正しい（プログラムされたとおりの）方角に向け、離陸や着陸などの繰り返し

のプロセスを実行するために使われている。「知能」は持たず、車などの自動運転システムのように学習を重ねて熟達することもない。

パイロットを必要としない真の自動操縦も登場し始めている。いちばん目を見張る事例といえばVolocopterの自動操縦ドローンのタクシーサービスで、2017年にはドバイの皇太子を乗せた飛行試験を行っている。ドバイは、2025年までに公共交通機関の25%を完全自動化することを目標にしている[注1]。

2020年、航空機メーカーのAirbusは、自動タキシング（＊訳注：自力で走行・移動すること）と自動離着陸（Autonomous Taxi, Take-Off and Landing, ATTOL）システムの離陸能力のデモンストレーションを無事に終えた。コンピュータビジョンを使用して機体の動きを把握し、タキシング中や離陸前に滑走路上の危険を検知する能力である[注2]。Airbusはタキシングと着陸の自動化に取り組んではいるが、完全自動運転を急いでいるわけではなく、それよりも人間のパイロットの判断を支援する技術の開発に主眼を置いている。これは、パイロットが飛行中のルーティーン業務に割く時間を減らし、もっと複雑で戦略的な操作にしっかりと集中できるよう目指すことでもある。現在ほかのさまざまな分野でAIが有用とされている理由と共通している。

Airbusの大型の定期旅客機よりも、小型の航空機のほうが先に完全自動運転を達成する可能性が高い。前述の自動操縦ドローンのタクシーサービスのほかにも、複数の企業が先を争って自動運転の個人用旅客機の開発を進めている。なかでもBoeingとKitty Hawkの合弁会社であるWiskは、2021年中に試験飛行を開始す

る予定だ[注3]。この試験は、ニュージーランドのAirspace Integration Trials Programme（領空統合試験プログラム）という、自動運転機と人間が操縦する民間航空機を領空内で同時に運航する場合を想定した検証プログラムの一環として行われる。自動運転航空機の開発を進めるにあたり、技術的な問題だけでなく、社会全体に関わる問題も無視できないことがここから見えてくる。結局は、運転手のいない車に乗るのとパイロットのいない飛行機に乗るのとでは、心理面で大きな隔たりがあるということなのだろう。

　では、船はどうだろう？　海には障害物がずっと少ないという点で、理想的なAI活用先に思える。だが当然そう単純ではないし、自律航行の船は、天候や海の状態、海賊などの問題にも対処しなくてはならない。2018年にRolls-RoyceとFinferriesが最初の自律航行の旅客フェリーを運航し、船員による操作なしに乗客80名を島から島へと運んだ[注4]。フェリーは途中の障害物を問題なく避け、目的地までの正しいルートを既存のフェリー航路から自動選定して進んだそうだ。

　とても実用的なアイデアに、サンフランシスコ拠点の企業Shoneが開発中の、船にあとづけできるテクノロジーがある。自律航行用の船舶をいちから設計する必要なしに、既存の船をスマート化できる。完全無人ではなく少ない乗組員数で運行できる船舶をつくれば、少ない物資と設備で安全かつ快適な船旅を提供できるようになり、航海の効率化につながる。IBMと非営利組織ProMareの合弁事業である自律航行船メイフラワー号も、同じ考え方を背景に持つ。ヨーロッパから最初の移民を乗せて大西洋を

わたってきた元祖メイフラワー号の出航400周年を讃えて、最初の航行ではイングランドのプリマスから出航した。自律船メイフラワー号は、ここまでの自動航行の例で見てきた旅客船や輸送船とは違い、海洋調査船である。なんとも合理的なアイデアだ。従来の海洋調査につき添う乗組員は長いこと家を離れなければならず、身の危険があるうえ雇い主が負担するコストも大きかったからだ。乗組員用の設備を乗せなくて良いとなると、船をずっと小さく軽くつくることができ、よってエネルギー効率が上がった。自律船メイフラワー号の最初の任務はプラスチック汚染状況の調査と海洋哺乳類の生息数調査だったが、今後さまざまな学術研究に使えるつくりになっている。

　航空旅行の業界と同様に、国際海事機関（IMO）は現在、自動運航船の基準類の検討に取り組んでいる。2020年中に結論を出す予定だったが、現時点ではまだのようなので、おそらくパンデミックの影響を受けているのだろう[注5]（＊編注：2021年5月に条約類の分析が完了し、自動運航船の規制内容の検討に入ったと発表された）。

　華やかな完全自動運転がどうしてもメディアに取り上げられがちではあるが、乗り物にスマートテクノロジーを組み込むことで安全性や環境への配慮、効率化をかなえている事例はほかにもたくさんあるのだ。

　ごく普通の自転車でさえ、アップグレードが進んでいる。フランスのスタートアップIweechは、バッテリーエンジンを使った電動アシスト機能をAIが管理する電動自転車を開発した。一般的な電動自転車では、乗り手が目的地とバッテリー残量のことを

考えて、ときにアシスト機能を使うのを控えなければならない。Iweechの自転車は、バッテリー出力を監視し、できる限り効率良く目的地に到着できるよう自動調整してくれる。乗り手の走行傾向を記録することで、疲れ具合を把握したり、最もアシストが必要なタイミングを判断したり、さらには日々の走行データから乗り手の走行ルートを予測したりもする。

　ほかに移動関連でいうと、自律走行ロボットやドローンの台頭が主に配送業界を破壊しようとしている。Amazonの小型自動配達ロボットScoutは、アメリカとヨーロッパの複数の地域ですでに試験段階に入っている[注6]。大々的に宣伝されているAmazonのドローン配送サービス（前の章で言及した）のほかにも、Samsungは近年アイルランドで、顧客に自社端末を配達するドローン配送サービスを導入している[注7]。

　実際、私もこの目で自動配達を見たことがある。私の自宅があるイングランドのミルトン・キーンズで試験プロジェクトが行われていて、夜のジョギング中によく遭遇する。食料品やテイクアウト商品もロボットに配達してもらえるのでとても便利だ。ロボットはStarship製で、小型の冷蔵庫くらいの大きさだ。Starshipは、全世界での自動配達件数が2021年に累計100万件に到達したと発表している[注8]。

インテリジェントな家電製品

　消費者向けテクノロジーのなかでもすでに大きな進化を遂げ、

今後もますます発展すると見られているのが、家電製品だ。2020年のある概算によると、アメリカの人口の38.5％がAI対応の音声アシスタントを家で使用していた[注9]。この割合は今後、確実に増えるだろう。音声アシスタントのデバイス——AmazonのEchoのようなスタンドアロン型からSiriなどのスマートフォン内蔵型まで——は、私たちが家に迎え入れた複数のスマートデバイスを管理するハブと化した。ほかの分野のインテリジェントデバイスと同じで、スマート家電製品の「スマートさ」も多種多様だ。スマホから操作できるようインターネットに接続できる機能がついただけの製品も、ユーザの生活に適したAIと自動化技術が組み込まれた製品もある。

前者の例に、Philips Hueのスマート照明システムがある。家中の全電球とデータ接続したハブから、照明すべてを操作できる。Echoなどの音声アシスタントやスマホアプリからスイッチをつけたり切ったりできるほか、モーションセンサーからの情報で照明を切り替える、特定の時間に照明がつくようタイマーを設定するなど、ある程度の自動化にも対応している。

後者のAIと自動化技術を取り入れた製品の例として、まずは音声アシスタントそのものが挙げられる。自然言語処理にあたるが、これこそまさしく真の意味でのAI技術といえる。ニューラルネットワークを使って音声入力を構文解析し、意味と意図を明らかにして、それに従って動作したり、そのデバイスなりの自然言語で反応を返したりする。Googleのスマートサーモスタット（温度自動調節器）であるNestも、真の意味でインテリジェントな家電製品だ。タイマーやモーションセンサーで作動するのはもちろ

ん、機械学習で暖房設備の使用傾向を把握して効率の良い使い方を学習し、最低限のエネルギー使用で家にいる全員が暖かく過ごせるように調整できる。

この章では、AIの画期的な使用事例が多く見られる後者（単なる接続機能にとどまらないインテリジェントなデバイス）について掘り下げていく。もしいま自社製品をインターネットに接続してスマートフォンから操作できるようにすれば業界に革命を起こせるのでは、などと考えているなら、5年遅い。

最先端の製品を紹介しよう。SamsungとLGは最新のスマート冷蔵庫を売り出している。SamsungのFamily Hubという製品は、コンピュータビジョン搭載のカメラで庫内を撮影し、たとえば持ち主が仕事帰りに買い物をするときに、庫内にあるものを知らせることができる。なんと残り物を使ったレシピの提案も可能だ。たまねぎ半個と、思い出せないくらい前から庫内に居座っているピクルスの瓶詰めの残り半分で、何か面白い料理をつくれるかもしれない。

近いうちに家電製品が食料品店に注文を飛ばし、「家に帰ったら冷蔵庫が空っぽ」なんてことは二度と起こらなくなるといわれても、想像に難くない。

Samsungの冷蔵庫は、既存のAI資産（Samsung開発の音声アシスタントBixby Voiceと画像認識技術のBixby Vision）を活用して製品のスマート化を進めた好例だ。BixbyよりもAlexaやSiriに親しんでいる人のほうが明らかに多いので、消費者用AIの

リーダー企業とはいい切れないものの、Samsungの強みは、さまざまなカテゴリーの消費財で市場に広く浸透していることだ。現に、Samsungによるとアメリカの家庭の70%が何かしらのSamsung製品を所有しているという。最近はSamsungの全製品にAIを搭載し、Bixbyの技術を組み込んで、家庭内のスマートデバイスネットワークの強固な基盤を築くことに専念している。

LGの冷蔵庫はというと、こちらも独自の音声アシスタント技術を装備している。冷蔵庫の扉を自動で開けることもできる。買ってきた食料品を両手に抱えているときや、調理中に手が汚れているときに重宝すること間違いなしだ。フロントパネルの大半を占める大きなスクリーンも特徴的で、キッチンで娯楽を楽しめるだけでなく、スクリーン部分を透明にすれば、庫内の冷気を維持したままなかを見ることもできる。

LGは、Signatureという高級志向の消費者向けラインでワイン専用のスマート冷蔵庫も販売している。Wine RingのTrue Sommelierというアプリと連携して、庫内のワインの銘柄を把握し、ユーザの好みを学習する冷蔵庫だ。ワインのレビューや評価の情報を全ユーザから収集してつくった膨大なデータベースを使って、これを実現している。庫内にあるワインによく合う食べ物を提案することもできる[注10]。

ほかにキッチン家電といえば、超最先端のスマート家電といえるJura AustraliaのAI搭載コーヒーメーカー、Z6がある。これも真のインテリジェント製品で、ユーザの好みを細かく把握して常にユーザにとって完璧なコーヒーを淹れられるようにできている。

Samsungの8800 Smart Dialシリーズのようなスマート洗濯機は、AIを使ってユーザがよく使うコースと設定を学習し、その日の洗濯物に適したコースを勧める。また、洗濯物のサイズと種類を判断して、最適な水の量と洗剤の量、さらには適切な洗濯時間を自動で決定することもできる。

　家のなかの製品でもうひとつ。インテリジェントなトイレがすでに存在するといわれても、この章のテーマの最新ニュースを追っている人なら、驚きはしないだろう。KohlerのインテリジェントトイレNumiには音声アシスタントが搭載されているので、何にも触れずに音声のみで、水洗機能やフタの開閉を衛生的に操作できる。人間が用を足すあいだに、ニュースの見出しを読み上げ、音楽を流すことも可能だ。もちろんこれだってすばらしい機能だが、真の意味でインテリジェントなスマートトイレなら日本のTOTOの製品をぜひ紹介したい。尿に含まれる糖分量を測定し、体重の変動を記録し、体温と心拍数を計測して不調の兆しがないかを監視し、尿流量の変動（膀胱や前立腺の不調の指標になりうる）を記録する。滑稽に思えるかもしれないが、数年後にトイレが人命を救う役目を担うようになるのもありえない話ではない。

　P&GのブランドであるOral-Bは、AIを活用してユーザの歯磨きの質を上げ、歯をピカピカに保つ手助けができる歯ブラシを豊富に展開している。Oral-BのiOという歯ブラシはBluetoothでスマートフォンアプリと同期し、全部の歯をしっかりと磨くことができるよう歯磨きのフィードバックを返す。アルゴリズムを有効に実装するための歯磨きのビデオデータ収集に6年を要した、と

P&Gは語る[注11]。

　ロボット掃除機はかなり前から活躍しているが、これもまた、単にインターネットに接続できるだけのスマートさから、インテリジェント（一般的な掃除機と比べれば）な製品へとデバイスが進化を遂げた好例である。

　Samsungは最近、世界初のAI搭載モデルと謳って最新のロボット掃除機を発売した。Jetbot 90 AI+は、事前設定したパターンに沿って動いたり、これ以上進めないと感知するまで直進したりはしない。自動運転車と似た仕組み、コンピュータビジョンとLiDARで室内を動き回る。割れ物や壊れやすい物を認識して避けて通り、反対に壁や机の脚など汚れがたまっている可能性のある硬い物には、近づいて掃除する[注12]。

　最後にホームセキュリティの分野を見ていこう。Ring、Google、それからNetatmoなどの企業が、侵入者を発見するスマートカメラを製造している。初期のスマートカメラは、デバイスとモーションセンサーを接続し、スマートフォンアプリと連動させて、不審な動きをユーザに通知する単純なものだった。最新モデルは顔認識技術を使い、ユーザがあらかじめ登録した顔のデータベースと侵入者の顔の特徴を照らし合わせて、不審人物に気づく。Hiroという保険業者は、自宅にAI対応のセキュリティシステムを設置すると保険料が安くなるシステムを導入した[注13]。他社がこれに続けば、すでに成長著しいホームセキュリティ市場に拍車がかかるだろう。

もちろん、現代のセキュリティ上の脅威は物理面だけとは限らない。ロンドン拠点のスタートアップであるZobiは、日々増えているサイバーの脅威から家を守るためのデバイス、Hedgehogを発表した。AIを使用して、接続されたデバイスのネットワークを常に監視し、不正な接続やユーザのスマートホーム基盤への攻撃がないかを見張る製品だ。ユーザのネットワークの匿名プロファイルを構築してほかと比較し、セキュリティ不備を悪用した形跡がないか、今後また悪用される危険性がないかを確認する仕組みになっている[注14]。セキュリティ全般にいえることだが、サイバーセキュリティにおいても、全体の防御力はいちばん弱い部分と同じになる。そしてスマートホーム機器の検査不足が災いしたサイバー攻撃被害の報告件数は、ここ数年で飛躍的に増えている。在宅勤務者が増えるとはつまり、自宅のお粗末なサイバーセキュリティのせいで企業の情報が危険にさらされる可能性があるということだ。この分野の製品の需要は、これから間違いなく高まるだろう。

インテリジェントな医療製品

　医療は高くつくものだ。政府、保険業者、個人の誰が支払うにしても、診療にも臨床研修にも、医薬品開発にもリハビリテーションにも、非常に大きなコストがかかる。主な要因として、大きな病気のほとんどは、問題が起きるまで、つまり緊急の医療介入が必要な段階になるまで見つからない、という事実がある。

　ということは、もっとすばやく正確に体内の異常の兆候を発見

できるようになったら、合理化できる可能性は多大にあるということだ。兆候はきっとあるはずなのに、何を探せば良いか、何が目印となるのかがわからないことは多い。腕にヒリヒリとした違和感があるとして、99％の場合は筋肉を痛めただけだろうが、ほかの要素、たとえば呼吸に変化がある、発汗量が増えるなどと合わさった場合、治療法があるうちに検査をして良かったとあとで胸をなで下ろすような病気が潜んでいるかもしれない。

インテリジェントな医療デバイスの多くは、身体活動や体調を計測管理し、ほかの何万人ものユーザの症状と結果のデータを参考にして、病気の初期兆候ともとれる症状の組み合わせが出ていないかを確認する。

Apple Watchのようなスマートウォッチにはすでに心電図を記録する機能などが内蔵されていて、ユーザの心臓の状態を監視したり、心臓病の兆候となりうる異常がないかを注視したりできる。

現在開発中のスマートコンタクトレンズは、糖尿病患者の血糖値を計測管理できるそうだ。また、スタートアップのBisuは、スマート尿検査デバイスをすでに発売している。通常なら病院で尿を分析してもらわなければわからないような、感染症やさまざまな問題を自宅で検知できる。スマートペースメーカーは、低消費電力のBluetooth送信機を使って、心臓の健康状態についての分析結果を患者のスマートフォンアプリに飛ばすか、介護者に直接送信する[注15]。ぜんそく患者には、スマート吸入器もある。ユーザの居場所とその場所の大気汚染指数、ユーザがどこでどのような頻度で吸入器を使っているかを記録し、ぜんそくにより身体に

どのような影響があるか、健康状態を改善するには生活をどう変えれば良いかを知るきっかけとなる情報を引き出すことができる。

　アイルランドでは、糖尿病の小児患者はMedtronicが新開発したスマートインスリンポンプシステムを活用している。従来のインスリンポンプ療法では、患者が定期的に血糖値を測定する必要があったが、最新型のインテリジェント・ポンプはセンサーを使って継続的に自動計測し、注入するインスリン量を調節してくれる[注16]。

　こうしたスマート医療デバイスが取得するデータは、ユーザだけの役に立つわけではない。世界中の患者のデータを関連づけ、大きな動向の理解や、特定の危険要素が問題となっている地域の把握に役立てることで、医療リソースを適切に配分できる。これにより、のちに高額治療が必要となる可能性を減らすため、不調に「いま」対処するという予防戦略を講じることができる。さらに、デバイスから収集したデータは新たな治療法の発展にも役立っている。その一例が、患者の遺伝子マーカーを基に、その患者にとって最も効果的な治療法を予測する、パーソナライズした治療法だ。

　スマート医療デバイスがもたらすまた別のメリットは、患者が医療指示に従っているかを医師や介護士が監視できることだ。患者の健康問題に対する処置がすべて適切だったにもかかわらず悪い結果になった場合、たいていは患者が医療機関からの指示に従わなかったことが原因である。スマートデバイスから取得したデータを見れば、医師の指示が間違っていたせいで医療処置が失

敗に終わったのか、単に患者がいうことを聞かなかったのかがわかる。こうした情報は、薬や療法、患者への助言が真に有効といえるかを判断するために、とても有益となる。

　ここまでに挙げてきた新技術のほとんどは患者向けに開発されたものだが、医師や医療関係者向けの画期的なデバイスも数多く登場している。

　StethoMeはAI搭載の聴診器で、リモート診察や遠隔医療の増加により医師が患者の状態を把握しづらくなっているいまの状況を考慮して開発された。スマート聴診器を使うとリモートでの聴診（患者の体内の音を聞く診察）が可能となるうえ、医療従事者が音を頼りに問題を検知する能力をAIの力で強化できる。『American Journal of Pediatrics（アメリカ小児科学論文）』で発表された研究によると、このデバイスは一般的な不調であれば人間の医師と同等の確率で正しく診断できるそうだ[注17]。

　AIは医用画像処理の分野にも革命を起こしつつある。肺がんが主要な死因のひとつである中国では、コンピュータビジョンの専門企業Infervisionが、CTスキャンから肺がんの兆候を検知する放射線医の作業を支援するツールを開発した[注18]。がんのなかには発見が遅れると生存率が60％から10％に下がるものもあるので、コンピュータビジョンを用いてスキャン結果を解析すれば──医師不足に悩む国にとっては特に、解析は単調かつ時間のかかるプロセスだ──、きっと大勢の患者の命を救うことができる。このツールは、新型コロナ感染による肺へのダメージを診断する際にも活用されている。

GEは半導体メーカーのNVIDIAと提携して、医用画像から健康に関するインサイトを抽出する新製品の開発に取り組んでいる。NVIDIAが生産するGPU（Graphics Processing Unit）（＊訳注：グラフィックの演算処理を行う半導体チップ）は、演算能力の高さからAIと深層学習に幅広く利用されている。世界中で使われているGEの医用画像診断装置50万台以上にコンピュータビジョンが搭載されれば、時宜を得た診断と治療が可能になり、治療経過も結果も間違いなく改善されるだろう[注19]。

ビジネス、産業、製造分野の インテリジェントな製品

　私たちが働き、モノをつくり、利益を得るために使うツールは、AIとデータ、そして自動化の多大なる恩恵を受けている。産業の現場では、ロボットはもう重いものを持ち上げるだけではなく、学習と判断もできるものが増えてきた。オフィスやリモート環境で働く人々が使うソフトウェア製品をAIの力で機能拡張し、単調な繰り返しのタスクにかかる時間を減らしている。ビジネスを支えるIT、ネットワーク、データインフラストラクチャー製品もスマート化する一方だ。

　ここでも進化の推進役はIoTだ。製造、産業、インフラ分野に展開されるインテリジェント製品の多くが、予知保全（故障発生前に不備を直せるようにする設計面の考え方）が可能なつくりになっている。産業機械や乗り物に損傷を検知するセンサーをつけると、部品交換やメンテナンスが必要な時期が予測可能になる。

すると、製品が動かなくなってから修理を始めるよりもずっと安上がりなうえ、使用できない期間もまだ我慢できる長さで済む。メンテナンス専門の人材と交換用部品の在庫を現場の近くに備えておくこともできる。

同様にロボット自体もスマート化し続けている。最新のAIと機械学習が登場する前、製造用ロボットは主に自動車メーカーなどに普及していたが、その仕事といえば生産ラインでプログラム済みの繰り返しタスク——ひたすら同じ部品を自動車に取りつけるなど——に限られていた。

自律移動やコンピュータビジョンが進歩した結果、Amazonの倉庫で活躍しているような、数km四方もの広さの敷地から目あての商品を見つけ出して梱包担当スタッフの下へ運ぶことのできるロボットが登場している。製造現場では、コンピュータビジョンを使って部品の損傷や不良を組み立て前に検知したり、意思決定が必要とされる複雑な業務を実行したりできるようになった。

日本のロボットメーカーであるファナックは、ネットワークのリーダー企業Cisco、そして産業オートメーションに強いRockwell Automationと協業して、Fanuc Intelligent Edge Link and Drive（FIELD）と名づけた製造業向けの産業用IoT基盤の開発に取り組んでいる。自力で学習できるロボットの開発を目指しており、人間がタスクをひとつずつプログラムする必要がなくなるどころか、なんとロボットが自身を訓練することもできる。強化学習を基盤とした深層学習技術を活用する、AIの半教師あり形式（のちほど詳しく解説する）といえる。

ドイツの大手製造業であるSiemensは、MindSphereという独自の「産業用オペレーティングシステム」を開発した。旧式の産業設備にあとづけできるセンサーを用いて、AIの導入と、IoTデバイスやロボットとの共同作業を可能にする[注20]。これにより、予知保全という概念のなかった時代に製造された設備や機械にも、予知保全を適用できるようになる。

　この章の導入部分でも触れた農業機械メーカーのJohn Deereは、スマート工作機械の先駆者だ。従来は、農薬と化学肥料を使用する量やタイミングを畑ごとにひとつずつ判断していた。2017年にJohn Deereがコンピュータビジョンの専門企業Blue Riverを買収し、育ちの良い作物と悪い作物を見分けることのできる機械装置を開発した。これをトラクターや収穫機に取りつけると、化学肥料が必要な場所を従来よりもずっと的確に判断できる。John Deereによると、この機械の導入により、化学肥料の使用量とそれが引き起こす環境公害を、8〜9割も削減できたそうだ[注21]。

　John DeereはCombine Advisorという製品にもコンピュータビジョンを採用し、収穫中に機械に取り込む穀物の質を分析するのに使っている。分析、学習した内容を活かして機械が自動で動きを調整し、作物が傷んだり不要なものが混じったりしないように収穫作業を進めることができる。

　OracleのAutonomous Databaseも、データクレンジング、コンプライアンス、セキュリティ対策といった単調な業務を自動化できる点から、インテリジェントなソフトウェア製品の仲間とみなして良いだろう。Oracleによると、高い専門スキルを持つ高所得

のデータ管理者を自動化可能なルーティーンタスクから解放することで、顧客企業は業務コストを9割削減し、投資利益率を417%に高められる。この製品の力を借りれば、データ・サイエンティストでなくとも簡単にデータとAIを扱えるので、実質どんな従業員でも、機械学習アルゴリズムで内部データと外部データを結合し、データ活用を試みることが可能だ。また、世界一普及しているビジネスソフトウェアといっても過言ではないExcelにも、ついにAI機能が加わり始めた。現時点では、コンピュータビジョンで画像（写真やグラフなど）からデータを取り込んだり、ユーザからの問い合わせに自然言語で回答したり、ユーザのデータに合いそうな表現方法（図表など）を自動で提案したりできる[注22]。

── インテリジェントなスポーツ製品 ──

　私たちが運動や健康維持のために使っている製品がどれほどスマート化し、AIの力で進化を遂げているかを紹介して、この章を締めくくろう。フィットネスバンドやトラッカーの類いは割と前から販売されているが、いまはスポーツ用のウェアラブルデバイスや設備が豊富に登場している。ユーザの全身の健康状態を改善したり、特定のスポーツ能力向上の支援をしたりする製品が主流だ。

　スイスのテクノロジー企業TE Connectivityの尽力で、スマートバスケットボールコートが現実のものとなっている。コートの随所に設置できる振動センサーがボールによる振動を計測して、ボールのスピードや角度、軌跡を判断し、プレイを解析する。選手が着用するセンサー内蔵シューズは、選手の移動速度とジャン

プの高さを計測して、個々のプレイのレベルアップとチームプレイの改善に役立つインサイトを提供する[注23]。

テニスプレイヤーはラケットに強いこだわりがあるものだ。だから、スマートテニスラケットよりも、自分のラケットに取りつけられてデータ収集もできるセンサーのほうが好まれる。収集したデータはアプリに送信され、プレイの改善に役立つインサイトとなって提供される。テニスラケットメーカーのHeadが販売しているデバイスを使うと、サーブの3Dアニメーションが作成され、繰り返し再生したりさまざまなアングルから確認したりできる。

サッカーのほうが好きという人には、Soccermentのスマートレガース（すねあて）はどうだろう。プレイ中の加速度、敏捷性、スピード、方向転換を記録してバーチャルコーチングアプリにアップロードし、AIによるインサイトを表示してくれるので、上達に役立てられる。

PIQはEverlastと提携してボクサー用のリストバンドを開発した。トレーニング中のパンチのスピードと強さ、拳を1往復させるのにかかる時間、さらにはパンチの重力加速度（G）までも測定管理できる。これによりボクサーは自分の能力を簡単に把握できるほか、さらに良いプレイをするには何に注力すれば良いかの判断材料を得られるのだ。

原注

1   Aerospace Technology (2019) Despite safety concerns drone taxi service will soon become a reality, 21 March, www.aerospace-technology.com/comment/drone-innovation/ (archived at https://perma.cc/T3BA-97AN)

2   Airbus (2020) Airbus demonstrates first fully automatic vision-based take-off, 16 January, www.airbus.com/newsroom/press-releases/en/2020/01/airbusdemonstrates-first-fully-automatic-visionbased-takeoff.html (archived at https://perma.cc/TB78-EL2Q)

3   Hemmerdinger, J (2021) Wisk to begin eVTOL programme in New Zealand this year, FlightGlobal, 29 March, www.flightglobal.com/airframers/wisk-tobegin-evtol-programme-in-new-zealand-this-year/143100.article (archived at https://perma.cc/X6HK-FXA8)

4   Rolls-Royce (2018) Rolls-Royce and Finferries demonstrate world's first Fully Autonomous Ferry, 3 December, www.rolls-royce.com/media/pressreleases/2018/03-12-2018-rr-and-finferries-demonstrate-worlds-first-fullyautonomous-ferry.aspx (archived at https://perma.cc/JCZ4-L9ZW)

5   International Maritime Organization. Autonomous shipping, www.imo.org/en/MediaCentre/HotTopics/Pages/Autonomous-shipping.aspx (archived at https://perma.cc/U6DC-X9K4)

6   Grabham, D (2020) Is Amazon's Scout delivery robot coming to the UK and Europe soon?, Pocket-Lint, 8 September, www.pocket-lint.com/gadgets/news/amazon/153671-is-amazon-s-scout-delivery-robot-coming-to-the-uk-andeurope-soon (archived at https://perma.cc/LHN5-RA6R)

7   Pandey, R (2021) Samsung is using drones to deliver Galaxy devices in Ireland, MUO, 28 March, www.makeuseof.com/samsung-using-drones-deliver-galaxydevices-ireland/ (archived at https://perma.cc/7FFK-LGYY)

8   Templeton, B (2021) Starship delivery robots complete one million deliveries to become #2 autonomous transport company, Forbes, 27 January, www.forbes.com/sites/bradtempleton/2021/01/27/starship-delivery-robots-complete-onemillion-deliveries-to-become--2-autonomous-transport-company/ (archived at https://perma.cc/5VBT-4LLD)

9 Petrock, V (2020) Voice assistant and smart speaker users 2020, eMarketer, 16 November, www.emarketer.com/content/voice-assistant-and-smart-speakerusers-2020 (archived at https://perma.cc/EFC6-QP29)

10 Crist, R (2019) LG's smart wine fridge can recommend a good cheese pairing, CNET, 21 February, www.cnet.com/home/kitchen-and-household/lg-signaturekitchen-suite-smart-wine-column-fridge-can-recommend-a-good-cheese-pairing/(archived at https://perma.cc/8WYW-Y3CM)

11 Donica, A (2020) Oral-B spent six years researching its newest toothbrush. It was worth it, Popular Mechanics, 11 August, www.popularmechanics.com/technology/gadgets/a33525698/oral-b-io-review/ (archived at https://perma.cc/6XTU-KK5X)

12 Samsung. Samsung's new AI-powered robotic vacuum and laundry products automate home cleaning, www.news.samsung.com/us/ces-2021-jetbot-airobotic-vacuum-laundry-automated-home-cleaning/ (archived at https://perma.cc/9566-NFQL)

13 Skinner, C (2021) Creating a smart home could get you cheaper insurance, TechRadar, www.techradar.com/uk/news/creating-a-smart-home-could-get-youcheaper-insurance (archived at https://perma.cc/W7SY-GCYZ)

14 Welcome to Zobi Home Intelligence, zobi.ai/ (archived at https://perma.cc/GTZ6-XJPT)（＊閲覧には登録が必要）

15 Consult QD. Direct pacemaker monitoring via smartphone enables high rates of transmission success, www.consultqd.clevelandclinic.org/direct-pacemaker monitoring-via-smartphone-enables-high-rates-of-transmission-success/ (archived at https://perma.cc/X45J-UJZW)

16 Kane, C (2021) New insulin pump to be made more widely available, RTE, 10 March, www.rte.ie/news/munster/2021/0310/1203213-diabetic-pump/(archived at https://perma.cc/7R2H-3K3U)

17 Grzywalski, T, Piecuch, M, Szajek, M, et al (2019) Practical implementation of artificial intelligence algorithms in pulmonary auscultation examination, European Journal of Pediatrics, 178 (6), pp 883–90

18 Infervision (2020) Infervision receives FDA clearance for the InferRead Lung CT.AI product, PR Newswire, 9 July, www.prnewswire.com/news-releases/infervision-receives-fda-clearance-for-the-inferread-lung-ctaiproduct-301091145.html (archived at https://perma.cc/P5AS-XV6U)

19 Nvidia. Keys to a smarter future – AI in healthcare, www.nvidia.com/en-gb/deep-learning-ai/gehc-ai in-healthcare/ (archived at https://perma.cc/2NVX-7WLT)

20 Busch, R (2018) Artificial intelligence: optimizing industrial operations, Siemens, 3 February, new.siemens.com/global/en/company/stories/researchtechnologies/artificial-intelligence/artificial-intelligence-optimizing-industrialoperations.html (archived at https://perma.cc/9M8D-VLC3)

21 Marr, B (2019) The amazing ways John Deere uses AI and machine vision to help feed 10 billion people, Forbes, 15 March, www.forbes.com/sites/bernardmarr/2019/03/15/the-amazing-ways-john-deere-uses-ai-and-machinevision-to-help-feed-10-billion-people/?sh=20b0b3402ae9 (archived at https://perma.cc/EXX2-GL8V)

22 Mason, S (2020) Smart spreadsheets? Features in Microsoft Excel that use artificial intelligence, Artificial Intelligence, 19 October, ai.plainenglish.io/smart-spreadsheets-features-in-microsoft-excel-that-use-artificial-intelligencee6908088f727 (archived at https://perma.cc/PB2X-RNR3)

23 TE Connectivity. Sensors in basketball, www.te.com/usa-en/trends/connectedlife-health-tech/sensors-in-sports/sensors-in-basketball.html (archived at https://perma.cc/6YB6-KC2D)

第7章

業務プロセスを改善する
活用目的⑤

　ほとんどの企業は、まずは意思決定の質を高める目的でデータの活用を始めるだろう。だが一方で、データは日々の事業運営業務においてもますます重要な存在となりつつある。この章では、倉庫からカスタマーサービスまでのひとつひとつの工程で、さらに円滑に効率良く仕事を進めるためにデータをどう活用するかを見ていく。

　業務プロセスと行動を改善する目的でデータを読み解く「データ利用者」が人間である場合、基本的には人間と機械とのやりとりが発生する。だが、データによる業務強化で重視されるのは、人間がデータを活用することから、徐々に機械を「データ利用者」にすることに移りつつある。事業運営の面においては、ここにこそデータの真の価値があると私は考える。

機械が自動でデータを収集、分析し、行動に移せるようになることで、データは真の価値を持つ。鍵となるのは機械同士のコミュニケーションだ。つまりシステム同士が連携をとれば、人間の介入をいっさい必要とせずにプロセスの自動化と改善を進めることができる。IoT、AI、ロボティクスと、これを実現する材料は揃った。

　データを使用して事業の改善を図る方法は、大きく3つに分けられる。製品とサービスの改善（第5章と第6章を参照）、業務プロセスの最適化、新たな収益機会の創出だ。この章では2つ目を掘り下げる。

　業務プロセスの最適化で重要となるのは、データ主導の意思決定を日々の業務に組み込むことだ。製品設計から製造、倉庫業務、流通戦略、そして販売とマーケティングに至るまで、さらには経理、IT、人事部門などの後方支援業務まで、あらゆる業務に導入できる。

　ここでも、まずは戦略立案から始めよう。データを活用した製品・サービスの改善においても必ずそうだったように、データドリブンな組織を目指した行動はすべて、自社の事業目標に合致している必要がある。そのためには、業務プロセスひとつひとつを体系的に見て、業務の最適化が事業目標達成にどうプラスになるかを明確にしなければならない。それをもとに、最適化する業務の優先順位をつけよう。

─ 日常的な業務プロセスとデジタルツイン ─

　データ導入による業務改善とは、かなり広範なカテゴリーだ。全部門に共通するプロセス（会議を開く、決断を下すなど）の合理化と効率化がすべて含まれる。汎用性が高いので、とっかかりとしてはちょうど良い。ここで出した成果は、別の領域の業務効率化にもきっと役立つはずだ。

　このカテゴリーで大いに役立つデータ活用方法に、シミュレーションの構築がある。なかでも成長と変化を推進する力を秘めていると見られているのが、「デジタルツイン」といって、ビジネスプロセスの一部または全部をそのままデジタルシミュレーションにしたものだ。マーケティングや製造など、プロセスや業務の特定の部分を再現したシンプルなデジタルツインもあれば、全プロセスとそのなかで発生する相互作用をシミュレーションで再現したかなり高度なものもある。

　ビジネスアナリストは当然これまでも、ビジネスプロセスをモデル化してリスク評価と予測に活かそうと尽力してきた。だが、IoTデバイスでプロセスを監視し、現実のデータを取得できるようになってからは正確さが違う。このデータを用いて機械学習アルゴリズムに学習させ、プロセスやシステムの動きを隅々まで把握させる。そして変数を変えるとアルゴリズムが瞬時に結果をシミュレーションする。スプレッドシート上でシミュレーションをするときのように、値を変えたことで起きる影響をひとつひとつ手動で調べる必要はない。機械学習のデジタルツインは、戦略目

標の達成を考慮に入れつつ、いまあるプロセスで達成できる最適な結果を導き出して、何をするべきかを提示してくれるのだ。高度な使用事例では、機械同士のコミュニケーションがシステム内に実装されていて、とるべき行動を人ではなく機械に直接伝えられる。

デジタルツインは、単体のプロセスまたは複数のプロセスのシミュレーションを有効に行える好きな規模で構築できる。マーケティングファネル（＊訳注：消費者が商品を認知してから購買に至るまでの行動プロセス）のデジタル版モデルをつくって、さまざまな経路にいる多様なスタッフが、見込み客の獲得や顧客転換率にどう影響するかを見るのも良いだろう。もしくは、データだけを材料に街全体を再現する複雑なモデルもつくれる。シンガポールのデジタルツインは、公共交通機関やごみ収集など公共サービスの計画、災害時や緊急時の対応のシミュレーションに使われている[注1]。

能率の悪さやボトルネックが原因で問題が起きている箇所、とりわけ、固定のやり方が組織に根づいていて、みなが「これが普通」だと思い込んでいる箇所を、デジタルツインは発見できる。非能率の元を突き止めたら、その問題点ひとつひとつにデータでどう対処できるかを考える。多くの企業に共通するのが、会議だ。会議文化の強い企業で働いたことがあるなら、非能率な要素がどれほど多いかご存じだろう。コロナ以前のアメリカでは毎日1,100万回もの会議が開かれ、従業員1人あたり月平均62回も参加していたと見積もられている。さらに、その会議の63％が、参加者から「会社に何の価値ももたらさない」と評価された[注2]。会議中にうっかり船を漕いでしまったことはあるだろうか？　心配

いらない、あなただけではない——同じ調査で、全体の39%がその経験があると答えている。

Doodleなどの予定調整サービスは、AIとデータ分析を用いて会議のスケジュール調整をインテリジェントに行い、関係者が使用するさまざまなツール（SlackやGoogleカレンダーなど）と連携してスケジュールを把握する。全員の都合がつく日時を探し出すまでの長たらしいやりとりを、大幅に減らせる。また、WrappupやOtter.aiなどのアプリは、自動で議事録をとる（「えっ、あなたがとっていると思ってた！」がなくなる）うえ、参加者ごとに関係のある情報を自動でハイライトするというパーソナライズ機能もある。さらには会議の要約の自動生成も可能なので、会議に出る時間がもったいないと思う人はあとで読んで情報を仕入れることができる。

販売、マーケティング、カスタマーサービスのプロセス改善

データとデータ分析を活用すると、販売とマーケティングのプロセスを自動化、最適化できる。顧客ひとりひとりに合わせたおすすめ商品を判断する、ダイナミックプライシングの調整を行うなどが一例だ。

私のクライアントのひとつに、顧客満足度と解約の可能性の予測にデータ分析を用いている大手通信会社がある。顧客からの電話やテキストメッセージの内容、顧客のソーシャルメディアの投

稿から検知したパターンを基に、契約を解除して他社に乗り換える可能性の大きさで、顧客を自動的に分類する。このデータを使うと、特定の顧客グループの満足度を細かく観察できるほか、契約解除を防ぐ作戦を最優先できる。

　ここ数年で私はいくつもの大手小売企業と仕事をしてきたが、AIとデータ分析はいまや小売プロセスの全ステージに応用されつつあるといって間違いない。トレンドを予想して今後人気が出る製品を特定するところから、その製品の需要がどこにあるかを予測する、競争優位性を確保するため価格を最適化する、製品に興味を持ちそうな顧客を見つける、最適な方法でアプローチをする、料金を受け取る、そして、その顧客に次に何を売るかを考え始めるところまで。

　これを実感できる例が、価格最適化に高度な分析を使うようになったことで、従来型の値引き販売に起きた変化だ。昔の小売店は、売れ残った商品は誰かが買うまでひたすら値下げし続けるという、シーズン終了間際のセールに頼りがちだった。アメリカの小売店Stage Storesは分析技術を取り入れて予測に則った戦術をとり、商品の初期の需要がかげり始めたときから徐々に値下げするようにした結果、9割の商品で収益を増やすことができた。小売業界でのこうしたインテリジェントな値下げ方法は、その効果がデータの形で見えるようになってますます一般化しつつある。

　小売店Macy'sも似たような方法を採用し、小売業界のトレンドと顧客のニーズを参考に価格を調整する変動制価格を取り入れたところ、以前と比べ効率が大幅に上がった。全7,300万点の商品

の価格最適化を一斉に行うのにかかる時間を26時間削減できたそうだ。

Walmartは世界最大のプライベートデータクラウドと評される、毎時2.5ペタバイトを処理できるシステムをつくり上げた。2,000億行の取引履歴データに加え、気象データ、経済データ、ソーシャルメディアのデータ、物価、最新ニュースなど、200カ所もの外部ソースから入手するデータが格納されたデータベースを、常に最新状態に更新し続けている。消費者がどのような製品をいちばん欲しがっているか、また確実にWalmartから買わせるための最適価格はいくらかを判断するのに使われる。

一方で、オンライン販売をデータとデータ分析技術で最適化する際、手本にされるのがAmazon（特にレコメンドエンジン）だ。レコメンド技術をEコマースに初めて持ち込んだのはおそらく別の企業だが、この機能が広く世間に知られるようになったきっかけは間違いなくAmazonだ。月あたり1億9,700万人ものAmazon利用者のデータを残らず収集し、そのデータを使ってレコメンドエンジンを絶えず調整している。ユーザについて知れば知るほどユーザが買いたいものを予測できるようになるという論理だ。購入履歴のみならず、Amazonはユーザの閲覧履歴、配送先住所（人口統計データを見て、居住地域からユーザの収入レベルを推測する）、レビュー投稿の有無も追跡している。顧客がサイトを閲覧する時間帯も見ていて、行動習慣を割り出して、似たパターンの習慣を持つ別の顧客のデータと突き合わせる。

ほかのオンライン小売業者は、サイト内のプロセスを徹底的に

自動化してAmazonに対抗しようとしている。たとえばAlibaba
は、商品説明を書くという時間のかかるプロセスを自動化する技
術を開発し、何億点もの商品に適用している。

Alibabaのシステムは、わずか1秒で2万行もの文章を生成でき
る。深層学習と自然言語処理を活用し、商品のページを参照する
だけで的確な商品説明を生成するのだ。カジュアルな文体から叙
情的、知的な文体もお手のもので、顧客プロファイルごとに説明
文をカスタマイズできる。さらに、どんな商品の宣伝動画もわず
か数秒で自動作成するスマートビデオ作成ツールまで備わってい
る[注3]。

これはRPA（robotic process automation）の一例だ。機械に任
せたほうが良い日常の繰り返しタスクを自動化し、人間のコピー
ライターがもっと価値の高いタスクに時間を割けるようにするソ
フトウェアプロセスである。RPAは元はといえば、経理などの事
務管理部門で、未払いの請求書や売掛勘定を特定するタスクなど
に使われていた。いまは販売やマーケティングなど顧客に対応す
る業務にも進出しつつある。UIPathなどのツールは、Salesforce
などのCRM（顧客関係管理）プラットフォームと連携して、顧客
になる可能性の高い見込み顧客や解約する可能性の高い顧客を特
定するプロセスを高速化している。また、コールセンターや連絡
窓口でRPAが最初に問い合わせに対応し、具体的な対処が必要
な場合に人間のスタッフにつなぐ、という使われ方もある。この
技術がさらに発展し、洗練されていくにつれて、より複雑な問い
合わせにもシステムが完全自動対応できるようになり、人間の介
入も徐々に不要になっていくだろう。

似た例として、カスタマーサービスのチャットボットも普及しつつある。イギリスの小売業者Marks & Spencerは、コールセンターのスタッフ100人を、クラウドサービスTwilioを基盤とするチャットボットシステムに置き換えた（心配はいらない。この100人は別のカスタマーサービス業務に移された）。Marks & Spencerによると、このシステムは顧客からの電話を90％の確率で正しい従業員につなぐことができる。さらに同社は社内にデータアカデミーを設立し、従業員が効率良くデータを扱えるよう教育している。

　コールセンターの話をもう少しすると、AIの開発も行っているトランスコスモスは、人間のスタッフや機械が提供したサービスの質を監視し改善させる機械学習システムを作成した。システムは次の3要素を基準にスタッフと顧客のやりとりを読み解き、理解する——1つ目がスタッフが提供した情報の質、2つ目がスタッフの態度、3つ目が顧客の質問に回答する以外に提供したプラスアルファの価値だ。従来、カスタマーセンターの有効性評価は、膨大な時間をかけて大量の事例を人力で精査するか、有効なデータから抜き取り評価を行う大雑把で不正確な方法をとるかのどちらかだった。自動化により、やりとりを漏らさず評価して、本当の意味での有効性を判断できる可能性が高まったといえる。

― 流通、倉庫業務、物流管理のプロセス改善 ―

　輸送、保管、流通のプロセスには、必ずどこかにデータの力で大きく効率化できる部分がある。在庫管理から配送ルートまで、

サプライチェーンのほぼすべての要素は最適化できる。

　古くからある業界でも、データの導入でメリットを生み出すことは可能だ。たとえば私の最近のクライアントに、バスと長距離バスを運行する会社があったが、彼らはバス業界でのデータ活用の有効性に初めはかなり懐疑的だった。いまは自社の車両からテレマティクス（＊訳注：車などの移動体に通信システムを搭載してサービスを提供する）用のデータを収集、分析して、運転習慣の改善、輸送ルートの最適化、また車両メンテナンスなどに役立てている。

　スーパーマーケットはカメラとセンサーを使って生鮮食品の品質を自動で監視し、在庫品関連の問題を検知している。コンピュータが画像データを使って傷みそうな野菜を検出し、センサーは腐りかけの果物から放出されるガスを検知する。最先端をいく小売業者は、製品需要の予測、詳細な顧客プロファイルの構築、在庫基準の管理、配送ルートの最適化にもデータを役立てている。

　こうした業務では、すべてにおいて「ジャストインタイム」方式を目指している。つまり、データ分析を活用して、顧客が製品を必要としたときに必ず手にとれるよう、製品を常に必要な場所に置いている。倉庫業務、輸送、物流管理には莫大なコストがかかるので、必要な期間を超えて商品を保管しておくことも、最終的に販売する場所とは違う場所に動かすことも、避けたいのだ。

　ドイツのEコマース大手Ottoは、CERN（欧州原子核研究機構）開発のアルゴリズムと30億件の取引記録を持つデータベースを

活用して、今後30日間で売れる商品を90％の正確さで予測している。

Ottoは、このシステムを活用すると、自社が抱える別の問題にも取り組めることに気づいた。そのひとつが顧客からの返品だ。近年の小売業者は基本的には返品を受けつけざるを得ない。サービスの一環として顧客から要求されているからだ。だが、不要な中古品や破損品を大量に保管するはめになり、あまりにも非効率であるうえに毎年何百万ユーロものコストが発生する。顧客行動データを分析すると、2つの要素が返品率と大きく相関することがわかった。配送の速さと、複数の商品が一括配送されるかどうかだ。

そこで返品率の低減を戦略的優先順位の上位に置き、分析技術を駆使して、商品が2日以内に最低限の配送回数で確実に届くようにしたところ、返品数を年間2万件も減らすことができ、大きなコスト削減を達成できた[注4]。

Walmartは、納入後に輸送して小売チェーンに保管するまでの過程のどこかで大量の在庫が失われる、という問題の解明に数年前から取り組み始めた。一定数が輸送中または倉庫内で過失によって破損すること、一定数が倉庫内のスタッフに「失敬」されること、一定数が万引きによって失われることなどはわかっていた。だが、サプライチェーン全体を監視すると、小売店舗での「スキャンミス」も見過ごせない影響を及ぼしていることがわかった——これには万引きも含まれるが、単に客がうっかりしていたか店員が疲れていただけの場合もあった。これを減らすべくWalmart

はテクノロジーとデータを駆使した解決策を考案したが、そのひとつがコンピュータビジョンを活用したMissed Scan Detection（スキャンミス検知）システムである。レジに設置したスマートカメラで、バーコードをスキャンされずにレジを通過した商品を検知する、というシンプルなつくりだ。この試みの詳細な効果はまだ発表されていないが、Walmartの代表者によると、在庫紛失阻止に「目に見える効果」が出ているとのことだ[注5]。

　いうまでもなく、倉庫業務をうまく最適化した代表例がAmazonだ。複雑なコンピュータシステムを使用して、世界中に何十カ所もある倉庫と配送センターで取り扱う何億個もの商品を追跡する。Amazonの総取引高は高いが、その割に利益は低い。低いマージンと膨大な販売点数が風潮となっている現代では、効率化がいっそう重要な課題となっている。Amazonは、商品がサプライヤーから納入されてから顧客に向けて発送されるまで、全商品の倉庫内の位置を絶えず監視している。広大な倉庫のどこからでも商品を自動で運んでくるのが「ロボット商品棚」だ。人間ならすぐに疲れて作業速度が落ちるだろうが、ロボットであれば効率良くこなせる。ロボットは商品を見つけて人間の梱包・発送担当者の下に届ける。梱包材のサイズ選びにもAIアルゴリズムが使われていて、梱包に要する時間を減らし、大きすぎる梱包材を使う無駄を省いてもいる。

　ある商品が巨大な倉庫と配送施設のなかのどこにあるかを、Amazonのシステムはいつでも正確に割り出せる。このシステムは、サプライチェーンの安全性を高めるだけでなく、マージンは低く販売点数は多いというモデルで操業を続けるために不可欠

な、厳しい経営目標を達成するのにも役立っている。

　さらにAmazonは自動配達の分野でも先駆者である。ドローンを使った自動配達は数年前から話題になってはいるが、プレスリリースや試験の域を出て日常の光景になるまでには至っていない。だがAmazonのスマート配達ロボットのScoutは、じきに影響力を発揮しそうだ。前の章でも触れたとおり、Scoutは自律運転可能なロボットで、配送プロセスでいちばん重要な「ラストワンマイル」——商品が最終的に注文者の手にわたる、配送コストの大部分が費やされる区間——で活躍している。ロボットの大きさは小型の冷蔵庫程度で、GPS、カメラ、超音波センサーを使って顧客の家までの経路を決定し、途中で出会う車や歩行者などの障害物を避けて進む[注6]。コスト低減をかなえるだけでなく、Amazonによれば2040年までにカーボンネガティブ（＊訳注：二酸化炭素を吸収する量が排出する量を上回る状態）を達成するというミッションでも重要な役割を果たすと見込まれている。

　一方で自動車メーカーのFordは、2足歩行ロボットの構想を進めている。折りたたみ式で自動運転車のトランクにすっきりと収まり、配送先に着くと車から降りて戸口まで配達する。このロボットはDigitと名づけられ、オレゴン州立大学のロボット研究機関発のスタートアップであるAgility Roboticsがプロトタイプを開発中だ[注7]。FedExもまた、主流の座をつかむ自動配達ロボットの開発競争に加わっている。FedEx SameDay Botは、LiDARを使って最高時速10マイル（約16km）で道路や舗道を進み、目的地に向かう。店舗から半径3マイル（約4.8km）以内に顧客の6割以上が暮らしているWalmartやTarget、Lowe's、Pizza Hutなど

との共同研究により開発された。バッテリー駆動で自律運転可能な近距離専用のマシンを使うと最も効率良く配達できる、というのがFedExの持論だ[注8]。

製品開発のプロセス改善

データとAIがインテリジェントな製品にどう利用されているかを、第6章で見てきた。こうした製品の開発と設計においても、データとAIが重要な役割を担うことがある。うまく使えば、コストがかかるうえ万能ではない市場調査や直感に頼ることなく、顧客の生活に溶け込めると確信を持てるような製品をつくることができる。

製品開発にAI主導のアプローチを用いる価値があることは、すでに証明されている。コンサルティングファームのPwCは、「Welcome to Product Development 2025」[注9]と題した報告書で次のように述べている。

製品開発にAIを導入した企業は、新製品のリリース以降の2年間で、AI未導入の企業と比べて顕著に高い利益を得た（最大30％）ことが分析からわかった。また、AIと機械学習を広範囲にわたって組み込んだ製品開発チームほど、開発サイクルの3つの主要領域——構想と仕様決定、設計と開発、試験と流通——のすべてで改善を進められたこともわかった。

AIを使うと、新しい製品・サービスを何百万人もの（架空の）

ユーザに使わせるソークテスト（＊訳注：システムが大きな負荷に長期間耐えられるかを確認するテスト）も実施できる。人間のフォーカスグループで行う試験と同じように、だがはるかに安く効率的に、顧客が受けるサービスを測定、追跡可能だ。実際のフォーカスグループと組み合わせれば、製品・サービスの改善につながる顧客視点のフィードバックを設計者に返すこともできる。ソフトウェア製品やサービスにおいては特に有効な手段だが、近い将来、このように自動化された実態調査はあらゆる製品・サービスで導入されるだろう。

AutoCADやAutodesk Fusionなど業界標準の製品設計・開発用ソフトウェアを開発しているAutodeskは、AIを活用した設計検討プロセス「ジェネレーティブデザイン」を取り入れている。設計者が設計目標とパフォーマンスや空間要件などのパラメータを入力するだけで、形状、素材、構造などが自動的に提案される。設計目標を達成できる可能性のある設計案をコンピュータがひとつずつ自動で検討し、Autodeskによれば「すぐにでも製造可能な」製品案を提示できるという[注10]。どのような構造をとるべきか、指定された複数種類の素材をどう組み合わせるかなどの複雑な計算も、end-to-endのコスト効率化を図るための製造プロセスの提案も、すべて自動だ。

新製品のプロトタイプや設計過程で使用する画像や映像の作成にも、AIは重宝されている。3Dモデルを作成できるアルゴリズムで製品の動きをデジタルシミュレーションしたり、3Dプリント技術を使って実物化したり、製品の外観を確かめたりする。スケッチや写真から3Dモデルを生成することも、さらには自然言

語処理を使って、製品の理想的な外観について説明した文字や発話から生成することも可能だ。

この技術が実際に使われている好例として、著名デザイナーのフィリップ・スタルクがAutodeskと家具メーカーKartellとともに取り組んだ、世界初のAIデザインの椅子が挙げられる。スタルクが椅子の全体的な「テーマ」について構想を入力し、Kartellが射出成形プロセスの製造要件を入力した。スタルクはこのAI主導のデザインプロセスについて、「人間の脳で生み出せるデザインしか描けない自分を、AIの人工の脳が『解放』してくれた。自分からは出てこないであろう創造的思考を持つことができた」と語っている[注11]。

タイヤメーカーのブリヂストンはAIを活用してタイヤの開発プロセスを合理化すると同時に、原料の廃棄量を減らし、設計プロセスでの二酸化炭素の排出量も削減している。かつては新製品の効果を測定するためにプロトタイプをおよそ4万マイル（約6万4,300km）分使用する必要があったが、いまはデジタルツインプロセスを使用するようになり、新製品の市場投入までの時間が半減したという[注12]。

スウェーデンのウイスキー蒸留所Mackmyraは、なんとAIを使って新しいウイスキー「Intelligens」をつくった。蒸留所が有する受賞歴のあるレシピ、顧客フィードバック、売上データを組み合わせて処理するアルゴリズムを作成したのだ。新しいウイスキーをつくる際にとにかく時間がかかるプロセス、つまり思いどおりの味を実現するのに必要な正しい原料を選ぶプロセスを、自

動化したことになる。顧客フィードバックからは顧客が求める味のデータを得ている。また、原料の融合と蒸留・熟成プロセスの管理にもアルゴリズムが使われている[注13]。

┃━   製造と生産のプロセス改善   ━┃

　長いあいだ、製品の製造や処理を支援するといえば自動化技術が定番だった。製造技術や生産技術をデータで支援するようになったのは、つい最近のことだ。プログラムに従って動くことしかできなかった機械が、任務をよりスムーズにこなす方法を学び、問題に対する新たな解決策を自力で見つけられるようになった。

　メリットは、機械の稼働状況をより詳しく把握できるだけではない。インターネットとの接続性や機械同士の通信機能が進歩するとは、機械が人間だけではなくほかの機械ともデータを共有するようになるということだ。これがインダストリアル・インターネット（産業と製造プロセスに適用するIoT技術。産業用IoTと呼ばれることもある）と呼ばれる考え方だ。スマートファクトリーやスマートプラントで日々の運営を機械が自律管理し、人間は必要とされるときにのみ介入（電源を切ったり入れたり）する未来の在り方を示している。

　ヨーロッパ最大の製造企業であるSiemensは、かなり前からインダストリアル・インターネットを強く支持している。導入のメリットとして、予知保全（第6章参照）、アプリケーションのリ

モート操作による危険な場所や厳しい環境下での人間の作業の削減、AIを活用した運用効率化によるコスト削減、データ中心の文化と意思決定プロセスの確立、データ活用能力の会社全体への浸透などを挙げている[注14]。

メキシコのモンテレイに位置するSiemensの半導体製造工場では毎年2,800万個を超えるサーキットブレーカとスイッチを製造しており、設備総合効率（overall equipment effectiveness, OEE）という指標の向上を目指して産業用IoT技術を導入しようとしている。設備の製造個数だけを見るのではなく、停止期間や生産品質など別ソースからのデータと組み合わせることで、製造効率の全体像をより正確につかめるという考え方だ。本格的に運用開始できればOEE指標が40％から85％に上がる見込み[注15]であり、その後、Siemensの世界各地の製造工場へと展開する計画だ。

PepciCoの子会社であるFrito-Layは、ポテトチップスの製造と品質管理に驚きの方法でAIを活用している。そのひとつが、ポテトチップスにレーザーを照射して、発生した超音波をAIで分析する方法だ。チップスの構造を見ると、製造プロセスが最適な状態で稼働しているかを監視できるのだという[注16]。ほかにも、2019年の時点では開発中だった、コンピュータビジョンでじゃがいもの皮むき機の動作を監視する仕組みもある。このツールによりアメリカ国内だけで年間100万ドル以上のコスト削減ができると、Frito-Layは見込んでいる。

いまやロボットの製造にまでロボットが使われるようになった（『マトリックス』や『ターミネーター』の世界がいずれ現実にな

りそうだと心配する人には、許しがたいことかもしれない）。スイスのロボットメーカーABBは、1億5,000万ドルを投じて、自動化工場を上海に建設している。移動可能な単腕型のロボットが、機械学習を活用して別のインテリジェントな製造用ロボットを組み立てるそうだ。この「作業員」たちは、手が必要なステージを把握してステーション間を自律移動する。予備の部品が必要になると、自動運転の機械がロボットの下まで届け、ロボットが自動で取りつける。機械学習システムは自動品質管理システムとしての役割も担い、製造されたロボットの品質を監視する。この新工場が完成したら、世界一高度な自動化がなされた順応性の高いロボット工場になるとABBは自負している[注17]。

　製造と生産の完全自動化が進むにつれて重要度が増すのが、コボット（協働ロボット）という考え方だ。人間に代わって作業をするのではなく、人間と現場に並んで人間の能力を補う働きをする。たとえば、工場で人間の補佐に入り、人間の目では見つけられない製品の欠陥をコンピュータビジョン内蔵カメラで検知する。動体検知とコンピュータビジョンの進歩によって、ロボットが人間と同じ空間で安全に稼働できるようになり、重い機械がすばやく動いて人間に怪我をさせる心配もなくなった。こうしたロボットはドイツのケルンにあるFordの工場でも試験的に使われており、人間の作業者と並んで部品を車に取りつけている。フィンランドの食品会社Atriaの食品加工施設では、協働ロボットが人間と協力して、ベジタリアン向けの調理済み食品の加工とパッキングを行っている[注18]。ドイツのハイルブロンにあるヘッドホン・オーディオ機器メーカーBeyerdynamicの工場でも協働ロボットが活躍しており、工場全体の生産性を50％上げたと高評価

を受けているようだ[注19]。

　製造・生産業務の計画策定においても、AIが支援できることがある。サンフランシスコのスタートアップKinta AIは、世界初の工場稼働計画策定ツールを開発した。データコネクターを介して製造機械のインターフェイスとなり、材料が移送、使用される過程と人間や機械の作業者たちの作業効率を、製造プロセス全体にわたって分析する。このデータを使い、生産ラインとプロセスの全体効率向上に役立つレポートと推奨事項を、リアルタイムで作成する[注20]。

　このセクションの仕上げに、データのみから何かを構築するケースにも触れておきたい。3Dプリント技術ではこれが大前提だ——物体をひとつ構築するのに必要なデータすべてをひとつのファイルに詰め込み、それを基に原材料から物体をつくり出す。3Dプリント技術で家1軒をまるごとつくった例もある。2018年にモスクワで、24時間かからずに1軒建てたそうだ。近年はガラスやほかの材料を使った3Dプリントの新技術が登場しているところを見ると、この技術（すでにドアの部品や、さまざまな業界向けに多様な部品がつくられている）は今後たくさんの用途に応用される可能性が高いことを確信できる。

バックオフィス（IT、経理、人事など）の プロセス改善

　この3種の重要なバックオフィス業務用にも、データを活用し

たインテリジェントなアプリやソフトウェアなどの成熟したエコシステムが存在する。日常的に使うことで単調なタスクに費やす時間を減らし、データに基づく意思決定をする能力を強化している。自然言語処理機能、複合現実、ブロックチェーン、顔認識などといった、未来のIoTやインテリジェントまたはインターネット接続可能なアプリケーションの研究開発において、3種の業務すべてが重点分野とされている。

いうまでもないがIT部門は、テクノロジーとデータに関連するあらゆるものを担う部門だ。ITを専門とする人の大半はITに関する教育を受けたことがあり、AIソリューションを積極的に受け入れてきた。データドリブンなインテリジェントシステムを採用してITインフラの改善と保全を図り、それが会社にとって初めてのAI導入となるケースが多い。AIを使って、たとえばネットワークトラフィックを監視し、データ転送、コンピューティング、ストレージの各ニーズに合うようにリソース配分を決定する。進化を続けるサイバー攻撃の脅威に常にさらされる現代では、データドリブンなシステムはサイバーセキュリティの面でも重要な役割を果たす。よくあるサイバー攻撃のパターンを2つ紹介しよう。DoS攻撃（denial-of-service）というハッカーがシステムに大量のデータを送りつけて機能停止に追い込むタイプと、ランサムウェアと呼ばれる企業のデータを人質に「身代金」を要求するタイプだ。いずれもデータの活用で減らすことができる。サイバーセキュリティ対策ソフトウェアはたいていサービスの形で提供され、ネットワーク活動と過去の攻撃未遂についての膨大なデータベースを使って、受信トラフィックや受信データが脅威をもたらさないかを確かめる。オーストラリアの国立研究機関

CSIROのデータ・サイエンティストは、スマートウイルス対策ソフトをワクチンにたとえている。弱いウイルスと戦って経験を積み、強いウイルスに出くわしたときのために勝ち方を学ぶのだそうだ。

IT業務におけるデータとAIの重要性の高まりを、GartnerのアナリストはAIOpsと呼んでいる[注21]。ビッグデータ、機械学習、高度な分析技術を使って、直接的または間接的にIT運用（監視、自動化、サービスデスク機能など）を強化する動きを指す言葉だ。Gartnerは、AIOpsプラットフォームとは「複数のデータソース、データ収集方法、分析技術（リアルタイム分析と深層分析）、表示技術を同時に使える」ようにするシステムだと明確に定義している。今後ますます多くの企業がデジタル・トランスフォーメーションに着手するにつれ、企業のITシステムがいっそう多面的で複雑になっていくこと、そしてその管理を支えるデータ中心のAIツールが重視されることは疑いようがない。

経理・財務部門においても、データとAIは手作業の自動化に広く使われている。データドリブンな意思決定などを助ける高度なアプリケーションも徐々にあたり前になりつつある。

著名な会計ツールXeroを使うと、どれほど小さな企業でもAIの力で経理機能を強化できる。たとえば、領収書やインボイスに対応したコンピュータビジョンを使って、支出や経費をスマートフォンから楽に記録できる。キャッシュフロー短期予測ツールも備えており、支出があると手元の利用可能額がどう変わるかも含め、近い未来の収入と残高を予測する。黒字のときには、何に資

金を投じると良いかの提案もしてくれる。また別の会計ツール、Quickbooksもバックオフィスのルーティーンワークを支援するAI搭載ツールだ。車を業務に使ったか私用に使ったかを識別して、走行マイル数を自動記録することもできる。

　今後の話をするなら、会計は間違いなく、AIとデータドリブンなテクノロジーに破壊される領域だ。会計ソフトウェアメーカーSageが2020年に報告した内容によれば、会計士の半数以上（58％）が、「これからの10年でAIが会計事務所をどのように進化させるか楽しみだ」と答えたそうだ[注22]。

　最後になったが、「人」という字が入っている人事部門は、AIや機械の進歩の影響を、当然、免れる分野なのだろうか？　ここまでの流れでおわかりだと思うが、免れはしない。人間の従業員のニーズが優先される部門ではあるが、実はロボットに任せられそうな単調なルーティーンワークもたくさんある。負荷の大きい単調な作業を取り除くメリットは、もしかするとほかの部門よりもさらに大きい。従業員と直接向き合い、コンピュータではまだ対処できない問題の解決に取り組める時間が増えるからだ。

　活用場所のひとつが、採用試験の最初の選考だ。世界的な消費財メーカーのUnileverは、毎年、世界中から集まる180万人もの応募者から採用する人材を選ぶ。選考プロセスにかかる時間を短縮するため、そして才能ある人材が応募者の山に埋もれてしまわないようにするため、AIを使った採用活動の専門家と協業して自動の能力評価ツールを作成した。応募者は自宅にいながら数種類のゲームに参加し、基本的な質問に回答する姿を録画される。

ゲームプレイ時の様子と質問への答え、さらには表情が分析対象だ。Unileverはこのデータを使って、次の面接に進む応募者を絞り込むことができる。応募者が希望のポストには適していないと判断し、募集中の別のポストを提案することもある。

　無事Unileverに採用された新入社員は、今度は自然言語処理のAIで新人研修を支援するUnabotというツールを利用することになる。Unabotは新人を指導し、「給料日はいつ？」「次に主任からの評価があるのはいつ？」などといった質問に回答する。

　ロシアでは、PepsiCoがVeraというロボットを使って求職者の電話面接を行っている。たった9時間で1,500人の面接を終えることができる。人間の採用担当者なら9週間程度かかる作業だ[注23]。Veraは募集中のポストについての問い合わせの電話を受けて、応募方法を指示することもできる。

　最後に、議論の的となっている採用とは反対の使い道を紹介しよう。そう、解雇だ。2019年、Amazonは生産性が低い倉庫従業員の特定と解雇にAIを使用したことで、強い批判を受けた。ニュースサイトの『The Verge』によると、AIは生産性の評価だけでなく解雇通知の作成と送付にも使われ、人間による修正は入らなかったという[注24]。

　この章を通して、データは顧客にさらなる価値と利便性を提供する新製品・サービスをつくるだけではなく、業務をさまざまな面で合理化、効率化する際にも役立つことを確認した。ここまで理解できたら、次は、いちばん利益を生む可能性を秘めた3種類

目のデータ活用方法を見ていこう。製品・サービスとあわせて情報と分析結果も販売することで、データをそのまま収益源にする考え方だ。

原注

1　Liceras, P (2019) Singapore experiments with its digital twin to improve city life, Tomorrow.Mag, 20 May, www.smartcitylab.com/blog/digitaltransformation/singapore-experiments-with-its-digital-twin-to-improve-city-life/(archived at https://perma.cc/G657-8A9V)

2　How much time do we spend in meetings? (Hint: It's scary), Cleverism, www.cleverism.com/time-spent-in-meetings/ (archived at https://perma.cc/RKN6-KPR5)

3　Dhandre, P (2018) Alibaba introduces AI copywriter, Packt, 9 July, hub.packtpub.com/alibaba-introduces-ai-copywriter/ (archived at https://perma.cc/VH7K-4X5M)

4　The Economist (2017) How Germany's Otto uses artificial intelligence, 12 April, www.economist.com/business/2017/04/12/how-germanys-otto-usesartificial-intelligence (archived at https://perma.cc/VC4F-XH4B)

5　Peterson, H (2019) Walmart reveals it's tracking checkout theft with AI-powered cameras in 1,000 stores, Business Insider, 20 June, www.businessinsider.com/walmart-tracks-theft-with-computer-vision-1000-stores-2019-6?r=US&IR=T (archived at https://perma.cc/35NV-NX3G)

6　Vincent, J (2019) Amazon has made its own autonomous six-wheeled delivery robot, The Verge, 23 January, www.theverge.com/2019/1/23/18194566/amazon-scout-autonomous-six-wheeled-delivery-robot (archived at https://perma.cc/QS2S-B6T5)

7　Washington, K (2019) Meet Digit: A smart little robot that could change the way self-driving cars make deliveries, Medium, 22 May, medium.com/selfdriven/meet-digit-self-driving-delivery-last-mile-solution-418d9995bb97 (archived at https://perma.cc/E2WK-LJLE)

8   Vincent, J (2019) FedEx unveils autonomous delivery robot, The Verge, 27 February, www.theverge.com/2019/2/27/18242834/delivery-robot-fedexsameday-bot-autonomous-trials (archived at https://perma.cc/GGD8-CRH2)

9   PwC (2019) Digital product development 2025, www.pwc.de/de/digitaletransformation/pwc-studie-digital product-development-2025.pdf (archived at https://perma.cc/F2TL-2NBG)

10 Autodesk. What is generative design?, www.autodesk.com/solutions/generativedesign (archived at https://perma.cc/7VPK-W256)

11 Hanson, E (2019) From analog ideas to digital dreams, Philippe Starck designs the future with AI, Redshift, 9 April, redshift.autodesk.com/philippe-starckdesigns/ (archived at https://perma.cc/HUR7-K7PN)

12 Bridgestone (2021) How Bridgestone's virtual tyre modelling is revolutionizing tyre development, 8 March, www.bridgestone.co.uk/story/mobility/how-bridgestones-virtual-tyre-modelling-is-revolutionising-tyre-development (archived at https://perma.cc/TTR7-DVRG)

13 Farooqui, A (2019) AI-created whisky now available for pre-order, Ubergizmo, 19 June, www.ubergizmo.com/2019/06/ai-created-whisky-now-available-forpre-order/ (archived at https://perma.cc/A4D9-W397)

14 Siemens. What is Industrial Internet of Things (IIoT)?, www.plm.automation.siemens.com/global/en/our-story/glossary/industrial-Internet-of-things/57242 (archived at https://perma.cc/HP2Z-VFDL)

15 Siemens. AWS Siemens MindSphere case study, siemens.mindsphere.io/content/dam/mindsphere/partner-solutions/solutions/aws/MindSphere-on-AWS_case%20study_Siemens-Monterrey.pdf (archived at https://perma.cc/H7UT-EDQR)

16 Greenfield, D (2019) How Frito-Lay applies machine learning, Automation World, 7 March, www.automationworld.com/products/data/blog/13319607/how-fritolay-applies-machine-learning (archived at https://perma.cc/VY7D-5GTX)

17 ABB, ABB begins construction of new robotics factory in Shanghai, new.abb.com/news/detail/31697/abb-begins-construction-of-new-robotics-factory-inshanghai (archived at https://perma.cc/V94S-NKM8)

18 Asia-Pacific Food Industry (2017) Case-study: cobots in F&B manufacturing, 20 September, apfoodonline.com/industry/case-study-cobots-in-fbmanufacturing/ (archived at https://perma.cc/8VLT-Z62R)

19 Chromos. Meeting challenges with cobots: 3 case studies, Chromos Industrial, cobots.ch/en/meeting-challenges-with-cobots-3-case-studies/ (archived at https://perma.cc/X2XN-ZSRQ)

20 Kinta AI. How integration works, kinta-ai.com/solution#how-integrationworks (archived at https://perma.cc/8N6B-LWA8)

21 Lerner, A (2017) AIOps platforms, Gartner, 9 August, blogs.gartner.com/andrew-lerner/2017/08/09/aiops-platforms/ (archived at https://perma.cc/J7XT-TJN2)

22 Sage. The practice of now 2019, get.sage.com/ACS_19Q3_NCM_CA_DGWW_GLACCT_PracticeOfNowReport (archived at https://perma.cc/U7B6-M5XQ)

23 Goodwin, B (2018) PepsiCo hires robots to interview job candidates, Computer Weekly, 12 April, www.computerweekly.com/news/252438788/PepsiCo-hires-robots-to-interview-job-candidates (archived at https://perma.cc/9E6V-MJV7)

24 Lecher, C (2019) How Amazon automatically tracks and fires warehouse workers for 'productivity', The Verge, 25 April, www.theverge.com/2019/4/25/18516004/amazon-warehouse-fulfillment-centres-productivityfiring-terminations (archived at https://perma.cc/EZE8-C2J4)

第8章

データを収益化する
活用目的⑥

　データはますます、それ単体で重要な事業資産となりつつある。データを収益に換える能力があると、収入額だけでなく企業の総合的な価値を一変させられるかもしれない。Fortune 500の企業一覧を少し眺めて気づくのは、2020年の時価総額トップ5はみな、データを基盤としたビジネスモデルを構築している企業だ——Microsoft、Apple、Amazon、Alphabet、Facebook（現Meta）である。5社ともざっくりと「テクノロジー」企業に分類できるとはいえ、それぞれ異なる分野で異なるビジネスモデルで操業している。Microsoftはソフトウェアの巨大企業、Appleは革新的なハードウェアデザインで名声を確立、Amazonは小売企業、Facebookはソーシャルメディアプラットフォーム、Google（Alphabet）は広告ネットワークを柱とした検索エンジンだ。小さな違いは多いが共通項も多い。5社ともメールサービスを提供しているし、一般向けクラウドストレージサービスも展開してい

る（Facebookはいまのところないが）といった点だ。

　だが、何よりも強く5社を結びつけるのは、大量のデータを収集し活用する能力を強みとしている点だ。今後も、データを柱とする企業が古参の大手企業をトップ10から締め出していく可能性は高い。

　データを収益化するメリットは大きく2つある。データが企業の総合的な価値を高められる点と、企業がデータを顧客や利害関係組織に販売することでプラスアルファの価値を創出できる点だ。第5章でデータの収益化に成功している企業の例をざっと紹介したが、この章では収益化のメリットを掘り下げる。

　データ戦略の観点からいうと、まずは自社に適したデータに的を絞ることが鍵となる。これがあれば長期的な事業目標の達成に近づくというデータだ。いつか役に立つかもしれないからと、できる限り多くのデータを収集するのは、基本的には良策とはいえない。「何でも収集」戦略で成功を収めている企業もあるにはあるが、たいていは、データを収集してサードパーティに販売することを主な事業目的としたデータ販売業者か、予算と労働力を豊富に抱えていて大量のデータを難なく扱える企業のどちらかだ。ほとんどの企業はもっと的を絞った慎重なやり方をとるのが賢明だろう。

　よって、データの収益化の道のりは、一歩下がって「自社にとって、またはデータの買い手にとって、大切なデータとは何か」を客観的に考えることから始まる。これに答えを出してやっと、

そのデータをどのようにして収益化するかを考えることができる。初めに、「自社が持つデータを、自社の価値を高めるために使えるだろうか？」と「そのデータをどこかに売れるだろうか？」の2つの問いに答えを出す必要がある。

　この章に登場する事例を参考にすれば、あなたの組織でも収益化の機会を見つけられるだろう。だが、最終的に目指すのは、自社が持つデータを最大限に活用し、できる限り大きな価値を創出すること、それを自社にいちばん適した方法で行うことだ。それを見据えて、データの収益化機会の発見と最大化を担う専門の事業部門を新設した企業もある。間違いなく賢明な判断であるし、今後ますます多くの企業がデータ活用に成熟すれば、中規模以上の企業ではあたり前の戦略となるだろう。

── 買収で自社の価値を高める ──

　近年は、入手できるデータ量を増やしたいという理由で、大規模な企業買収が行われることがある。Amazonは2017年にWhole Foods Marketを買収した。Amazon史上最も高額な買収のひとつだ。だが、Amazonは食料品チェーンの所有に格別に興味があったわけではない。本当に欲しかったのは、アメリカ国内の店舗が40年近くかけて蓄積したデータと、500のアウトレット店舗がいまも収集し続けているデータだった。これを使って、消費者が生鮮食品を購入する際の行動をより深く理解し（以前はこれを知るためのデータは存在しなかった）、食料品のオンライン販売ビジネスの計画と立ち上げに活用した。

SalesforceがSlackを270億ドルで買収したときの思惑も、これに似ている。コミュニケーションと共同作業を助けるツールを自社サービスに組み込むことにも関心はあっただろうが、それならずっと安く済む手段はいくらでもある。Salesforceの本当の関心の的は、ユーザが職場などで同僚や友人とどのように情報をやりとりしているかを示す、Slackが構築してきた大規模なデータセットとモデルだったに違いない。

　MicrosoftはLinkedInを買収して、ビジネス界のネットワークのユーザデータを管理できるようになった。このデータは、Microsoftのサービスと作業効率化ツールをパーソナライズして、Microsoftを企業向け製品の市場でさらに優位に立たせる可能性を秘めている。Googleが2014年にスマートホーム製品メーカーのNestを買収したとき、既存の商品展開をそのまま手に入れることにもおそらく関心はあった。だが、インターネットに接続可能な新種の家庭用デバイスと消費者のやりとりを記録したデータこそが、実は買収の最大の動機だった。

▌　　　　データ自体を事業資産にする　　　　▐

　社内一の資産といえるほどの高い価値が、データにはある。データが企業の価値に特大の影響を与えている最近の事例を紹介しよう。イギリスのスーパーマーケットチェーン、Tescoには、Clubcardと呼ばれる人気の会員カードシステムがあり、報告によれば2019年時点での会員数は1,900万人だ。このシステムが人気を得たおかげで、Tescoは1999年にイギリス最大手スーパーだっ

たSainsbury'sを抜き去った。Clubcardを介してTescoは顧客の名前、住所、購入したものなどのデータを山のように収集でき、これを詳細な顧客プロファイルの作成と、特定顧客をねらったサービスの提供に利用している。

Tescoのロイヤルティプログラムと全データ、そして分析は、Dunnhumbyというサードパーティが管理している（Macy'sなどの小売店のデータ分析もここが担当している）。2001年、Dunnhumbyが有するデータ量とそこから深い顧客情報を引き出す能力にTescoが目をつけ株を購入し、2006年には持ち株比率は84％になった。その後Dunnhumbyの株価は上がり続けたが、イギリス国内の小売業界の厳しい状況と利益の落ち込みを受けて、Tescoは2014年末にDunnhumbyの売却を決める。桁はずれの20億ポンドという額で売り出し、なんとGoogleも当時は売り込み先候補として議論されていたそうだ。だが、売れる前にDunnhumbyとアメリカの小売業者Krogerとの提携関係が決裂したため、販売予定額は7億ポンドまで落ちる。Tescoが有するデータも考慮に入れると、事態はさらに複雑だった。Dunnhumbyの収益の大半は、TescoのデータをCoca-Colaなどの企業に再販して得たものだ。Dunnhumby売却後のTescoは、結局Dunnhumbyの顧客になるか、自社データを別の企業に管理させる必要がある。そして当然ではあるが、Tescoのデータを失ったDunnhumbyの価値はさらに下がる可能性が高い。最終的にTescoは自社の資産価格がこうも大幅に下がっては長期的に見ても良策ではないと判断し、売却を取りやめた。ここから学べるのは、自社が持つデータの価値を評価するのは難しいということである。TescoのデータがなければDunnhumbyの価値は人材と技術のみ、つまりデータを扱う能力のみとなって

しまう。これももちろん大きな価値を持つし、買い手にとって魅力的ではある（この章の後半でこの話をする）。でも、この件に関しては、さすがに20億ポンドは大きく出すぎだった。

最近でいえば、データを企業資産の核としている最もわかりやすい例は大手テック企業だろう。GoogleとFacebookの事業はいずれも、表向きは無料でサービスを提供することから始まった。そこがとりわけ革新的だったのだ。Googleは知りたいことなら実質何でも数秒で調べられるサービスを、そしてFacebookは世界中どこにいても友人や大切な人とワンクリックまたはワンタップでつながるサービスを生み出した。

もちろん、「ただより高いものはない」というフレーズの根底にある真実には誰もが気づいている。だが、ここではもしかするともっとぴったりのフレーズがある。誰が最初にいったかについては諸説ある（1970年代のテレビCMだという主張もあれば、もっとあとになって誰かがインターネット上で発したとする説もある）が、「お金を払っていないなら、商品はあなただ」。このフレーズは、大手テック企業と私たちの関係性を見事に表しているように思える。

私たちユーザの検索内容のデータを集めたり（Google）、友人関係と興味関心を把握したり（Facebook）することで、一部の国家を超える財政的影響力を持つ巨大企業が築かれた。ならば、私たちは商品だといって差し支えないだろう。Facebookはユーザの情報をそのまま販売してはいないが、顧客企業の商品を最も買いそうなユーザを統計データから割り出し、そのユーザの画面に広

告を出す機会を提供している。つまり「ユーザに商品を買わせる機会」をさまざまな企業に販売しているというわけだ。これがFacebookのデータ利用の仕組みだと、2018年にCEOのマーク・ザッカーバーグはワシントンD.C.の議会に招集された際に証言した[注1]。

やっていることは何も新しくはない。「名前を聞いたことがない最大手企業」と呼ばれるAcxiomが1980年代にデータドリブンマーケティングを創始したが、いまもその手法は健在だ。Acxiomは、パブリックデータセット（特に信用調査機関から得たデータ、国勢調査データ、出生登録や婚姻登録、アンケート調査結果など手に入るデータすべて）を組み合わせて属性別にセグメント化できるメーリングリストを初めて作成し、それをダイレクトマーケティング用に企業に販売したのだ。

現代の巨大テック企業やその他の企業（Acxiomもまだこの分野で活動している）も同じことを行っているが、違いはそれがインターネットのスピード感と規模で進められていることだ。単に最新データを年1回程度吸い上げて決まったメーリングリストに加えるのではなく、データを主要な資産とするたくさんの企業が私たちのデータを絶えずソートし、セグメント分けして、適切な相手にその都度わたすのがいまの流れだ。

信用照会業者であるExperianの主要事業は、銀行や金融サービス機関向けに、消費者に貸付するかの判断材料になるデータドリブンなサービスを提供することだ。データ量の増加と分析技術の進歩にともない、データを基盤にした幅広いサービス（不正行

為やなりすましからの保護など）を展開するようになった。近年、自動車販売や医療保険、小規模市場の事業顧客に向けた特化型の分析関連サービスも提供し始めたが、これが収益増と事業拡大のチャンスを生み出している。

Experianが信用調査データベース内に有する世界中の人々のデータはおよそ30ペタバイト分で、しかも毎年20％ずつ増え続けている。各利用者の借入金額、返済の有無、そして住所変更時の旧住所と新住所の紐づけや、もしあれば別名まで、詳細なデータを貸し手の組織から入手している。さらには住所データベース、出生記録と死亡記録（故人の名前で不正行為が働かれていないかを見るため）、イギリスのCifasなど詐欺防止サービスからの情報など、公的記録からも膨大なデータを収集する。その結果、Experianはなんとイギリスだけで600カ所のデータソースから得た7億5,000万種ものデータを処理しているそうだ[注2]。

この全データを使って、Experianは消費者や企業の全体像を詳細に描きあげる。個人の信用情報の履歴や、年齢、居住地、収入状況などの人口統計データをただ保持するのではなく、独自の社会人口統計学ツールMosaicを使って、個人を67のタイプと15のグループに分類している。

たとえばこのようなグループがある。「アーバンクール」に属するのは、街の人気のエリアに高級アパートメントを所有するか賃貸している羽振りの良い都会人。「プロフェッショナルリワード」に属するのは、キャリアの成功と安定した経済力があり、田舎または郊外で暮らすベテラン。「グローバルフュージョン」に属する

のは、多様な民族的背景を持ち、都会に住む働き盛りの若い人たち。このようにセグメント化された顧客データは、マーケティング目的にも、信用度と保険引受能力の評価にも使用される。

Experianによると、Experianの全業務にデータ分析を組み込み、データをひとつに集約させて扱うことで、より多くの人が家を購入し、事業を拡大し、効率良く資産管理する助けになっているそうだ。Experianにとってこの効果はとてつもなく大きく、過去5年間で約3億ドルの収益増につながっている。

Experianの長年のライバル企業には、Acxiom、Nielsen、Equifaxなどがある。全社に共通するのが、初めは特定のビジネスニーズを満たす目的でデータ収集を始めたこと、そしてそのデータを多様な方法で活用して収益を増やすデータ販売業者となって大きな進化を遂げたことだ。

だが、いま本当の最先端といえるのは、リアルタイムデータとリアルタイムの分析結果に特化したビジネスを行う、たとえばCosmose AIのような企業だ。同社は携帯電話の信号や店舗に設置したセンサーから人の移動のデータを収集し、消費者がどこでどのように買い物をしているかの分析結果を顧客（Walmart、Gucci、Cartier、Samsungなど）に提供している。新型コロナ禍では特に、購買活動の変化を明らかにして、小売業者が新しい顧客行動パターンに適応する支援を行ってきた。Cosmoseのプラットフォームは、消費者ひとりひとりのデータを収集したり追跡したりするわけではない。機械学習アルゴリズムの力で顧客層をどのようにセグメント分けできるかについてのインサイトを引き出

し、それを小売業者に提供して、より正確で効率的なマーケティング活動を支えている。

このセクションで紹介した事例に共通するのが、取り扱うデータ量の多さである。莫大なデータセットこそが、企業の価値をぐんと上げている。たいていの企業は、このレベルのデータ量はさすがに収集できない。だが、覚えておきたいのは、AcxiomとExperianはいずれも社外からデータを入手している点（内部データと外部データの違いについては第10章で詳しく説明する）、つまり第三者から得たデータをうまく活用しているということだ。基本的には誰のどんなデータでも購入や入手が可能な時代だ。いくつもの事例で見てきたとおり、それがビジネスの可能性を大きく広げている。

┃ ── 企業のデータ活用能力が武器になる ── ┃

データそのものではなく、データから価値を引き出す力が企業の価値を押し上げることもある。重要なインサイトを引き出せる高性能のシステム、アプリ、アルゴリズムと組み合わせると、データはさらに有益な資産となる。大量の顧客データを取り込んでマーケティングを改善する事例を、ここまで数多く紹介してきた。このようにして信頼できるデータシステムを構築し、データを扱う能力を加えることで、企業全体の収益も魅力も上げられるのだ。

こうした理由から、データを事業の成長につながるインサイト

に変換できる企業が買収される動きが増えている。たとえば
Googleは、イギリスを拠点とするAIスタートアップのDeepMind
が深層学習分野で見せた進歩に目を留め、2014年に5億ドル以上
で買収した。それ以来、Googleアシスタントや、ビデオ通話プ
ラットフォームのGooglc Duo、そして健康管理サービスのGoogle
Healthなどに使われる音声合成機能には、DeepMindのAI分析
テクノロジーが組み込まれている。ロンドンの眼科病院Moorfields
Eye Hospitalで医師が目のスキャン画像から眼疾患を診断する支
援をしたり、Cancer Researchとの共同プロジェクトでマンモグ
ラフィーの画像から乳がんの初期兆候を見つけたりするのにも
DeepMindの技術が使われている。

　Facebookも同様に、サイトに顔認識機能を組み込む目的で、顔
認識技術を専門とするイスラエルのFace.comを2012年に買収し
た。ユーザがアップロードした写真を自動スキャンして写ってい
る人の名前を表示するので、ユーザが手動でタグづけする必要が
なくなった。ユーザのタグづけプロセスの簡素化も、システムの
顔認識技術の向上も、完全にFacebookの利益になる。タグづけ
された写真のほうが大勢のユーザに閲覧される可能性が高いから
だ。それはなぜかというと、写真をアップロードした人の友人だ
けでなく、タグづけされた人の友人の目にも触れるためである。
ほかにも、アップロードされた写真に写っている商品を特定でき
る技術を開発した企業もある。たとえばソフトドリンクメーカー
がこれを利用すると、ソーシャルメディアプラットフォームを
使って、誰がそのメーカーの商品を飲んだかだけでなく、いつど
こで飲んだかまで知ることができる。

Talkwalkerという企業は、AI「聞き取り」アルゴリズムを開発した。ポッドキャストなどのオーディオコンテンツをスキャンして、ブランドや製品への言及を特定する[注3]。このデータは世界中の2,000以上の顧客に販売され、自社製品が誰にどのように使われているかを知るのに役立っている。

このセクションの要点はこうだ。もしあなたの会社が超大量のデータを蓄積してはいないとしても、自社に適したデータを収集して分析する能力があれば、会社全体の価値を高め、消費者にとっての魅力を長く保てる企業になれる可能性は大いにある。

― 顧客やサードパーティにデータを販売する ―

自社データの利用権を販売したり、自社データを利用するサードパーティと提携したりして、収入源を増やす企業が増えてきている。その代表例が、Dunnhumbyと提携して、顧客データを基にしたインサイトをCoca-Colaなどの消費財メーカーに販売するTescoだ。だが、販売できるのは必ずしも顧客データや顧客グループのデータだけとは限らない。専門性の高いデータやニッチなデータが驚くほどの価値を持つこともある。たとえばJohn Deereは、農業機械の稼働状況や、土の状態、穀物の生産高など、農業の生産性を上げるのに役立つデータを農家に売ることで、プラスアルファの利益を得ている。ニッチなデータを有益とみなす層は限られているとはいえ、その層にとってはこのうえなく必要な情報である。

よってデータが手元にあるなら、それがどんなデータであったとしても、プラスアルファの価値を創出できる可能性があるかを考えると良い。どんな業界にいてもチャンスはある。たとえばホテル予約サイトを運営しているなら、顧客セグメントごとの分析結果を基に、予約率を上げる要素（レビュー、写真、いちばん喜ばれるアメニティなど）や価格設定の提案を含めたパッケージをつくって、ホテルに販売することもできる。自動車メーカーなら、運転者の走行距離、最も頻繁に訪れる目的地、事故発生率の高い道を通るかどうか、平均運転速度などのデータをとって、提携する保険会社に提供するのも良いだろう。機械メーカーなら、その機械にセンサーを搭載して顧客や機械の使用者にインサイトを提供すれば良い（まさにJohn Deereの取り組みだ）。第6章で触れたとおり、最近のセンサーはとても小さいうえ比較的安価なので、製品を選ばず組み込みやすい。センサーから得たデータは、機械の使用者に有償で返したり（高機能版のアプリを介するのも良い）、集約してサードパーティに販売したりできる。

　iPhoneやiPadが数億人の手にわたっていることを思えば、Appleもユーザ生成データの活用に関しては素人ではない。むしろ積極的にパートナー企業と組んで、ユーザデータの監視と共有を主とするアプリの開発を促進してきた企業だ。たとえばIBMとの提携で、健康関連のスマホアプリを開発した。iPhoneとApple Watchが、IBMのWatson Healthというクラウドベースの健康管理・解析サービスとデータ連携できるようになり、世界中の数億人ものAppleデバイスユーザからリアルタイム取得したアクティビティデータとバイオメトリクスデータを、IBMのデータ処理・加工エンジンにわたせるようになった。

Appleは、航空、教育、銀行、保険などといった業界向けにもさまざまなアプリケーションを提供している。目的は、各業界のモバイルデバイス使用者が分析機能を使えるようにすることで、ここでもIBMと提携している。2015年のApple Watch発売が、この動きをさらに加速させた——アナリストによれば、Apple Watchは累計1億本近く売れているそうだ[注4]。手首に一日中装着でき、大量のセンサーを駆使して幅広いデータを収集できるつくりになっている。Apple Watchを見ると、分析に使用できる個人データが社会にはまだまだあること、サービスや提携先を増やしてデータをさらに活用できる余地が大いにあることがわかる。

大手クレジットカード会社にも、先述のExperianのような信用調査機関と同じように取引データをサードパーティに販売する部門が必ずある。VISA、Mastercard、American Expressなどは毎年これで何百万ドルもの追加収益を得ている。クレジットカード会社は、小売店舗などと比べるとはるかに正確で詳細なデータを使うことができる。というのは、たとえばTescoが客が店舗で買ったものを正確に把握できるとしたら、VISAはその客の名前、訪れた場所、買ったもの、毎月の消費傾向など、おそろしいほど多くを知ることができるのだ。

アメリカ国内のクレジットカード取引の25％以上を占めるAmerican Express（Amex）は、取引の両端で第三者とやりとりする——何億もの企業や組織と、何億もの購入者だ。そう考えると、従来の信用貸しサービスのみではなく、消費者と企業とを結びつける業務にも重きを置きつつあるのも、不思議ではない。そうした考えからか、Amexは競合他社との比較分析を行いたい企

業に向けて、オンラインのビジネストレンド分析と、匿名化した
データを使った業界のピアベンチマークの調査結果を提供するよ
うになった。個人を特定できる情報は取引データからすべて除去
しているが、それでも最適な市場や決まった顧客セグメントの詳
細なトレンド情報を小売業者に提供できる。Amexは、データ収
集、分析、機械学習をひとつのビジネスモデルと業務に組み込む
最先端を突き進んでいるのだ。

　スマートサーモスタットから家庭用セキュリティデバイスまで、
幅広いソリューションに対応するGoogle Nestの話を覚えている
だろうか？　Nestが各家庭から取得する細かなデータから利益
を得ているのはGoogleだけではない。Nestと提携する公益事業
会社も恩恵にあずかっている。たとえば、ユーザの家に設置した
サーモスタットを電力会社側が決まった時刻に操作することを条
件に、そのサーモスタットの使用料を無料とするなどといった
サービスを多くの電力会社が行っている。これにより電力会社
は、電力需要のピークと底に効率良く対応できるようになる。こ
のプログラムに登録したユーザ数に応じてGoogleに料金を支払
うが、ピークタイムのエネルギー使用を効果的に調整して大きな
コストダウンを達成できるため、十分に採算がとれる算段だ。

　データを必需品としている身近な企業にはUberもある。乗車
需要の推定から料金の設定まで、すべてにおいてデータが使われ
ている。さらにUberは早くから、情報を販売して収益増を図る動
きに出ていた。人がどこからどこへどのような手段で移動し、外
で何を食べ、仕事中と余暇とで移動傾向がどう異なるかなどの詳
しい情報をUberは持っている。American Airlines、Hilton Hotels、

Starwood Hotels and Resortsなどの企業と提携して、ユーザがその企業のサービスをどのように利用しているかについての匿名化データを共有したり、交通インフラ計画やスマートシティ計画に役立つデータを地方自治体に提供したりしてきた[注5]。

　個人情報の売買においては、匿名化されていたとしても、当然ユーザ本人からの許可とデータセキュリティが重要な問題となる。これについては第11章で掘り下げる。ここで伝えておきたいのは、企業はユーザのデータを使用して利益を得ているが、そのことについてユーザに明確に開示し、見返りを差し出していれば、たいていのユーザはどうやら不満は持たないということだ。私は、どれほどの個人データが使われているかをかなりよく理解しているつもりだが、自分のデータと引き換えに、より質の良い、または便利な製品やサービスを使えるのは嬉しい。私はフィットネストラッカーを使っているが、自分の身体と睡眠に関する有益なデータを得ることと、メーカーのJawboneがそのデータを商用目的で使用することとはトレードオフだと承知している。（匿名化した）私のデータを使われることに異議がないのは、Jawboneの製品のおかげで健康的な生活に楽に近づけるという見返りを得ているからだ。

　当然、誰もがこのように考えるわけではない。だからこそ、データを使って何をするのかについて、企業は偽りなく透明性ある説明をする必要があるし、賛同できないユーザには離脱する選択肢も与えるべきである。2019年、『ワシントン・ポスト』紙のジャーナリスト、ジェフリー・ファウラーが、クレジットカードでバナナ1本を購入したあとのデータの道筋をたどる実験をし

た。すると、ファウラーのデータが、マーケティング会社、Google、ヘッジファンドなど、少なくとも6つの組織にわたされることがわかった。そこからさらにどれほど多くの組織にデータがわたっていてもおかしくない。ファウラーがデータの行方をたどった先にあった組織の多くは、データの使い道を詳しくは説明したがらなかった（それどころか、いっさいの説明を拒否した組織さえあった）[注6]。

「AI革命」が秘める大きな発展の可能性が現実になるかどうかは、個人のデータをしっかりと管理し、個人の不利になる使い方はしないことを社会全体が確信できるかどうかにかかっている。

ユーザ生成データの価値を理解する

　この章で挙げた実例の多くで、ユーザ生成データか自動生成データが使われていた。Facebookはユーザの「いいね」とシェアを記録し、Uberはユーザの移動を追跡し、Nestのサーモスタットはユーザの室内環境を監視している。本当の意味でスマートなやり方で、データから驚異的な価値を創出している企業は、データを自動で収集したり生成したりできる仕組みを持っているというわけだ。

　データの収集については第10章でさらに詳しく説明する。ここで確認しておきたいのは、データを自動生成したり顧客に生成させたりすれば、企業の労力は最低限で済むということだ。収集と管理に大量の専門スタッフとそれにともなうコストを要するなら、

そのデータで企業の価値や収益を大きく高めるのは現実的でないだろう。データを基盤とする企業の多くは、ほかの大手企業と比べて驚くほど少ない従業員数で操業している。データを収集し分析する仕組みが非常に高性能なので、人間の介入はたいして必要ないのだ。

一部の企業が軌道に乗せようと取り組んでいる興味深いビジネスモデルに、ユーザ自身にデータを販売させるというものがある。Ozone AIが開発したシステムではこれが可能なうえ、ユーザは販売するデータを細かく管理できる。Ozoneの顧客企業がOzoneからユーザデータを購入すると、そのユーザに報酬が渡される仕組みだ。こうして個人が直接データを収益化できるようになれば、広告を出す企業はGoogleやFacebookなどのデータ販売業者にまったく頼らずに済むようになる。

Fortune 500の時価総額ランキングの話に戻るが、トップ5はすべてデータ企業だった。第5位のFacebookの従業員は5万人もいない。一方で、テック企業でもデータ企業でもない企業でいちばん順位が高いBerkshire Hathawayの従業員数は、50万人に近い。

この話についてもう少し掘り下げるために、KodakとInstagramを比較してみよう——いずれも聞き慣れた名前だが、前者はデジタル時代が来る前の企業、後者はデジタルとデータに根ざした企業だ。2012年にInstagramがFacebookに10億ドルで買収されたときの従業員数はわずか13人で、現在も400人程度にとどまっている。Instagramが非常に効率良く業務をまわせるのは、データシステムがかなり高度で裏方作業にあまり人を必要としないから

だ。すべてが自動化されており、Facebookはそこにとりわけ引きつけられた。一方でKodakは、最も多いときで14万5,000人、いまは8,000人の従業員を抱えている。Kodakの過去最高の時価総額は約300億ドルで、現在1,000億ドルを超えると見積もられているInstagramには及ばない。

Instagramはユーザ生成データだけで成り立っている。月間のアクティブユーザは10億人で、それぞれが1日平均28分間をInstagram上で過ごし、1日合計1億枚超の写真を毎日アップロードしている。このユーザ生成データを使用するのは、主に若い層をねらったターゲット広告を出す広告主だ。Instagramの2020年の広告収入額は138億ドルだったという。Facebookに買収されたときには収益ゼロだったことを思うと驚異的だ。当時、世間は買収に眉をひそめた――Facebookはいったいなぜ収益を生まない会社なんかに興味を抱いたのだろう、と。答えはもちろん、Instagramのビジネスモデルにはユーザにデータ提供を促す能力が潜んでいると見抜く機知があったからだ。Facebookは正しかったと、じきに誰もが知ることとなった。

原注

1　Wagner, K (2018) This is how Facebook uses your data for ad targeting, Vox, 11 April, www.vox.com/2018/4/11/17177842/facebook-advertising-ads-explainedmark-zuckerberg (archived at https://perma.cc/E6V2-N6FH)

2　Experian. Depth and breadth of data, www.experian.co.uk/data-innovation/depth-and-breadth-of-data (archived at https://perma.cc/FR52-M8ZM)

3　Talkwalker (2021) Talkwalker's Speech Analytics allows marketers to extract insights from the growing podcast market in seconds, PR Newswire, 6 April, www.prnewswire.com/news-releases/talkwalkers-speech-analytics-allows marketers-to-extract-insights-from-the-growing-podcast-market-inseconds-301262217.html (archived at https://perma.cc/WCL6-5UNX)

4　Kubiv, H (2021) How many Apple Watches have Apple sold, Macworld, 12 February, www.macworld.co.uk/news/how-many-apple-watches-sold-3801687/ (archived at https://perma.cc/R8RD-AREU)

5　Uber (2015) Driving solutions to build smarter cities, 13 January, www.uber.com/blog/boston/driving-solutions-to-build-smarter-cities/ (archived at https://perma.cc/2GSC-ELZQ)

6　Fowler, GA (2019) The spy in your wallet: credit cards have a privacy problem, Denver Post, 31 August, www.denverpost.com/2019/08/31/credit-card-privacyconcerns/ (archived at https://perma.cc/X6QH-DSZC)

第9章

データの活用計画をつくる

データ戦略の策定と実践

　ここまでの何章かで、データの新しい使い方がビジネスの世界を再定義してきた実例を見てきた。企業は6つの活用目的に沿ってデータ戦略を展開することで、爆発的な成長を遂げている。データを使ってまずは意思決定プロセスを改善し（第3章）、顧客をより深く理解する（第4章）。そして、優れたサービスや製品を生み出し（第5章、第6章）、業務プロセスを改善する（第7章）。最終的には、多くの業界でディスラプター企業はデータ自体を収入源に変え、顧客や別の企業に販売することで収益を得る（第8章）。

　さあ、ここからが本番だ。この章からは、データ活用のプロセスを実践的なステップに分解していく。ここまでに見てきたデータドリブンなビジネスモデルと、これからの何章かで説明するプロセスを理解すれば、さらにデータドリブンなビジネスモデルへ

と組織を導くデータ戦略を策定できるはずだ。

　私が思うに、最終的にはすべての企業が、全社的なデジタル・トランスフォーメーションを進めることになるだろう。全社的なデータ戦略に沿いながら、業務分野ごとにデータと分析技術を構築するのだ。ただし、千里の道も一歩から。データ活用の初めの一歩は、最初の戦略を策定し、それを試せるデータ活用計画をいくつか考えることである。

　では、この最初の活用計画はどのようにして決めれば良いのだろう？　データの力で特大の変化を起こせそうな領域を、まずは見つけよう。変化の機会を私は大きく2種類に分類している。1つ目は、比較的小さな投資で短期間で成果を出す「クイック・ウィン」型だ。これに取り組みながら社内のデータスキルを育んで、より大規模なプロジェクトの基盤をつくる。2つ目は、それなりに大きな先行投資と長い開発期間が必要となるものの、事業の在り方を根本から変えるかもしれない革新的な方法でデータを利用する「大規模トランスフォーメーション」型だ。まずはこのような機会がどこに眠っているかを見つけ出し、最初のデータ活用プロジェクトにふさわしいかをひとつずつ精査していく。

▎　　　　データ活用計画を発案する　　　　▎

　クライアントを直接指導するとき、私はいつも最初にブレインストーミングを勧める。ブレインストーミングの規模や参加人数は、組織の規模によるだろう。1人でしても良いし、データ活用

の影響を受けるチームから代表者を集めて行うのも良い。

このセッションでは、データをビジネスに組み込む具体的な活用計画の案を出す。6つの活用目的を見わたしてどこにデータを使用できるかを考え、データを使うことで合理化や効率化、または無駄をなくすことのできそうなプロセスや業務を探し出す。探してみると、こんなにあるのか、と驚くことだろう。

どの案も、必ず6つの活用目的のいずれかにあてはまる必要がある——意思決定の改善、顧客の理解、より優れた製品の創出、より優れたサービスの創出、業務プロセスの改善、そして直接収益化できるデータの創出のどれかだ。さらに、先ほど述べた「クイック・ウィン」か「大規模トランスフォーメーション」のどちらにあてはまるかも確認しておく必要がある。この時点では、できる限り多く案を出そう。

案のひとつひとつに対して、巻末付録の「データ活用テンプレート」の質問すべてに答えられるだろうか。案ごとにテンプレートを埋めてみよう。

これから、データ活用計画の案を出してテンプレートを埋める過程をわかりやすい例を使って見ていこうと思う。第3章に登場したアイスクリーム屋だ。だが今回は経営者として、単に来店者数を監視して改善策を出すだけではなく、アイスクリームを購入する可能性の高い来店者を引きつけること、そして顧客生涯価値（lifetime value, LTV）の高いお得意様になってもらうことを目指す。

戦略目標と連携させる

　すでに確認したとおり、データ戦略で重要なのは、情報を使って事業の戦略目標達成に貢献することである。欲しいデータを決め、何とか取得したものの、使い道がなかった、となっては意味がない。そんな馬鹿なことはしないと思うだろうが、私の経験上、そう珍しいケースではないのだ。データの持つ力について学ぶと、データで何が「できる」かに目がくらんでしまい、データで何を「すべき」かに意識を向け続けるのがなかなか難しくなる。

　何を「すべき」かとは、製造業なら、業務効率を上げる、製造のスピードを上げる、無駄をなくすなどだ。マーケティングなら、できる限り広範囲にメッセージを届ける、特に重要な顧客セグメントに的を絞ってアプローチする。営業部門なら、顧客あたりの収入を上げる、購入に至る見込み顧客数を増やすなど。この時点では目標の具体性にこだわる必要はなく、自社のニーズがあれば良い。このニーズが、包括的なデータ戦略（もう少しあとで定義する）と戦略目標とを結びつける、何より大切な役割を果たす。データ計画が戦略目標と合致しなければ、投資分の利益を回収できないし、プロジェクトにコストがかかる割にはたいした成果を出せないだろう。

　さて、これからアイスクリーム屋の経営者としてデータ活用事例を考えていくが、前提はこうだ。包括的な事業戦略を策定するタイミングですでに市場調査を済ませ、ある特定の顧客層を引きつければ効率良く収益アップを見込めると理解できている。その

顧客層を「アイスクリーム好き」と呼ぶことにしよう——単にアイスクリームが人並みに好きでひと夏に1、2回購入する人ではなく、収入のうちアイスクリームに費やす金額の割合が高い人のことだ。というわけで、私たちのデータ活用計画は「アイスクリーム好きに照準を絞ったターゲットマーケティング活動」となり、「顧客生涯価値の高い顧客を引きつけて収益を増やす」という戦略目標と密接に結びつく。

┃━ データ活用計画の目的を決める ━┃

ここで、第3章で設定した「鍵となる質問」に戻る。自社の事業目標の達成に役立つ質問のことだ。質問とはつまり「答えを出したい疑問点」なので、最初のデータ活用計画の目的はその答えを出すことにすると良いだろう。パフォーマンスや効率を高めるための「鍵となる質問」に専念すると、どんなデータが必要かが見えてくるだろう。

アイスクリーム屋の例では、「マーケティング活動のターゲットを『アイスクリーム好き』に絞り込む」というシンプルな目的を選んでみることにする。すると質問は、「アイスクリーム好きをどうやって定義するか？」「当社にとって重要な顧客の年齢層は？」「顧客が住んでいる場所は？」「その顧客セグメントと密な関係を築くには、どこでマーケティング活動をする？」などになるだろう。

効果測定の方法を決める

　うまくいったかどうかを判断できもしないことをやってもあまり意味がない。よって、成功の程度を測る指標は明確にしておく必要がある。営業やマーケティング関連の計画なら、収益や見込み顧客数などが指標になりやすい。データドリブンな戦略で顧客維持率を上げて解約率を下げるのが目標なら、再購入・再加入者の数や顧客生涯価値の平均値が指標にしやすいだろう。社内のプロセスにてこ入れをして従業員満足度を高める計画なら、離職率を見ると良いかもしれない。どのような活用計画であっても、それが成功したか、それとも方向転換が必要かを判断するための指標を設定しよう。

　アイスクリーム屋のマーケティング計画の成果を判断するには、顧客生涯価値（特典や会員サービスなどを始めてみる）と、当然ながら会社全体の収益も監視していく。

責任者を決める

　この段階で、活用計画を確実に遂行できるよう全体を見る責任者を必ず定める。事業戦略との連携を確認し、成果測定の方法を決めたので、あとは純粋に具体的な戦術に落とし込んで計画を立て、確実に実行するまでの責任者が必要だ。テクノロジーとデータの導入プロセスを管理し、パフォーマンス指標が確実に測定されているかを確認し、活用計画の成果を報告する役目でもある。

もちろん、小規模な組織や、データドリブンな変革を決行するかについてまだ協議中の組織では、活用計画ごとに責任者をつけるほどリソースに余裕がないかもしれない。その場合は1人が複数の計画の責任者を兼任することになるだろう。もしくは、活用計画の影響を受ける部署（例：マーケティング関連の導入計画ならマーケティングチーム）に所属し、データドリブンな文化へと移行する重要性を理解しているメンバーを責任者にするのも良い。

アイスクリーム屋は、経営者（私たち）と、忙しいときに手伝いに来てくれるパートタイムのスタッフ2名で運営している、とても小規模な事業だ。この場合は経営者がデータ戦略の責任者となる。

── 活用計画の顧客（データ利用者）は誰か ──

データから引き出したインサイトを把握し、それを基に行動を起こす人や部門がデータ利用者だ。この明確化が重要となる理由は、どの部門が恩恵を得るかがわかるからというだけでなく、活用計画と成果（インサイト）をキーパーソン（データ利用者）が利用しやすい形で伝えられるからだ。データに基づいた発見を伝えることこそ、分析プロセスの「最重要なラストワンマイル」であり、データ利用者とそのデータ活用能力に合う形で行う必要がある。デジタル・トランスフォーメーションがデータ利用者の立場に与える影響や、業界全体に及ぼす影響に対してその人がどう受け止めているかについても、考慮しなくてはならない。AIなどの最新テクノロジーやデータは人間の能力を強化するためのもの

で、決して人間と置き換えるためのものではないという点を意識して伝える必要がある。これについては第14章で詳しく述べる。

　アイスクリーム屋の例では、私たち経営者はデータ利用者でもある。

┃─　　　　必要となるデータを洗い出す　　　　─┃

　この活用計画に紐づく「鍵となる質問」に答えるのに必要な情報を、どこから得るかを考える必要がある。どんなデータが必要かだけでなく、データの種類——構造化データ（行と列にきっちりと整理され、スプレッドシートなど一般的なソフトウェアで処理できる形式のデータ。例：売上収益）か、非構造化データ（動画、テキスト、音声データのように表形式にはできず、「理解」するには機械学習などの高度な技術が必要なデータ）か——についても考えよう。必要な情報すべてが社内にある（または入手できる場所にある）かもしれないし、反対に、社外のデータソースに頼らなければならない不足情報があることに気づくかもしれない。

　情報源には、取引記録、物流データと棚卸データ、カスタマーサービスの記録、そして、もし製品・サービスがスマート化されているなら、自動生成後に送信された情報などがある。好きな場所に設置できるセンサー、カメラ、マイク、その他IoT対応デバイスからデータを得ることも可能だ。小売店舗に設置して顧客の動きを追跡したり、産業機械の効率と状態を計測管理したりできる。必要な情報が社内でそろわないなら、社外に目を向けよう。

選挙人名簿やオプトイン（承諾型）マーケティングのデータベースなどといった消費者の人口層に関する外部データベースから、ソーシャルメディア、気象・環境データ、経済のデータ、衛星データ、それから業界や市場によっては地域・全国・国際イベントの最新情報を集約したデータまで、選択肢は幅広い。データの入手と収集については第10章で掘り下げる。

アイスクリーム屋だったら、市場調査、売上データ、会員プログラムからのデータ、そして顧客ごとの収入や顧客生涯価値などのビジネス指標など、複数のソースからデータを入手できそうだ。

━━ データガバナンスのポイント ━━

データを収集、処理して得たインサイトに基づいて行動するというのは、ビジネスに変化を起こすとても強力な手段ではあるが、ガバナンス（統治）、コンプライアンス、規制まわりで重大な課題も発生する。ここで対策を誤ると、のちに深刻な影響がある場合もある。もし法に触れれば、厳重な処罰は免れられない。たとえば、EU一般データ保護規則（GDPR）を侵害した場合の制裁金は、1,000万ユーロまたは企業のグローバル年間売上高の2%のいずれか高いほうだ。あわせて評判と信頼度を損なうリスクもある。競争の激しい市場（小売など）では、顧客データを入手できるか、そして顧客をセグメント化して個々にアプローチできるかが、ビジネスの成功をますます大きく左右するようになってきている。そのため、企業の信頼が崩れては、競争でかなり不利な立

場に置かれる危険性があるのだ。

ひとつ重要なポイントとなるのがプライバシーだ。顧客の個人データとは、基本的には何よりも価値のあるデータであり、現在大きな成功を収めているデータ戦略事例にとっては大切な燃料である。同時に、当然ながらコンプライアンスと規制という最大の重責を背負うデータでもある。基本原則としては、個人データを使ったいかなる取り組みや作業もデータ所有者の同意の下で行うこと、そしてデータに適切な保護手段を施すことを必須としなければならない。また、質問への答えを出すために必要なデータ以外はできれば収集しないほうが良い。データの収集と保管には必ず、エネルギーの消費とガバナンス要件をともなうからだ。データガバナンスと倫理面については第11章でさらに詳しく説明する。

アイスクリーム屋で考えると、必要となるデータのほとんどが個人データとなるだろう。ありがたいことに、この活用計画は非常にシンプルなので、テック企業のターゲット広告サービスをフル活用できそうだ。それどころか、自分たちでデータを扱う必要すらなく、匿名化されたデータセットからインサイトを引き出すだけとなるだろう。

― データを分析してインサイトに変えるには ―

データを収集したら、次はそれをインサイトに変える必要がある。そのためには、適した分析技術を選択しなくてはならない。Microsoft Excelや分析ツールで実行できる平均や相関などの単

純な計算処理かもしれないし、複雑な機械学習アルゴリズムかもしれない。分析技術については、第12章で掘り下げる。

アイスクリーム屋の例では、顧客の簡単なクラスター分析や、顧客タイプとビジネス指標（収入や会員登録数など）との相関分析を行えば十分だろう。

テクノロジー要件とは

ここからは、データ導入に必要となる具体的な要件を詰めていく。まずは目的達成のために必要なテクノロジー面の基盤からだ。「クイック・ウィン」型の活用計画の場合、それも予算の限られた小規模な組織の場合は特に、必要なものをすべてクラウド上で用意できる可能性が高い。主にサードパーティのデータを扱う計画であればなおさらだ。ストレージからコンピューティング、分析、そして分析結果の視覚化とレポート作成まで、すべてをクラウドサービスでまかなえる。それでも当然、複数のデータ活用計画の全要件を確実に満たすことのできる最適なプラットフォームとパートナーを選択するという難題はある。

大きな組織での大規模なプロジェクトでは、オンプレミスのデータとコンピュータシステムに関する要件が挙がるかもしれない。専門度の高い特殊なプロジェクト——たとえば健康に関するデータ、またはNDA（秘密保持契約）やそれに公務機密の法案が添付されているなど、セキュリティを考慮すべきデータを扱う場合——だと、データの保管場所や処理を行う場所に厳しい制限が

あって、テクノロジー要件に影響を及ぼすことも考えられる。

　クラウド、オンプレミス、そのハイブリッドからインフラストラクチャーモデルを選ぶにあたっても、考慮すべきことがいくつかある。たとえば、アクセスの速度だ。パブリッククラウドは接続までの時間が非常に短く遅延も少ないが、データの取り込みからインサイト表示までの速度が重要となる活用計画の場合は、オンプレミスのほうが適しているかもしれない。また、エッジコンピューティングなどの手法を要件に含めるかどうかも、ここで検討する。エッジコンピューティングは、データを取得する端末にできるだけ近いところで処理を行うことで、インサイトを得られるまでの速度を上げ、ネットワーク帯域幅の使用量を減らす。ただし、データの取得と分析をリアルタイムで行う必要のある活用計画や、動画配信のように非構造化データを大量に取得しなければならない活用計画では、エッジコンピューティングは高くつくだろう。

　また、AIや機械学習を自由に使えるようにするという刺激的な選択肢についても、このタイミングで考え始めると良いだろう。コンピュータビジョンを使って画像を解釈するなら、その作業に適したプラットフォームとツールを選ぶ必要がある。同様に、テキストや録音された発話を解釈するなら、自然言語処理の機能を持つものから選ぶと良い。第12章で、データと分析関連のテクノロジーを掘り下げる。

　アイスクリーム屋では、選択肢を吟味した結果、検索エンジン企業とソーシャルメディア企業が提供する、AIを使用したター

ゲットマーケティングサービスを利用することに決めた。もっと「オーダーメイド」なシステムの構築もできるとはわかっている——販売時点情報管理システム（POS）を使ったりオンラインメーリングリストや会員プログラムをつくったりして、自分たちでデータを収集するという意味だ。しかし現時点では、コストとコンプライアンスの面で参入障壁の低い「小さな一歩」から始めることにしよう。経験値（と成果）が増えたら、徐々に意欲的なプロジェクトにレベルアップしていく。

必要なスキルと素質は何か

　次は、目的の達成に必要なスキルとリソースについて考える。インサイトを引き出すためのデータスキルは当然必要だが、インフラストラクチャーを確実に設置するためのITとネットワーク関連の能力も欠かせない。主要な指標やKPIを定めるために、ビジネス・インテリジェンス（BI）とアナリティクスに精通した人材も必要だろう。それから、私たちは何をなぜしているのか、結果が企業全体にとってどのような意味を持つのかを、全員が理解できるように説明する伝達役も絶対に必要だ。

　こうした技能や能力が初めは社内に存在しないことも、十分ありうる。獲得する手段は大きく分けて、いまいる従業員のスキルを向上させる、必要なスキルを持った人を新たに雇う、外部パートナーやサービスプロバイダーにアウトソーシングする、の3つだ。

　データ活用能力は分野を問わずますます重要な資産となってい

る。新規雇用や従業員の教育に時間とコストをかけるのは、長い目で見て賢い投資だろう。一方で「クイック・ウィン」型ですばやく結果を出し、投資利益率の高さを社内に示して、さらに大規模かつ長期的なデータ戦略への承認を得る必要があるなら、高度なデータサイエンスのサポートサービスを持つ専門コンサルタントやパートナーに資金を投じるほうが良いかもしれない。

　産業界で必要なデータスキルと分析スキルを持つ専門人材は不足している、と広くいわれている。これが意味するのは、いまいる従業員のスキルアップも、軽視すべきではない選択肢だということだ。とはいったものの、全員をデータサイエンスの博士レベルにまで教育しろとはいわない。いまの時代は、必要なときに利用できるツールがあり、テーマごとにたくさんの資料や教材がインターネット上に用意されている。それを使えば、必須となるデータ活用能力を身につけさせ、データガバナンスの問題と課題への意識を喚起するまでを、社内で行うことも可能なのだ。社内全体のデータ活用能力を底上げし、データドリブンな文化の醸成を推し進める効果も見込める。これについては第14章で詳しく見ていこう。現段階では、すでに定義済みのデータ要件とテクノロジー要件を踏まえて、必要なスキルの候補を挙げられれば良い。

　アイスクリーム屋の販促活動は、単純明快にしたほうが良いだろう。結局私たちはとてもシンプルで専門知識がほとんどいらないツールを選んだ。それでも、まったく経験のない人がオンライン広告の運用を管理するのは難しいかもしれないし、戦術的な判断も必要となる。そこで、AI対応のマーケティングプラットフォームを最大限に活用する方法についてのGoogleとFacebook

主催の短期コースを、各自受講することにする。

── 計画実行にあたり注意するべき問題 ──

この段階で検討しておくべき最後の要素が、データ活用計画を実行に移す際の実用面の準備だ。すべての要素が組み合わさって動き出すのを目の当たりにできる、いろいろな面でいちばん面白いフェーズに入る。だが、ここまで来たとはいえ、ここでの戦略ミスや穴も致命的な問題につながりかねないので、慎重かつ綿密な準備が必要だ。この段階で、関係する全組織のあいだにしっかりとした連携網を敷いておく必要がある。とりわけデータからインサイトを引き出す部門と、それを基に行動する部門との連携が大切だ。また、プロジェクトが常に会社の目標達成に向かっていることと、基準や指標が想定どおりの役割を果たしていることを確認できる仕組みをここでつくっておかなければならない。目標から逸れていたり、基準や指標がうまく働いていなかったりしたときは、想定どおりではないからとすぐにプロジェクトを廃止してやり直すのではなく、戦略を実行しながら再評価して改良するプロセスをとるようにする。データ戦略の実行については、第15章で掘り下げる。

アイスクリーム屋の場合、この要素も割と単純だ。(Google と Facebook の AI の世話になりつつ)ほとんどの業務を自分たちで実行するからである。

最善の活用計画を選び、
データ戦略を立てる

　会社全体にわたってさまざまな方法でデータを活用する良いアイデアが、すでに出ていることだろう。ブレインストーミング中に出たアイデアのなかには、まったく現実的ではないものや、技術が高度すぎる、コストがかかる、またはいま実行するのが難しいものもあるだろうが、それで構わない。ここまでの活動では好機を見つけることに注力してきたし、そのおかげで、社内でデータを有効に使えそうな場所と方法を見出す力が養われた。

　次のステップは、実際に業務に適用できそうなデータ活用計画の最終候補リストをつくることだ。データドリブンな組織を目指す多数のクライアント企業と長年仕事をしてきた経験からいうと、企業の戦略目標にしっかりと結びついた活用計画を最小限まで絞り込んだうえで取り組む企業が、大きな成功につながるデータ戦略を完成させられる傾向にある。実行する計画の数が多すぎると、管理する値の多さと、プロジェクトに関与する関係者数の多さから、すぐに手に負えなくなる可能性が高い。特に組織が全員一致でデジタル・トランスフォーメーションを支持しているわけではない場合、プロジェクト自体が持つ戦術面や戦略面の欠陥よりも、プロジェクトへの関与の薄さや理解のなさが原因となって失敗に至ることもある。

　データ関連のプロジェクトを同時にたくさん実行しようとすると、何が何に影響を及ぼしているのかを判別しづらいというリス

クもある。ひとつのプロジェクトが別のプロジェクトの基準や KPIにも影響を及ぼす状態に陥りやすく、期待したとおりの要因で変化が起きているのか、それともまったく関係のない要素のせいで変化が起きているのか、見分けがつかなくなるだろう。

　最終候補リストに残った活用計画を複数部門に展開するべきかも、組織や部門によるところが大きい——文化が大きく効いてくるのだ。この取り組みの初めに考えた活用計画案には、製造、営業、マーケティング、流通、人事など複数の部門にまたがるものもあったのではないだろうか。ならば、複数部門にまたがる案を最終候補に残しても良いだろう。反対に、1つか2つの部門に的を絞った案のほうが適している場合もある。いちばん大きな利益を見込める部門であること、またはデータとテクノロジーの使用についてすでに割と成熟した部門であること、などが決め手となるだろう。活用計画責任者として格別に能力を発揮しそうな人がいるので、プロジェクトがスムーズに進むと確信できる、という決め手もありだ。初めてのデータ戦略を展開する部門を決めるにあたり、文化面の適合性は本当に重要だ。ここで間違えると、せっかくの有望なアイデアをいくつも破滅に追いやってしまう。

　組織の規模と、データの戦略的使用の初期段階にかけられる予算にもよるが、「大規模トランスフォーメーション」型の計画がだいたい1〜5つ、「クイック・ウィン」型が1〜3つあるくらいが私は良いと思う。この両タイプを用意することが重要だ。「クイック・ウィン」型はデータ戦略に対する社内からの信頼をすばやく獲得するために、「大規模トランスフォーメーション」型は長期的な利益と価値を示すために必要である。

データ戦略を策定する

　初めてのデータ戦略の枠組みとなる活用計画を、現時点で2〜5つ——それなりの規模とリソースを持つ組織にいるなら最大8つ——挙げられただろうか。いずれも事業目標に沿う内容にして、それぞれの目的、責任者、データ利用者、データ要件、テクノロジー要件、スキル要件を明確に理解する必要がある。

　ここまでは、各活用計画について個別に考えてきたが、ここからは統一感あるデータ戦略を構築していく。戦略全体をひとつのまとまりとして考えると、相乗効果が生まれ、いっそう能率を上げられるはずだ。

　そのために、まずはこの本の巻末付録「データ戦略テンプレート」に沿って考えていくことをおすすめする。

　テンプレートを見るとわかるように、先ほどすでに考えたデータ要件、データガバナンス、テクノロジー、スキル、計画実行に関する問いに、もう一度答えていく。ただし今回は、それぞれの要素が戦略全体に影響を及ぼすという見方をしてみる。つまり、実施する活用計画すべてに対する影響を考慮するのだ。

　すべての活用計画をまとめて考えることで、非常に効率良い戦略を構築できるようになる。特定の業務向けのデータ変革用プラットフォームやツールは、たいてい別の業務にも応用できる。同じように、データ関連の規制事項は、データをマーケティング

に使うときにもカスタマーサービスに使うときにも応用できる。

　ガバナンスに関してもまさに同じことがいえる。ガバナンスもすべての活用計画に共通で適用されるものだ。すべての活用計画をひとつのプロジェクトとみなして要件をまとめることは、企業全体のデータガバナンスポリシーの基盤——データ戦略に欠かせない要素だ——を築く第一歩になる。同じように、複数の活用計画にまたがるテクノロジー面の問題や課題、展開について考えることが、データテクノロジー戦略のとっかかりになる。すべての活用計画を実現するのに必要なスキルを特定できれば、それがデータスキル戦略の一歩目となるのだ。

　このタイミングで、予算編成についても考えなくてはならない。データドリブンへの変革資金の大半をひとつの活用計画で食い潰してしまうようでは、ほかの活用計画をすべて実行するのは難しくなるかもしれない。よって、活用計画ごとに予算を組むのではなく、全計画をひとつのかたまりと見て予算編成したほうが良い。

　全体予算を組むねらいは、統一データ戦略が最初の活用計画を実現へと導くだけで終わらずに、今後続くたくさんの画期的なプロジェクトや計画の土台となるようにするには、どう構築すべきかを意識することだ。そのためにも、データ戦略を事業戦略と現実的な要件（投資から最大の価値を引き出す、法を遵守するなど）の両方と緊密に連携させやすいトップダウン（全体から始まり細部に至る）方式で、データ、テクノロジー、ガバナンス、スキル、実行のすべてを管理する必要がある。これから自社が成長し、自

信を獲得し、リソースも増えていくなかで会社がどこに向かうことになるとしても、こうした初期の活用計画への取り組みは、大切な基盤となるはずだ。

　次からの5章分で、さらに深く吟味するべき領域をひとつずつ見ていく。その領域の課題に見事に対処した事例もあわせて紹介する。

第10章

データのソース選びと収集

データ戦略の策定と実践

　データを使って何をするかを決めたら、次はデータのソース（調達元）選びと収集に入る。たとえば、意思決定プロセスの改善にデータを使いたいとして、第3章の「鍵となる質問」を決めたとする。次は、その質問に答えるためのデータを集めなくてはならない。

　過去とは比べものにならないくらい大量のデータに手が届く時代になった。ならば、データ戦略実行も朝飯前のはずだ——知りたい情報は何でもどこかに存在しているのだから。たしかにそうなのだが、その情報を探しあてるのはそう単純な作業ではない。データを見つけられたとしても、自社で分析できる形に整えてインサイトを引き出すまでには、たくさんの課題が立ちはだかる。

　手が届くデータのうち、かなり多くが「ダークデータ」だ。存

在するとはわかるものの、企業側の能力不足のせいで分類したり分析したりできないデータを指す言葉である。データから価値を引き出す方法がわからないというケース——動画のアーカイブを大量に持っているが、デジタル化し、コンピュータビジョンを使って分析する能力が組織にないなど——もあれば、物理的な保管用デバイスにデータが閉じこめられているケース——法的機関や会計組織が細心の注意を払ってハードコピーファイルを何十年間も保管庫にしまい込んできたなど——もある。データを解読する術さえあれば、自社商品がどのように使われているか、リピーターを増やすにはどうすれば良いかが、顧客のソーシャルメディア投稿からわかるのに……なんてケースもあるだろう。

「ダークデータ」は、「存在することはわかっても正体を正確に突き止められない」という意味で物理学者が使う「ダークマター（暗黒物質）」という言葉からきている。物理（ダークマター）の場合にも、ビジネス（ダークデータ）の場合にも、この存在はしている「何か」が現実世界に影響を与える。だから、私たちは持てる能力を尽くしてその存在の構成をモデル化し、可能であれば、その「何か」が及ぼす作用を視覚化するのだ。同時に、その「何か」から得られるインサイトをいつか完全に理解できるようになるために、私たちはダークデータの理解を深めようとしている。物理学者は、素粒子を光の速度近くまで加速させ、極端な条件下での動きを観測することで、素粒子をより深く理解しようとする。データ・サイエンティストも実はこれと似たことをしている。ダークデータの解明を助ける何かを見つけられるという望みを胸に、大量のデータをAIと機械学習アルゴリズムに投入して、あらゆる角度から研究するのだ。

別の章でも登場したが、創業70年となるデータ保管・管理サービス企業Iron Mountainは、「ダークデータ」から価値を引き出すサービスも提供している。同社の広大な保管用スペースは、顧客が安全性を求めて持ち込む書類や記録文書でいっぱいだ。こうした文書からデータを引き出して、デジタル分析用に構造化するサービスを行っている。内容と文脈（どんな文書か）の両方を抽出できるコンピュータビジョンと自然言語アルゴリズムを使って、紙の上の文字をスキャンするのだ。このおかげで、たとえば保険会社は、できる限り情報に基づいた判断をするために過去の医療保険請求の記録を何年分もさかのぼって見られるようになる。

　企業のデータ収集方法については、すでにたくさんの事例をこの本で紹介してきた。顧客の購入記録をサイトの閲覧記録と組み合わせて見ているAmazonや、トラクターや収穫機に取りつけたセンサーで顧客の農場からデータセットを集めるJohn Deereなどだ。データを入手、収集する方法は、IoTに接続して現実世界の活動をデジタルに変換し、記録するやり方から、ありとあらゆるデータが揃っている外部データセットを購入するやり方まで、多岐にわたる。この章では、その多様な方法をひとつずつ解説していく。スマート化の進んだ最先端の企業は、このプロセスを可能な限り自動化しているはずだ。データの収集と入力はほとんどの場合、人間にとっては退屈な仕事である。もっと効率の良い手段で代替できるはずという考え方を常に持とう。

　収集方法を探る前に知っておいてほしいのは、ある種類のデータがほかの種類のデータよりも本質的に優れているなんてことはありえない、ということだ。データを戦略的に使うには、自社と

活用計画にとって最も役に立つデータを見つけられるかが重要であり、そのデータは他社や別の活用計画で重宝されるデータとは異なる可能性が高い。膨大な量のデータがあふれかえるいま、成功の秘訣は、自分が成し遂げたいことにとっていちばん価値あるデータはどれかを、正確かつ具体的に突き止めることだ。データ戦略の観点からいうなら、戦略目標の達成に役立つ理想のデータセットとは何かを説明できる必要がある。もし幸運にも、要件にあてはまるデータセットが手の届く範囲に複数あるなら、どのデータにどれだけ楽にアクセスできるか、費用対効果はどうか、という観点で選択すると良いだろう。たとえば、ソーシャルメディアの投稿やコールセンターのログのようなとっちらかった非構造化データセットから顧客行動データを抽出しようと、お高い機械学習プロジェクトを展開したものの、実はWebサイトのクリックストリームデータ（ユーザのサイト内移動の軌跡）からまったく同じインサイトをずっと楽に入手できた、なんて結果は望まないはずだ。

　次のセクションでデータのさまざまなタイプを詳しく見ていく。なお、構造化データは一般的には最も分析しやすいといわれるが、だからといって最も収集しやすいわけではない。世界はきっちりと構造化された場所ではないからだ。一方で非構造化データ——画像、動画、テキストに音声——はそこら中にあるので安くスピーディーに収集できるが、仕事に使うとなると構造化データよりも難易度が（コストも）高い。

　データセット内にあるデータが多いほど、そして種類が豊富であるほど、データを使って描く絵は完全形に近くなる。そして、

そのデータを使って調教したシミュレーションやモデルはより現実に近くなる。私の経験上、構造化データと非構造化データの組み合わせ、内部データと外部データの組み合わせから、価値あるインサイトが得られやすい。戦略目標を達成するには、社内の構造化データ（売上記録など）と社外の構造化データ（たとえば購入者の人口統計データ）、そして社内の非構造化データ（お客様の声）と社外の非構造化データ（ソーシャルメディアのログ）を混ぜるべきかもしれない。独立した異質なデータセット同士をひとつに合わせることで初めて、ビジネスのさまざまな要素——顧客や社内プロセスなど——のあいだの新たなつながりや関係性が見えてくる。そこから何よりも価値の高いインサイトを得られる可能性が高いのだ。

こんないい方もできる。もしデータセット内の浅い場所に価値ある情報があり、有益なインサイトを単純な分析方法で楽に取り出せたとしたら、それはきっと初めて見つかるインサイトではない。効率アップには役立つかもしれないが、競争優位性にはならないだろう。

必要なデータがわかったら、次のステップはどうやってそれを手に入れるかだ。内部データなら、センサー、録画、GPS、電話信号、IoTデバイス、ネットワークトラフィック、近距離無線通信（NFC）ビーコン、顧客アンケート、Webサイトのユーザ分析プラットフォームなどで収集できる。外部データなら、ソーシャルメディア分析ツールを試したり、専門ツールを使ってサードパーティのマーケティングデータベース、人口統計データ、選挙人名簿、気象データ、経済データ、報道内容、衛星画像などにア

クセスし、高速処理したりもできるだろう。どのツールを選ぶか
は戦略目標によるが、この章の後半で、広く使われている優秀な
ツールをいくつか紹介する。

　データを収集するタイミングについても考えなければならな
い。それは、すぐに行動に移せるようリアルタイムで収集するべ
きデータだろうか？　店舗の前を通る見込み顧客を電話信号から
検知して、入店を誘うメッセージを送る、などの計画であればそ
うだろう。リアルタイムデータを取得すると、「マイクロモーメン
ト」に合わせた行動がとれる。マイクロモーメントとは、たとえ
ば人が「何か食べようかな」と考える可能性がいちばん高まる時
間帯に、あなたが経営するレストランの付近を見込み顧客が通り
かかった、というような瞬間的な好機である。一方で、リアルタ
イムではなく、日次、週次、月次などで収集すれば良いデータも
ある。たとえば、メールアドレスを収集してターゲティングメー
ルを送信する場合だ。データ収集のタイミングに関しては、経験
則は通じない。ここでも、自社の戦略目標を軸にする必要がある。

データの種類を理解する

　データ収集は何も新しい活動ではない。企業は昔からたくさん
のデータを保有してきた（取引記録、人事資料、新聞のアーカイ
ブ、ハンサード［イギリス議会の議事録］やアメリカ議会図書館
などの政府機関の記録など）。だが最近まで、本当に業務に使用で
きるデータは、基本的には、スプレッドシートやデータベースに
収められた照会しやすい構造化データだけだった。だが、イン

ターネット、AI、クラウドコンピューティングなどの進歩によって非構造化データも徐々に扱えるようになり、価値を引き出せるようになってきた。以前は「ダークデータ」とみなされたデータが、分析技術の進歩により取得・分析可能になってきたという見方もできる。現代では、通りを歩く、車に乗る、買い物をするなど日常のあらゆる活動が、収集可能なデータを生成する。スマートフォンはほかのデバイスと通りすがりに信号を交わし、車はGPSを介してデータを共有したり、メーカーや保険会社にデータを転送したりし、販売処理システムは誰がいくら費やして購入したかのデータを取得する。企業はこうしたデータソースから好きなものを使って、ビジネスのやり方を改善できる。次のセクションでは、データを分類するカテゴリーをいくつか見ていこう。ここからは、カテゴリーごとに収集方法や活用方法が異なるからだ。よく理解しておけば、自社に必要なデータがわかったときにデータの種類に合わせて取り組み方を変えることができるだろう。

構造化データとは

　構造化データとは、一般的にはデータベースやスプレッドシートなどといった、明確な記録やファイル内の固定フィールドに存在するデータや情報を指す。要は、あらかじめ決められた形式（主に行と列）に整理されたデータである。構造化データには、データの構成の規則や枠組みを定義する「スキーマ」（「shape」という意味のギリシャ語から来ている）がある。同じデータセット内のデータ同士は必ず直接比較できるというのがスキーマの基本的な考え方だ。構造化データは通常、1970年代に開発されたSQL（Structured Query Language）という、リレーショナルデータ

ベース管理システム（RDBMS）内でデータの照会を行うための
プログラミング言語を使って管理される。スマートなAIアルゴ
リズムを使用するわけではなく、「もし○○したら××する」の単
純なロジックで成り立っている。構造化データにはこれで十分な
のだ。データセットをコンピュータが理解できるコードにするた
めに必要な情報はすべて、スキーマのなかにあるからだ。

　たいていの企業は、かなりの量の構造化データを入手できるは
ずだ。一般的なものを挙げると、顧客データ、売上データ、取引
記録、経理データ、Webサイト訪問者数、それからさまざまな機
械のデータポイント（たとえば、冷蔵貯蔵施設の温度ログ）など。
企業によっては、走行マイル数のログ、品質管理のモニタリング
記録、棚卸データなども含まれるだろう。現時点では、分析に
よってビジネスインサイトを引き出す際に最大の情報源となるの
が構造化データだ——ただし、それは変わりつつある。

　非構造化データ（あとで詳しく見る）の刺激に満ちた世界と比
べたら、構造化データは不当に低く評価されることが多い。理由
はわかる。（いまのところ）いちばんよく使われるタイプのデータ
であるにもかかわらず、構造化データは世界中にあるデータのわ
ずか20％で、残りの80％は非構造化データなのだ。いま以上にカ
メラが全世界に普及し、人とのやりとりや活動がインターネット
上で行われるようになれば、非構造化データの割合はさらに増え
るだろう。非構造化データにはまだ日の目を見ていない価値が大
量に眠っているといわれるのは、こうした理由からだ。

　構造化データの別のデメリットは、非構造化データと比べて

「多彩」ではない点だ。いま起きていることについて限られた説明しかできない。よって、構造化データとあわせて別のデータソースも使ったほうが、インサイトを深められ、新しい価値を引き出せる可能性も上がるので賢明だとされる。構造化データはたとえば、Webサイトへのアクセス数が先月は25％落ちたと教えてくれる。ありがたい情報だが、でもなぜ落ちたのだろう？　ここでソーシャルメディアの投稿を見れば、Webサイトの読み込みが遅いので閲覧者は待てずに別のサイトに移る、というところまでわかるかもしれない。投稿は非構造化データだ。見逃してしまったら、これまでのシステムではこの重要な情報を拾い上げられない。それを避けるには非構造化データに対応したシステムを構築する必要がある。

構造化データには、大きなメリットもある。基本的には安く使えて保管しやすく、シンプルなツールで簡単に分析できる。もちろん、構造化データがあまりにも大量だったり変化が激しいものだったりするなら、高度な分析ツールを使ったほうが良い。最先端の構造化データ高速処理アプリケーションは、すばらしく強力で高性能だ。たとえばWalmartの取引・顧客データベースは、毎時2.5ペタバイト以上の構造化データを毎日消化する。Walmartは顧客の構造化データ（特に誰がいつどこで購入したか）をさまざまなソース（社内の在庫管理履歴など）と組み合わせて、顧客ひとりひとりに合わせてカスタマイズした販売促進活動を用意している。

あなたの会社に2.5ペタバイトの構造化データなんてない（たいていの企業にはない）としても、構造化データはインサイトを

集める起点として申し分ない。だからこそ、構造化データをすべてまとめて軽視するのは誤りだと私は思う。ビジネスに役立つ要素をたくさん含んでいるし、非構造化データと組み合わせればなおさら有用なのだから。

非構造化データと半構造化データ

　非構造化データは、標準的な構造化された形式やデータベースにきっちりと収まらないデータすべてを指す。たとえばメールのやりとり、Webサイト上のテキスト、ソーシャルメディアの投稿、動画コンテンツ、写真、録音した音声などだ。ご想像どおり、大量の文字からなるものが多いが、日付や数字、画像など別のタイプのデータを含む場合もある。比較的最近まで、データベースやスプレッドシートの形にできないものは、捨てられるか、紙やマイクロフィルム、スキャンしたファイルなど簡単には分析できない形で保管されていた。保管できる容量の飛躍的な増加と、非構造化データにタグづけして分類できる機能のおかげで、そして当然、分析ツールの進歩（第12章で詳しく述べる）もあって、いまは非構造化データを活用できる機会が増えつつある。

　コンピュータビジョンや自然言語処理などのAIや機械学習技術は、厳密には非構造化データを処理しているとはいえない。非構造化データを取り込んで構造化データに変換しているのだ。そのデータからわかる部分を頼りに、構造とスキーマをあてはめていく。そうすれば、従来のプログラムされた手法で分析し、解釈できるようになる。

半構造化データは、非構造化データと構造化データの中間にあたる。分析に使える構造（タグやマーカー）をいくらか持っているが、データベースやスプレッドシートのような厳格な構造は持たない。たとえばツイートなら、投稿者、日付、時間、長さ、そこに込められた感情などでカテゴリー分けできるが、ツイートの内容自体は通常、構造化されていない。最近はツイート内のテキストを自動で分析することもできるが、この場合は従来の分析手法は使わない。感情分析に対応したツールなど、専門的なテキスト分析ツールが必要となる。自然言語処理を使ってテキストの裏にある「気持ち」——投稿者が嬉しいのか、悲しいのか、いら立っているのか、心配しているのか、面白がっているのかなど——を判断する手法だ。感情分析アルゴリズムは、非構造化データであるツイート内のテキストを処理し、メタデータを付与できる。このメタデータが、顧客のソーシャルメディア上の動きを理解したい企業にとって非常に有益な情報となる。研究者がTwitterを使って行った感情分析では、産後うつ病の発症リスクの高い女性を予測することに成功した。投稿内容を分析し、数週間以内に出産することを示す言葉を見つける。投稿に悲しみを暗示するネガティブないいまわしや単語が含まれること、「私」など一人称が多く使われることが、産後うつ病へのかかりやすさの指標となることに研究者は気づいた。この分析により、投稿者のうつ病傾向の有無を表す指標が投稿にタグづけされる。いい方を換えれば、投稿にメタデータとして構造が付与される。

　非構造化データの最大のデメリットは、お気づきかもしれないが、専用のソフトウェアやシステムが必要なほど散らかった複雑な状態であることだ。コストがかかるという側面もある。非構造

化データは構造化データよりも容量が大きくなりがちなので、大きくて高性能なストレージが必要になるからだ。

それなら非構造化データは使わない、とは思わないでほしい。データがビジネスにもたらす未知の価値が非構造化データには豊富に含まれていると、私は強く主張したい。ただ単に、自社は何を成し遂げたいのか、そのためにどんなデータが必要なのかを明確にすることが重要なのだ。

いわずもがなだが、非構造化データと半構造化データの大きな強みは、世界に存在する量が多いことと、描写と内容が豊かであることである。自然言語で構築された文章は、大きな構造化データセットから引き出した重要なインサイトを、余すことなく伝達できる。たとえば、F1で最多優勝回数を誇るドライバーを知りたいとする。知識ゼロの状態でこれを構造化データから引き出すには、世界選手権で優勝したことのあるドライバーひとりひとりの記録を分析していかなければならないだろう。

非構造化データから同じ答えを得るには、単純にGoogleなどの検索エンジンに問いを打ち込めば、ニュースを始めとした自然言語ソースのなかから該当する情報が表示される。非構造化データを使うとき、裏では複雑な演算が行われるが、データ利用者（私たち）からしてみれば、明快でわかりやすい形になった答えをただ受け取れば良いだけだ。

非構造化データをずっと簡単にビジネスに取り入れられる仕組みの例を、もうひとつ挙げよう。毛糸玉で遊んでいる猫の動画が

あるとする。数年前なら、この動画を（たとえば検索結果に表示させる目的で）カテゴリー分けするとしたら、誰かが動画を見て該当する単語でタグづけ（猫、可愛い、ボール、笑える、など）する必要があった。そうすれば、笑える動画や可愛い猫の動画を探す人が楽に動画にたどり着けた。いまは、アルゴリズムで自動的にカテゴリー分けできる。つまり、コンピュータが動画を見て何が映っているかを自動で検知し（顔認識ソフトウェアのおかげで誰が映っているかまでわかるかもしれない）、自動でタグを生成する。さまざまなブランドが、この技術を日々のマーケティング活動に取り入れ始めている。会議運営の仕事をしている私の友人が、ある日、著名な電機メーカーの会議を受け持った。会議が始まる直前に友人は、最初の登壇者がメインステージ上でスタンバイしている写真をTwitterに投稿した。ステージの奥の看板に描かれたメーカーの社名とロゴも写り込んでいたが、友人は特にハッシュタグを使ったりメーカーのアカウントにメンションしたりはしなかった。ではなぜ、会議の翌週にそのメーカーのターゲティング広告が友人のスマートフォンに現れ続けたのだろう？それは、友人がそのメーカーについて言及したと、メーカーが認識したからだ。分析ソフトウェアを使って、ソーシャルメディアの投稿や写真などの非構造化データから自社や自社製品に関するあらゆる要素を抜き出すことができたのだ。

内部データとは

内部データとは、企業が現在保有しているデータ、もしくは自力で収集できる見込みのあるデータすべてを指す。特定の形式（顧客データベースや取引記録など）で構築されるデータもあれ

ば、構造化されていないデータ（カスタマーサービスの電話の会話データ、従業員との面談のフィードバックなど）もある。会社が所有する、従業員の個人データや固有データもそうだ。そのデータのアクセス権を管理できるのは会社だけ。内部データの種類は豊富にあるが、ごく一般的なものを挙げるだけでも、売上データ、経理データ、人事データ、カスタマーサービス記録、在庫管理データ、監視カメラの動画データ、自社の機械や車両につけたセンサーのデータ、自社サイトのデータ（訪問者数、クリック率など）がある。

内部データのマイナスの面は、そのデータを管理し、保護する責任がともなうことだ。コストがかかるし、特に個人データの場合には遵守しなければならない厳格な法的要件もある。なお、外部データを購入した場合は、データ提供側がこの責任を負ってくれる。また別のマイナス面は、内部データだけでは戦略目標を達成するのに十分な情報を得られず、外部データで補わなければならない可能性があることだ。構造化データと非構造化データを組み合わせると現状をより正確に把握できるのと同じように、最高のインサイトを引き出すにはたいてい、内部データと外部データを組み合わせる必要がある。

内部データのプラスの面は、基本的には安くまたは無料で入手できるので、データ活用の出発点に適していることだ。また、自社のデータなのでアクセス権について考えなくて良い。気まぐれに値上げしたりアクセスを打ち切ったりしかねないサードパーティにも振り回されずに済む。事業に必要不可欠な情報は特に、アクセスと所有権関連の問題を軽視してはいけない。もうひとつ

プラスの面として、内部データはすでに自社や業界に適した形になっており、欲しい値が含まれている。よって、分析結果の質を上げるために外部データを足すことになったとしても、内部データと同じように扱うことはできない。

内部データのすばらしい活用事例に、第4章で取り上げたNetflixの件がある。コンテンツクリエイターとしてのNetflixのコンテンツ戦略は、内部データが確固たる柱となっている。社内の顧客データに基づくアルゴリズムでヒット作品の要素を特定し、それを踏まえてドラマシリーズ『ハウス・オブ・カード 野望の階段』2シーズン分を迷いなく一挙に制作した。社内データからゆるぎないユーザインサイトを掘り出すNetflixの能力は、着実な成果につながっている。

外部データとは

外部データとは、組織の外側に無限に存在する情報だ。誰でも使用できる公式なもの（自治体のデータなど）もあれば、Amazonなどのサードパーティが所有する非公式なものもあり、構造化データも非構造化データもある。具体的には、ソーシャルメディアのデータ、Googleトレンドのデータ、国税調査データ、経済データ、衛星画像（自社で衛星を所有していない場合）、気象データなどだ。すぐに使用できるデータセットが無数にあるが、もっとニーズに合うものが欲しい場合はサードパーティプロバイダーに料金を払ってデータを収集してもらうこともできる。

外部データのわかりやすいマイナス面は、自社が保有するデー

タではないため使用するたびに支払いが発生することが多い点だ。外部のソースに依存することにもなるので、自社の主要な業務部門にとって絶対に欠くことのできないデータの場合はリスクも高い。外部データを使用するリスクとコストを評価し、そのデータを取得しない場合のリスクとコストと天秤にかける必要があるだろう。わざわざ自力でデータを生成する必要はあるだろうか？　そのデータを使わないとなると業務に支障が出るだろうか？　戦略目標の達成が阻まれるだろうか？　総合的に考えた結果、メリットがリスクを大きく上回るかもしれない。

　外部データには、大きなメリットもある。WalmartやAmazonのような企業は、膨大な量の内部データを自力で生成して管理できるだけの能力、インフラ、予算を持っている。すばらしいことだ。だが多くの一般企業にとっては、それだけの量の内部データを保有して自由に使うなどは、夢のまた夢。でも外部データのおかげで、データにアクセスしてインサイトを引き出すという選択肢を持つことができる。毎日データを保管し、管理し、保護するという面倒な業務を負うことなしにだ。中小企業にとっては、このうえなく便利な存在である。

｜　　　　比較的新しいタイプのデータ　　　｜

　私たちが残すデジタルの足跡の量が増え続けているということは、新しいタイプのデータが続々と生まれているということだ。最近収集が可能になったデータには、比較的新しいもの（ソーシャルメディアの行動データ）もあれば、データは昔から存在す

るが最近分析できるようになったもの（カスタマーサービスの電話の会話記録など）もある。

　このセクションでは、企業が比較的最近使えるようになったデータの種類に注目したい。アクティビティデータ、会話データ、画像・動画データ、位置データ、衛星画像、センサーから取得するデータなどだ。ここで登場するどのデータも必ず、構造化データ、非構造化データ、半構造化データのいずれかに分類できること、そしてほとんどが内部データと外部データに分類できることを明記しておく。ここではその分類をせずに純粋にデータの種類ごとに解説するが、それはどのタイプもビジネスにおけるデータと分析の大きな飛躍の一端を担っているからだ。どのようなデータ戦略においても検討する価値のあるデータである。

アクティビティデータ

　アクティビティデータとは、インターネット上または現実世界での人間の行動や活動を、コンピュータ上に記録したものを指す。私が今日デスクについてこの章を書き始めるまでにとった行動のうちほとんどが、収集、分析可能な何かしらのデジタル足跡を残している。電話の受発信はデータを生み、誰と通話するかによっては（たとえば銀行やカスタマーサービス部門にかけた場合）実際の通話内容まで記録、分析されることもある。妻へのプレゼントを買うと、取引データが生まれる。何をプレゼントしようかとネットサーフィンをしただけでも、どこからインターネットにアクセスして、どのWebサイトを訪問し、サイト内をどのように動き、どんな商品に興味を引かれ、サイトにどのくらい長く

とどまったかまで、足跡がまるごとデータになる。Facebookで「いいね」したもの、LinkedInやTwitterでシェアしたものもすべて足跡として残る。スマートフォンとノートパソコンの電源を落として外に走りに行ったとしても、フィットネストラッカーが私の行動経路と走った距離、消費したカロリー数を追跡する。地域の監視カメラも、お気に入りのランニングコースを走る私の姿を幾度も捉えるだろう。もし私がApple Watchの最新モデルを身につけていたら、身体を走る電気信号さえも計測管理されるのだ。

　想像できると思うが、途方もない量のアクティビティデータがあると、具体的に何を収集するべきかを決めるのが難しくなる。戦略目標に頻繁に立ち戻ることで最適なアクティビティデータに的を絞りやすくはなるが、アクティビティデータが秘める魅力的な可能性の数々に引きずられないようにするのは、なかなか難しい。

　アクティビティデータの良い面は、顧客本人の口から聞いたり自社で予測したりしてバイアスのかかったデータとは異なり、事実を知ることができるところだ。製品開発やサービス開発には不可欠の情報となりうる。実質すべての行動から生成されるデータの量は日に日に増しているので、無限といえるほどのデータがビジネスの場に供給されている。何よりもありがたいことに、アクティビティデータは通常、顧客側で自己生成されるので、業務の量を最低限に抑えることができる。

会話データ

　会話データは、電話口で実際に発した言葉だけにとどまらな

い。携帯電話のショートメッセージ（SMS）やインスタントメッセージから、メール、ブログのコメント、ソーシャルメディアの投稿まで、あらゆる形式の会話が対象となる。

　会話データがビジネスに非常に役立つ可能性が高いのは、顧客やクライアント、従業員、サプライヤーなどの満足度を測れるからだ。会話からは内容（何を話したか）と文脈（いつ、どのように、どこで話したか）を取り出すことができ、これを用いて感情分析を実行できる。いい換えれば、会話で使われた単語から、事の成り行きと話者の気分を知ることができる。話者の声に現れるストレスレベルを見れば、顧客や従業員がどの程度腹を立てているか、いら立っているかを割り出せるばかりか、本音を話しているかどうかさえ判断できてしまう。

　あたり前のことだが、会話を録音する計画を立てる際には、該当する国の法律上の問題がないか注意する必要がある。基本的には、顧客や従業員の会話をただ何となく録音してはいけない。録音できるのは、業務に関係のある会話だけだ。また、録音する旨を当事者に知らせ、会話に参加しないという選択肢を与える必要もある。もうひとつ、会話データは非構造化データであるため分析に労力とコストがかかることも忘れてはならない。

　なお、会話データの良い面は、リアルタイムで顧客の正確な情報、つまりブランドや商品、サービスについて、顧客が本当はどう考え、感じているかをキャッチできるところである。

画像・動画データ

　人間がスマートフォンにますます傾倒し、（特にイギリスでは）監視カメラがますますあたり前のものになったことで、画像・動画データが急増している。以前は、店舗や保管庫をセキュリティ目的で録画していた企業はあったが、その録画内容が長期間保管されることはなかった。1週間程度でテープは再利用され、新しい録画で上書きされた。現代では、データを使いこなす店舗は監視カメラのデータをすべて保管し、分析して、人々が店内をどのように移動し、どこで立ち止まり、何をどのくらいの時間見たかを割り出す。売場のレイアウトを最適化したり、売上を増やしたりするのに役立つアクティビティデータを取り出すのだ。画像・動画データは産業分野や製造プロセスでも用いられ、品質管理や機械の動作の監視に役立っている。また、自動運転車や自律走行する乗り物は、動画データをさまざまな目的——たとえば、危険な場所を避けて通ったり、移動中に地面の状態を観察・記録したり——に使うそうだ。

　画像データのなかでも年々、価値を引き出しやすくなっているのが、衛星画像のデータだ。新しい衛星の打ち上げに数百億ドル規模の資金がつぎ込まれていることからも、衛星画像データを入手しやすくなっていることがわかる。現在では農業分野で収穫量を把握したり、建設業界で洪水や地面の崩落、その他危険な事象が起こりがちなエリアを特定したりするのに使われている。衛星画像解析を行うイギリスの企業Geospatial Insightは、衛星画像を使ってショッピングセンター付近の交通状況と人の動きに関するデータを取得している。人がどのように移動して施設を利用する

かを知ることが目的だ。

　画像・動画データはストレージの容量を消費するので、保管と管理にコストがかかる。だからこそ、このタイプのデータを収集、保管するなら、重要かつ明確なビジネスニーズが確実にあるかを確認する必要がある。ただし、普段の業務ですでにこのタイプのデータを収集していて（セキュリティ用に映像を録画しているなど）ほかの使い道を探すのなら、コストの心配はいらないだろう。

センサーからのデータ

　この本を通して見てきたとおり、製品に組み込まれたセンサーから驚くほど多くのデータが生成され、送信されるようになった。スマートフォンひとつとっても、GPSセンサー、加速度センサー（スマホがどのくらいの速度で移動したかを計測する）、ジャイロスコープ（方向を測定し、画面の向きの調整に使用する）、近接センサー（スマホと他人、場所、物体との距離を計測する）、環境センサー（画面のバックライト調節に使用する）、近距離無線通信（NFC）センサー（支払端末にスマホをかざして支払いを完了できる仕組み）などが搭載されている。

　センサーから得るデータで問題となるのは、データ単体では文脈がわからないことだ。革新的な変化をもたらす情報を得るには、基本はほかのデータセットと組み合わせて使わなければならない。一方で、データが自動生成されるところがメリットであり、本当に大きな魅力でもある。スマートフォンなどのデバイスにはすでにセンサーが組み込まれていることが多いので、すぐに活用

を開始できる（デリバリー会社が配達員の配送ルートを追跡するなど）。

｜ー　　　　　内部データを収集する　　　　　ー｜

　どんなデータが必要かがわかると同時に、その一部が実は身近にあったことに気づくかもしれない。必要なデータが社内にすでに存在するのか、それともシステム、製品、顧客、従業員などから収集して自力で生成できるのかを判断しよう。さまざまなアプリやソフトウェアを始め、あらゆるデジタルプロセスを通してデータを収集できる時代だ。いってしまえば、事業経営に関して監視、分析できない部分などはほとんどない。

　どこで会話が行われているとしても、会話データを収集する手はある。電話販売の部署やカスタマーサービス部門を持っていて、顧客が商品を購入したり注文の配送について確認したりするために電話をかけてくるなら、そこでの会話を録音して内容と感情を分析し、有益なインサイトを得ると良いだろう。社内の文書やメール、または顧客からのメールからは、テキストベースの会話データを抽出できる。

　アンケートやフォーカスグループ、顧客からの製品評価を通して、または顧客が何かに登録したタイミングで詳細なデータを引き出して、自社独自のデータを生成できる。また、販売促進キャンペーンなどの手段でデータ収集を試み、結果から得たインサイトを基にパラメータを調整する手もある。

画像・動画データは、デジタルカメラを使うだけで入手できる。取引データもまた、企業にとっては豊かな情報源だ。顧客が何をいつ買ったかがわかるうえ、どのデータを収集するかにもよるが、商品がどこで購入されたか、顧客はどのようにして製品を知ったか、広告を利用したかなども知ることができる。基本的な取引記録だけでもあれば、販売の成果を測定し、在庫水準を監視し、発注（または製造）するべき商品を予測するのに非常に役立つ。とはいえ、取引記録だけでなく、会社の経理データ全体を活用できると理想的だ。経理データには、キャッシュフローを予測したり、投資やその他長期的なビジネスの意思決定の材料にしたりなど、たくさんの使い道がある。ほかのデータと組み合わせると、特に大きな成果を見込めるのだ。たとえば、社内の経理データを業界トレンドや経済全般情報などの社外データと組み合わせて見てみる。すると、自分の手の及ばない外的要素が自社の収益にどのような影響を与えているかを読み解くことができ、計画策定や予測がより効率的になるだろう。

データの収集には、第5章と第6章で解説したとおり、スマート製品やスマートサービスが役に立つことを忘れてはいけない。これに関しては特にセンサーの寄与が大きい。最近は、製造設備から店舗の扉、テニスラケットまで、ほぼどんなものにもセンサーを組み込むことができる。センサーは小さく、値段も手頃で、製品に楽につけ足せる。たとえばスウェーデンの自動車メーカーVolvoは、運転者と歩行者の両方にメリットのある、使いやすい車づくりに取り組んでいる。一例として、アプリケーションや便利機能の使用状況をモニタリングし、顧客がどれをよく使っているか、活用されていなかったり無視されていたりする機能はどれ

かを突き止めている。メディアストリーミングサービスと接続できるエンターテインメント機能のほか、GPS、交通事故状況の通知、駐車位置表示、気象情報などの実用的なツールもその対象だ。

内部データは宝の山であり、良いデータ戦略に欠かせない要素である。全体像をしっかりと把握するには外部データと組み合わせる必要があるとしても、すでに持っている（または取得できると思われる）データも2つと同じものがないのだから、その価値を見過ごしてはいけない。

外部データを利用する

結果を出せる革新的なデータプロジェクトでは、新鮮な内部データと社外にすでに存在する外部データを組み合わせて使っている傾向がある。データを必需品とみなす企業が増えるにつれ、実質どんな企業でもデータを買い、売り、交換できる市場が現れつつある（ほかの企業へのデータ提供のみを仕事にしている企業も数多くあるくらいだ）。

第8章で紹介したExperianは、元はひとつの目的のためにデータを収集していたが、たくさんの目的に使えるデータを販売する企業へと、事業の多角化をやってのけた一例だ。1923年に創業し、20世紀のアメリカで市場調査と視聴者（オーディエンス）行動分析の手法をいくつも開発したNielsenもそうで、最近はオーディエンスと消費者の行動データをサービスとして提供し、他社のデータドリブンな意思決定を支援している。

業界に特化した専門的なデータプロバイダーもたくさんある。つまり、かなりニッチなデータが必要になったとしても、それをすでに収集している組織がきっとあるということだ。たとえば、住宅ローンの分野でデータと分析サービスを主に提供しているCoreLogicは、7億9,500万件もの過去の不動産取引記録と9,300万件の住宅ローン申し込みに関するデータを保持している。

　外部データには必ず高い使用料がかかるとは限らない。それどころか、完全無料で利用できるものも多い。世界中の医療や保健に関するデータは世界保健機関（WHO）が収集して公開しているし、国際通貨基金や世界経済フォーラムは経済関係の情報を公開している。

　加えて、政府のオープンデータ計画、研究機関、その他非営利組織などが収集して公開している重要なデータも無数にある。最近は多くの政府や自治体が、可能な限りのデータを無償で提供しようと努力している。人口統計から天候、犯罪統計まであり、あらゆる業界にとっての貴重な情報源だ。アメリカ政府はdata.govで、イギリス政府はdata.gov.ukで、大量のデータを公開している。

　多くの国は国勢調査を、人口統計データ、地理データ、教育データの重要な情報源としている。人口統計データはさまざまな統計的傾向の指標となり、特に新製品・サービスを開発する際に重宝する。特定の地域の人口層に向けて製品・サービスを提供する際にも役に立つ。

　ソーシャルメディアプラットフォームはまさに必要不可欠な情

報源であり、顧客に関する情報を豊富に提供してくれる。だが、上で挙げてきた情報源とは異なり、データを使いたい人が直接データにアクセスすることはできない。データの多くが個人情報なので、当然のことだ。ソーシャルメディア側は代わりに、データ自体を閲覧することなくインサイトを引き出すことのできるツールやサービスを提供している。Facebookには顧客の情報や行動を解析する機能があるが、これが非常に便利で使い勝手が良い。一部は有料サービスに加入しないと使用できないが、無料の機能もある。最近は、利用する企業が自社の顧客データをアップロードできるようにもなり、Facebook内のデータと組み合わせることで、顧客層と似たプロファイルを持つ人々を探すことができる。内部データと外部データを組み合わせて、片方だけでは創出できない価値をつくる好例だ。

Twitterもまたデータの宝庫である。Twitterのユーザが何らかの企業や製品について言及すると、全世界が、つまり当事者企業もそれを知ることができる。もしツイート内容では特に言及されていなくても、ツイートに添付された写真に写り込んでいれば、企業は検知できる。飲料会社が自社の飲料を飲む人の写真を探したり、飲食店が自店舗内で撮影された写真を探したり、ファッションブランドが自社の服が写る写真を探したりできるのだ。なお、AIと機械学習ツールがこの検出プロセスを担い、リアルタイムで分析結果を表示する。

Googleトレンドはとても強力で用途の広いツールだ。指定のキーワードが2004年以降に検索された総量（全検索回数のうち占める割合も）を示してくれる。任意のフレーズや単語の検索人気

度とその変遷を知ることができるうえ、結果を地域で絞り込むこともできる。地域のトレンドに加え、いま何が人気か、今後さらに人気が出る（もしくは人気が落ちる）のは何かを把握するのに役立つ。顧客の興味を見積もるのに非常に便利だ。

気象データは、アメリカの国立気候データセンターやイギリス気象庁などから入手できる。来店する顧客数を見積もって配置するスタッフの人数を決めたり、冬用品を片づけてバーベキューやパラソルを売場に出すタイミングを決めたりなど、用途はさまざまだ。気象データの多くは衛星画像の形式で入手可能だ。衛星画像は外部データの一種として、この章の画像データのセクションで述べたとおり幅広く活用される。

社外のデータソースを利用する手段は無数にあり、しかも日々増え続けている。自社に適したデータ、つまり戦略目標の達成をあと押ししてくれるデータかどうかを、必ずいつもチェックしておこう。

欲しいデータが存在しない場合

必要なデータが現時点で存在しない場合、自力で生成する方法を考えなければならない。さまざまな分野や業界で、企業は誰よりも早く新しいデータを手に入れて価値に変えようと躍起になっている。ひとつの種類のデータセットを収集する先駆者となれば、明らかな競争優位性を手にできる。たとえばUberは、人々が街のなかをどのように移動するかを把握し、その人たちが必要と

するタイミングで希望の場所に配車する仕組みを編み出すことで、大きな成功を手に入れた。

　必要だが現時点では存在しないデータを自分で生成する手段のひとつが、データを取得できる製品・サービスをつくることだ。第5章と第6章で触れた製品・サービスの多くがこれにあてはまる。たとえば、Google Nestのサーモスタットはユーザの家庭内のエネルギー消費傾向を「学習」し、AppleやSamsungのようなスマートフォンメーカーは製品がどのように使われるかを監視し、John Deereのスマート農業機械は農家の人々の行動と農作物の成長具合に関するデータを収集する。いずれも新しいデータセットを生成し続け、メーカーやサービスプロバイダーに提供して製品・サービスの改良に活用されている。

　また別の農業サービスプロバイダーSpringgは、空からデータを収集、分析する方法を開発し、それを開発途上国の農家に提供している。途上国の農家も先進国の農家と同じように土壌の質のデータなどから利益を得られるはずだが、そのために必要な設備に手が届きづらいことにSpringgは気づいたのだ。たとえば途上国では、土のサンプルをとって分析のために研究室に発送するという行為に、先進国よりもコストも時間もかかる。つまり分析結果を手に入れる難易度が大きく異なるということだ。Springgが開設した移動式の試験センターは、IoTデバイスを使って土壌の検査をリモートで行い、ほぼ待たせることなく結果を表示し、さらに詳しい分析のためにデータを中央施設に送信できる。農家にとってこの情報は間違いなく利益につながるが、Springgにとっても大きな利益となる。というのも、これまで検査したことのな

い地域の土壌状態の集合データを得られるからだ。このように新しいデータを収集する革新的な方法を生み出すことができた企業は、貴重な先行者利益を手にできる。データと分析を用いるどのような業界においても多かれ少なかれ見られる動きだ。たとえば気象関係の企業は、画期的なデータ収集方法を他社より先に開発しようと常に争っている。

　最後にとても興味深いデータ生成の手法を紹介する――合成データと呼ばれる技術だ。簡単にいえば、実際のデータが高額すぎる、個人的すぎるなどの理由で使えないなら、実際のデータをあらゆる面で真似た人工データをつくってしまえば良いではないか、という考え方だ。実際のデータとまったく同じように、機械やAIアルゴリズムの学習に使える人工データをだ。

　合成データが実際のデータに勝る点がいくつかある。ひとつは、比較的安価に「収集」できること――厳密にいえば収集ではなくアルゴリズムで生成するのだが、出てくる結果は同じだ。もうひとつの良い点は、人間の直感どおりではないところである。合成データはときに実際のデータよりも正確に現実を再現できる。というのは、実際のデータ収集業務には偏りが存在する可能性があるが、合成データはそういった影響を受けずに「収集」（生成）できるからだ。生成の際によく用いられるのが、敵対的生成ネットワーク（GAN）という、有名人の「ディープフェイク」写真をつくるのと同じアルゴリズムを使う技術だ。顔の合成データを大量につくる際に、有名人や誰かの顔を模造するのではなく、単に現実には存在しない顔の写真を大量に生み出すことができるというものだ。こうしてできた顔の合成データは、実際の顔の

データと同様に顔認識アルゴリズムの学習に使えるうえ、生成は実際の顔写真を収集するよりもずっと短時間で済み、プライバシーや同意の問題が発生することもない。

第11章

データガバナンスと
倫理問題および信頼問題

ここまでで、私たちが利用できるデータと、それをどこで手に入れられるか、手に入れたら何ができるかがわかった。次はそのデータに足をすくわれることのないようにする対策を考える必要がある。

データを重要な資産とみなす企業はますます増えているようだ。だが、データは諸刃の剣でもあるという事実を忘れてはならない。適切に扱えば、会社に必要なインサイトを理解する助けとなるが、軽視した扱いをすればすぐに痛い目に遭う。

データ管理の甘さが原因となって生じるマイナスの影響は、データがもたらすメリットと同じくらい豊富にある。コストや諸経費の増加、顧客からの信頼の喪失、倫理観のない企業だという悪評の増長、環境への悪影響、それから事業が立ち行かなくなる

ほどの厳罰を受けることまで考えられる。

　この章では、間違ったデータポリシーのせいで自社が顧客や法律、物事の善悪などの面で悪の道へと進んでしまうことのないよう、考慮するべき重要なポイントを見ていく。AIとテクノロジーがプライバシー、偏向、環境に与える影響を始め、乗り越えなければならないさまざまな危険や落とし穴について解説する。何の手も打たずにいることが、顧客と社会に対する道徳上・倫理上の義務の不履行につながるケースについても見ていく。

AIの倫理問題

　ビジネスと社会全体を、いまの私たちには想像できない姿に変える力がAIにはたしかにある。この時代に起きている変化の本質は、機械が単にプログラムどおりの動きを実行するだけでなく、意思決定できるようになりつつあるところにある。スプレッドシート上のデータに数式を適用するなどといった、（もともとコンピュータの得意分野である）繰り返しタスクだけではなく、決断を要する作業にも使われるようになってきているのだ。

　そうなるとどうしても、人間の生死に関わる決断も含まれる。第7章で紹介したとおり、Amazonでは人間の従業員の解雇決定にAIアルゴリズムが使われた。このケースでは、人間の働きぶりを監視して解雇するまでのプロセス全体が、機械に任されていた。それどころではない。現代では兵器開発にもAIが使われ、人間を殺害するかを自動判断できる機械がつくられている（国連は

これを受容できないと主張している [注1]）。仮にロボットが人を殺すほかに選択肢のない状況に置かれた場合、いったいどうなるのだろう？　AIの倫理問題についての議論でよく持ち出される例に、自動運転車が歩行者に突っ込むか、壁に衝突するか（運転者の身を守れない可能性が高い）の判断を下さざるを得ないとき、どちらを選ばせるべきだろうか、というものがある。これは極端な例だが、どんな組織や業界でも、AIによる意思決定の導入を検討しているのであれば、本来なら人間が行う倫理的な判断をどうするのかも、見過ごせない問題である。

　革新的なAI技術はどれも強力なプラスの効果をもたらすが、使い方を誤れば、大きなマイナスの影響ももたらしうる。コンピュータビジョンは、医用画像からがん性の腫瘍を発見できるが、全体主義体制を敷いて市民を監視する使い方もできる。自然言語処理技術により、機械とのやりとりが過去にないレベルで楽になったし、ソーシャルメディアの投稿を観察してうつ症状や自殺リスクのサインを検知できるようにもなった。だが、なりすましに使用して詐欺やフィッシング攻撃を画策することだってできる。スマート化されたロボットは、海底探索や宇宙探索を前進させ、障害を持つ人の役に立ち、環境をきれいにしているが、殺人兵器として開発されている一面もある。

　AI導入の際は、倫理面でどのようなスタンスをとるのか、しっかりと考えることが大切だ。この本の読者にAIを人殺しに使おうとする人はいないと信じているが、では、たとえば第9章で例に使ったアイスクリーム屋のデータに基づく顧客セグメント化で、倫理的に正しい考え方ができていると確証が持てるだろうか？

このような例で倫理面というと、たいてい同意とプライバシーの問題に帰着する。プライバシーの権利を受け入れるならば、誰かの個人データを本人の許可なしに収集、使用、または第三者と共有するのは当然、倫理的ではない。よって、まず踏むべき大切なステップは、顧客の個人データを業務で扱う前に必ず同意を得ることである。いまは多くの地域でこれはあたり前の法的要求事項（法関連についてはこの章の後半で触れる）だが、データやAIのプロジェクトの運営に際しては、倫理面と法律面を分けて考える必要がある。

　たとえばAmazonの自動解雇は、違法とは判断されない可能性が高い。一方で、人間の命に大きな影響を与えかねない決断を下す権力を機械に与えるという点で非倫理的だ、という主張にもかなりの説得力はある。そして、ロボットに生殺与奪の権を握らせることに対して本人が果たして一度でも同意したことがあるかは、いっさい明らかにされていない。

　ロボットにそこまでの重大な決定権を委ねるつもりはなく、ただ単にプロセスの効率化を進めたいだけとしても、注意を怠ってはいけない。2018年のある日、IT関係の契約社員イブラヒム・ディアロは、セキュリティパスがなぜか無効になっていたせいでロサンゼルスのオフィスに入れなかった。やっと入室できても、業務に必要なコンピュータやシステムにいっさいログインができず、やってきた警備員にオフィスの外へと誘導された。給与も止められた。ディアロの上司にもほかの管理職にも原因がわからず、ディアロは3週間も在宅勤務を余儀なくされ、ついに人事部のミスによりディアロが解雇された扱いになっていることが判明

した。そのときにはすでに自動システムにより解雇処理がなされ、なんと手動で上書きする手段もなかった。対処能力のない無能な上司とストレスを理由に、ディアロは退社して別の勤め先を探すはめになった[注2]。

では、AIに解雇されるのではなくAIのせいで解雇されたら、どうだろう？　一部の報道によると、IBMは従業員数を2012年から2019年までのあいだに25％削減し、その任務の多くは機械に引き継がれたという。一方で、AIが人間の労働者から奪う仕事の数よりも新たに創出する仕事の数のほうが多い、という説にもたしかな説得力がある。そのうえ、創出される仕事――技術者、科学者、データ・ストーリーテラー、データ翻訳者など（第14章で詳しく解説する）――は、失われる仕事よりも報酬の高い職となる可能性が高い。世界経済フォーラムは、自動化により2025年までに8,500万人の雇用が機械にとって代わられると予測している。だが、同じく2025年までにAIやほかの高度な自動化テクノロジーが急激な発展を遂げ、9,700万人分の職の創出につながるとも予測した[注3]。それはつまり、代わりとなる職がある限り、自動化は倫理問題にはならないということだろうか？　いや、そうともいい切れない。要は、自社が進めるAI、自動化、データプロジェクトが自社の労働力にどのような影響を与えるかを注視し、具体的に検討する必要があるということだ。職場の誰かが余剰人員となるリスクはあるだろうか？　もしあるなら、その人たちはスキルと責任能力に見合った別の任務、それも機械がまだ人間には劣る想像力、コミュニケーション力、共感力などの人間らしさを活用できる任務をもらえるのだろうか？　それ以前に、プロジェクトを実行しようがしまいが余剰人員が出る危険性はないの

だろうか？　たとえば、AI導入プロジェクトが成功しなかった結果として自社が市場で勝ち残る力を失い、雇用を維持できなくなる可能性は？

　敵対的生成ネットワーク（GAN）と呼ばれるAI技術の一種を使うと、実在する人物に不気味なくらい似た人間の写真や映像、文章や言葉を創造できるのだが、これも懸念の元となっている。インターネット上で見られる「ディープフェイク」画像も、この技術でつくられている。「ディープフェイク」が社会や個人に被害を及ぼす危険性は非常に高い。たとえば、ありとあらゆる有名人の偽ポルノ画像がインターネット上に出回っているし、政治家や各国のリーダーたちが実際には発したことのない言動をしている画像や映像が広まるという、政治的な利用もされている。民主的なプロセスを破壊しうるとしてすでに問題となっているフェイクニュースや、不確実な情報や脈絡のない情報を簡単にインターネット上に拡散できる現状に、新たな問題が加わったといえる。

　GANテクノロジーには、合理的で申し分なく倫理的な使い道だってたくさんある。前の章で言及した「合成データ」の創出や、見た目をテキストで説明するだけで目あての画像をつくれる画像生成モデルなどだ。GANテクノロジーの倫理面の問題は、真実ではない話を拡散したり、個人や団体に関する嘘の情報を流したりすることにある。ここでもやはり、テクノロジーを使う側がリスクを認識し、自社の計画が倫理にかなっているかをよく吟味しなければならない。

　レコメンデーション技術は倫理的には安全に見えるが、実はこ

こにも危険は潜む。Facebookのアルゴリズムなどのようにコンテンツを供給するシステムは、ユーザが過去に見たものと似たコンテンツを延々と提供する仕組みになっている。だから「フィルターバブル」が起こる。たとえば、911のテロは「内部犯行」だとか、もう少し最近の陰謀論「Qアノン」など、掘れば掘るほど出てくる陰謀論のサイトを見始めると、あっという間にニュースフィードには似たような記事しか出てこなくなる。また、極端に右翼的または左翼的な考えを持っていて、同じ思想を持つニュース媒体の記事ばかりを読む場合にも、同じことが起きる。結果としてその特定の立場から書かれた記事しか読まなくなり、自分の価値観や考えを構築する情報に偏りが生まれる。そしてエコーチェンバー現象（＊訳注：自分の声が跳ね返ってくる反響室のような狭いコミュニティにいることで、特定の思想が増幅される現象）が発生し、これも民主的なプロセスに多大なる害を及ぼす危険がある。

透明性も非常に重要な論点だ。人間の生死に関わる判断を機械にさせるつもりなら、機械の意思決定プロセスを必ず当事者たちに説明する必要がある。AIの「ブラックボックス」問題——アルゴリズムが複雑になりやすいため、機械が何をどんな理由で行っているかを正確に把握しにくくなる——についてはすでに述べたが、この原因のひとつに、簡単に複製されぬようAIプロバイダーが故意にわかりにくく設計しているという事実も存在している。倫理観は人によって異なるので、ひとりひとりが自分の頭で考える必要がある。だからこそ人間の命を左右する決断には必ず説明がともなうべきだ、という声の多さ[注4]に、きっと皆さんも頷くのではないだろうか。興味深いことに、ここでARとVRを活用するアイデアがある。コンピュータのコードや2Dの表現だけでは

理解できないものでも、ARやVRで表現されればアルゴリズムの動きを観察・評価しやすくなる、という主張だ。透明性は、AIに関するOECD原則（のちほど詳しく説明する）でも主な要求事項に含まれている。

　AIが環境に与える影響に関しても、倫理面の問題は持ち上がっている。コンピュータは電力を大量に消費するが、たとえばNLP（自然言語処理）の機械学習モデルの学習で排出される二酸化炭素の量は、アメリカ人17人が年間に排出する二酸化炭素の量と等しいと見積もられている[注5]。およそ62万6,000ポンド（28万3,498キログラム）だ。Googleなど一部のAIプロバイダーは、カーボンオフセットに取り組むことでカーボンニュートラルを実行できると主張しているが、Microsoftなど、これから数年または数十年はカーボンニュートラルを実現できそうにない企業もある。もちろん、AIはさまざまな業務分野で効率化を推進し、環境への影響の縮小につなげることもできる。たとえば、スマートホームのサーモスタットも、電気事業者のネットワークを使った施策も、エネルギー使用を効率化し、結果としてCO_2排出量を減らすことが目的だ。顔認識や自然言語などさまざまなAI技術に付随する倫理問題、そして雇用にまつわる問題と同じで、「AIは環境に良いのか、悪いのか」という問いに対する明確な答えはない。結局はどう活用するかによるのだ。つまり活用計画ごとに環境への影響度を評価しなければならない。

　これだけ懸念事項が並ぶと、AI業界や社会全般が、AIと先進技術に関する倫理問題に真剣に向き合い始めているのにも驚きはない。経済協力開発機構（OECD）が策定したAI原則には、AIは

何にも増して、人間と地球環境に利益をもたらすものとし、法、人権、民主主義、多様性を尊重しながら開発し、理解と正当性の吟味ができるよう透明性を保ち、組織はAI開発の結果の説明責任を負うべきであると書かれている。

　Googleも、AIの倫理的な利用について独自の基本理念を定めている。社会にとって有益となり、バイアスを含まず、安全性を確保し、ユーザのプライバシーを尊重する方法でAIを活用するという旨の方針だ。また、有害または危害を与える可能性のある分野へのAI提供を制限するとも述べている。Microsoftは、「AIの社会貢献」という地球環境、社会、医療、人道支援に取り組むプログラムを実施している。

　このセクションの最後に、注意が必要な行為だと私が強く感じるケースについて述べておきたい——AIの過少利用だ。端的にいえば、AIを利用しないせいで戦略に倫理面の欠陥が生まれるケースが多く見られるのだ。会社、社会、もしくは世界にAIを使って対処できる問題があるのに、あえてAIを使わないことを選ぶ——おそらく、先述の環境への影響や透明性の問題などが理由だ——場合、それは私たちがAIを利用する倫理的義務を怠っているといえるのではないだろうか？　たとえば、身の危険にさらされている人物を、本人からの許可なしに顔認証技術を使って見つけ出すのは、間違っているのだろうか。中国でもイギリスでも、こうして失踪者の捜索が行われている。

　私としては、AIサービスの展開を見据えている企業は、GoogleやMicrosoftに倣って「倫理委員会」のような組織を必ず設置する

ようおすすめする。委員会の規模や割くリソースの量は当然、組織の規模による。重要なのは、ここまで挙げてきたような問題すべてと、それがAI導入計画に与える影響をよく吟味する役目を、社内に設けることだ。

┃━ バイアスと「クリーン」なデータ ━┃

機械学習アルゴリズムは、その調教に使うデータの質で決まる。データガバナンスで重要となるのは、使うデータをできる限りクリーンな状態に保つこと。なお、「クリーン」には2つの意味がある。高品質であることと、偏りがないことだ。

データの品質

品質とはデータがどの程度目的に沿っているかの評価基準となる指標だ。どの指標も平等に重要で、必ずすべて評価し、データの品質基準がすべて満たされるようにする必要がある。

まずは、一貫性だ。これはデータセット内のデータがすべて同じ形式で記録、整理されていることを示す。たとえばレコード内に複数のフィールドがある場合、全レコードの全フィールドに値が入っている必要がある。フィールドはどのレコード内でも同じ使い方をする。データセット内で「わかって」いる項目があるなら、ほかの情報の同じ項目にも必ず値を入力し、データを常にまとめて扱うことができるようにする。

次は正確性だ。これは単純に、データにエラーがないということである。観測や測定は必ず正確でなければならない。つまり、データの収集や入力に使用するツールやセンサーの検査を済ませ、正常に作動していると安心できる必要がある。人間が入力するデータにもエラーは発生しうるので、データ入力担当者が確実に訓練を受け、この章にまとめたデータガバナンスの要求事項すべてを認識しているようにする。

　一意性も欠くことのできない指標だ。重複入力があってはならないということである。同じデータが複数のレコードにまたがって重複記録されると、そのデータベースでデータを処理する際の正確性が失われる可能性が高い。

　妥当性は、データベース内のレコードひとつひとつ、データひとつひとつが、意図した目的に沿っているかを評価したものだ。たとえば、日付はすべて正しい形式で記録されているだろうか？数値はすべて同じ方式（整数なのか、指定の小数位に揃えてまるめるのかなど）で記録されているだろうか？

　適時性は、データを収集したタイミングがそのデータにとって適切であるかを評価したものだ。たとえば氷河の移動状況のように、低頻度の測定で観測と把握ができるものもあるが、一方で、原子のなかの陽子や電子の位置は100万分の1秒ごとに測定しなくてはならない。リアルタイムのデータセットを要する業務では、遅延が限りなくゼロに近くなるよう測定し、記録する必要がある。

最後は完全性で、データセットに取り込まれたある項目のデータの網羅性を評価する。たとえば、自社の製品と価格のデータベースを使っていちばん人気のある製品を把握したいなら、目録にある製品がひとつ残らずデータベースに記載されていなければならない。一方で、動物の移動経路を観察記録するなどの場合は、完全なデータセットをつくるのは現実的ではないので、サンプルを抽出して追跡と分析を行う。いずれにせよ、データセットの完全性は高いほうが、より現実に即した分析結果を得られるだろう。

　高品質なデータを活用できる仕組みをつくるには、データガバナンスの一環として、こうした指標を用いてデータを徹底的に検査することが欠かせない。

データの偏り

　「クリーン」なデータの2つ目の要素は偏りのないことだ。偏っているとは、データが対象を事実のとおりに表していないことをいう。原因は通常、データの収集方法にある。たとえばフィードバック用フォームを使って顧客満足度を調査する際、良いレビューを残した顧客のみにフォームを送信していては、初めから偏りのあるデータが集まってしまう。AIや機械学習の導入プロジェクトに用いられる大規模で複雑なデータセットには、知らぬ間にバイアスが入り込む可能性は常につきまとう。データ導入計画にとってこれは大きな課題だ。データに偏りがあると、そこから得た分析結果が客観的事実に基づいているとはいえなくなるからだ。現に、AI分野の第一人者は、AIの持つ可能性を発揮させるうえで社会が乗り越えるべき最大の課題が、偏りの排除（もし

くは、少なくとも偏りによる損害の削減）だと見ている。

　先述のとおり、質の悪いデータを使った結果として偏りのあるデータができあがることはある。だが、データが品質指標をすべて満たしていたとしても、偏りが生まれることがあるのだ。なぜなら偏ったデータは、正確性、一意性、妥当性、適時性の観点からは「誤り」ではないこともあるからだ。つまり単に、測定結果や見解、意見をまんべんなく網羅できていないということである。それを基に構築したモデルやシミュレーションは、現実世界をそのまま写したとはいえなくなってしまう。

　データの偏りによる深刻な悪影響も出ている。アメリカの警察が人混みから犯罪者を見つけ出すのに使用する顔認証システムを精査したところ、若い黒人女性はほかのどの年代グループと比べても、誤認証される確率が大幅に高いことがわかった[注6]。若い黒人女性に顔認証技術を適用すると、アルゴリズムの正解率はほかのグループと比べて34％も低かったのだ。このシステムを鵜呑みにすると特定の人口層に対する不当な呼び止めや逮捕、捜査の確率が確実に上がるだろう。データの偏りが重大な問題を引き起こしかねない領域はもうひとつある――人材採用だ。シェフィールド大学でAIとロボティクスの教授を務めるノエル・シャーキーは、採用アルゴリズムの学習に用いられるデータセットはあまりにもバイアスだらけなので、臨床試験用データ並みの完成度になるまで調節と検査を繰り返さないうちは使用するべきでない、と主張している[注7]。2018年にAmazonは、就職希望者を評価する機械学習アルゴリズムに性差別が含まれることを認識し、使用をやめた。過去10年にAmazonへの就職を希望した女性は男性と比

べてはるかに少なく、そのデータセットを使用したアルゴリズムが、同じポストへの女性応募者のデータが十分にないというだけで女性を落とすという差別行為をしていることがわかったのだ[注8]。

　事態をよりややこしくするのが、不公平さや不寛容をはらむ社会的要因を埋め合わせる目的で、ときにはシステムにあえて偏りを入れたほうが良い場合もあることだ。過去10年のうちにMicrosoftとIBMはそれぞれAI内蔵のチャットボットをリリースしたが、のちに差別的な言葉や侮辱する言葉を是正（Microsoftはチャットボットを廃止）することになった。チャットボットがソーシャルメディア上のやりとりを基に会話を学習する仕組みだったので、当然ながら差別的または侮辱的な表現も学んでしまったのだ。そこで、システムに故意のバイアスを組み込むようになった。この場合は、差別的または侮辱的なデータからは学習してはいけないとチャットボットに教える。するとチャットボットは必然的に、現実世界そのままとはいえない環境から学習することになる。とはいえ、IBMなどの企業を背負ったチャットボットが人種差別主義の言葉を使ったり、ヒトラーから引用したりするのは明らかに許されないため、そうするほかなかった。偏りのあるデータを使って起きる弊害と、偏りがないせいで起きる弊害とのバランスをとるのも、データガバナンスの重要な側面である。

法を犯さないために

　以前は不可能と思われていたことが可能になりつつある。ますます速度を増すテクノロジーの変化に、法律はゆっくりと、だが

確実に追いつこうとしている。EUの一般データ保護規則（GDPR）の導入とともに、プライバシー保護規則は厳重化されてきた。アメリカには同様の規則はまだないが、カリフォルニア州の消費者プライバシー法（CCPA）のように、いくつかの州は連邦レベルでの実現を待つことなく、独自の法律の適用に動いている。中国も——西洋の人は、データプライバシー保護の認識が中国には欠けているというイメージを抱きがちだが——個人情報保護法（PIPL）の制定を進めている。企業に対して本人の許可なしの個人データ使用を制限する法だ。

　ガバナンスの観点からいうと、重要なのは、収集したデータの使用許可を必ず得るようにすることと、ビジネスを行う国で施行されているGDPR、CCPA、PIPLなどの法律や規則を遵守することである。企業はもう利用規約を盾にして隠れてはいられない。法廷も議会も、サービスごとに何ページにも及ぶ文書を「読んで理解しろ」という煩わしい要求に対して問題意識を高めつつある。はっきりいって、誰も読んでいないのは明らかなのだから、文書の隅っこに権利放棄や免責条項について小さく表記したからといって、個人データを許可なく使用する十分な弁明にはならない。GDPRなど複数の規制を遵守するには、データの当事者がデータ使用に対し明確に許可を出すことが必須条件となる。ユーザが拒否しないというだけではもう不十分なのだ。おもちゃメーカーのMattelは、自然言語機能を搭載した喋るバービー人形、「Hello Barbie」を開発したが、法的には同意のできない子どもの情報を処理、保管することに懸念の声が上がり、結局は販売を中止せざるを得なくなった。

知的財産権と所有権も考慮が必要な問題だ。採用するアルゴリズムのライセンスを保有している、または自社で開発したため完全に所有している、などのようにデータ使用権を持っているかを確認しよう。加えて、AIと機械学習が生んだ成果物の法的な立ち位置にも注意を払う必要がある。たとえば少し前で触れたように、美術作品や詩、記事を生成するアルゴリズムが存在する。だが、何もないところから生み出したわけではない。無数の既存の美術作品、詩、記事を学習して得た情報からつくっている。この場合、AIが教師データから純粋にインスピレーションを得たと考えて良いのだろうか？ ヴァン・ゴッホが同時代の画家やもっと前の時代の芸術家たちからインスピレーションを得たのと同じように？ それとも、AIは既存の美術作品を分解して、それを組み立てて新たな作品をつくったといったほうが正しい？ 私が知る限り、現時点では訴訟が起きたことはないものの、将来的に必ず立ちはだかる課題であることを認識しておいたほうが良いだろう。

データの安全を守るために

データの保護とは主に、過失による紛失や悪意あるデータ流出などから守ることである。どちらもGDPRなどの法に定められてはいるが、各社のデータガバナンスポリシーでも必ず考慮すべき問題だ。

個人データ

　ガバナンスの責任は、個人データを取り扱う企業にいちばん重くのしかかる。個人データは何よりも大切なデータなので、データ戦略に本格的に取り組む企業はみなこの重責を負っているといえるだろう。それでも、負担を減らす手はいくつかある。なかでも特に効果的な戦略がデータ最小化だ。かつては、収集できるデータはとにかくすべて集めておくのが有効な戦略だと思われていたふしがある。いつか使い道を見つけたときのために（「捨てるものなどひとつもない」とは、Amazonのジェフ・ベゾスの有名な言葉だ）。だが、データの量が爆発的に増えたうえ、規則や法律も増えつつあるいま、それは過去の話だ。GDPRには、個人データの収集は、許可を得た内容を実行するための「必要最小限にとどめる」べきである、と明示されている。

　個人データとは、実在の人物と結びつけられるデータすべてを指す。よって、その結びつきを切ることで、分析には使用できるが「個人データ」の定義にはあてはまらない（と思いたい）データがつくられる。「と思いたい」と書いたのは、データの匿名化や非特定化によく使われる方式の多くはフールプルーフ（＊編注：人が誤った操作をしても危険が生じない仕組み）ではないとわかっているからだ。全レコードから名前を除去したとしても、ノウハウとリソースがあればデータと人物を結びつけられるかもしれない。たとえば、ある通り沿いに住む人々のデータを持っているとして、名前は除去されていても、年齢層や職業、結婚状況などのデータからそれが誰かを特定できる可能性はある——小さな通りであれば特に。このようにして非個人データが実在の人物と結びつけら

れているのであれば、それは個人データであり、然るべき責任が
生じるのだ。

データ侵害

　データ侵害（＊編注：悪意の下に不正アクセスされること。意図しない
データ漏えいを除外した言葉）は、企業間にますます広がりつつある
脅威である。2019年の企業あたりのデータ侵害の平均被害額は、
819万ドルだった。経済的損失も大きいが、評判の面で被る損害
は会社が簡単に潰れてしまうほど甚大だ。被害規模は拡大し、頻
度も増しているが、2018年と比べて2020年の被害件数はやや減
少しており、企業が被害を回避する力も増している兆候が見られ
る[注9]。とはいえデータ侵害は深刻な脅威には変わりなく、どんな
ガバナンス戦略にもこのリスクを軽減する施策を確実に入れ込む
必要がある。

　戦略に含める重要な基本方針となるのが認証だ。認証とは、特
定のデータセットへのアクセスを許す対象を決め、明確な許可を
出す仕組みである。目的の機能を実行するためにそのデータにア
クセスすべき人だけに許可を与えるべきだ。

　暗号化を使う手もある。データが暗号化されると、データの盗
用がずっと難しくなる。あらゆるセキュリティ対策と同じで、暗
号化を徹底的に行うとなるとどうしても不都合が生じる。だが最
近は、データの使用者からは見えないよう、プログラムと同時進
行で暗号化と復号を行えるソリューションはたくさんある。
WhatsAppのようなメッセージングサービスで用いられる自動暗

号化や、Webページをブラウザに転送する際のHTTPSプロトコルなどが良い例だ。暗号化ポリシーによって、データをコールドストレージ（＊編注：データの記憶装置や媒体の一種で、頻繁に使用されないデータの保管に用いられることが多い。磁気テープなど）内でのみ暗号化するか、転送中に暗号化するか、常に暗号化して使用するときにリアルタイムで復号するか、などが決まる。

また別の選択肢に、準同形暗号化というものがある。復号せずに分析が行える形式でデータを暗号化する技術で、分析アルゴリズムでさえ復号したデータを「見る」ことはできない。権限を付与されればクラウド上でこのデータを編集できるが、この際にも復号したデータはクラウドサーバーに表示されることはない。準同形暗号化を使って何ができるのかは、コンピュータのリソースによるところがある。よく使われる準同形暗号化の種類は「部分的な準同形暗号化」と「somewhat準同形暗号化」の2つであり、いずれにおいても暗号化されたデータの編集には制限がある。「完全準同形暗号化」なら制限はないが、演算処理に大きな負荷がかかるため、どうしても遅延が生じてしまう。暗号化には必ず、作業スピードとセキュリティのトレードオフがともなう。

データの非特定化に使われる技術として、マスキングとトークナイゼーションもある。マスキングとは、暗号化されていないデータの機密的な部分を同じタイプの別データに書き換え、ほかの部分はそのままにして、データをぼかす方法だ。スワッピングという、たとえば「都市」のフィールドのデータをすべて別の都市に書き換える手法もこれに含まれる。正規のデータを見ることができるのは権限を持つ人のみだが、匿名データのままでもさま

ざまな方法で利用できる。トークナイゼーションもこれと似ていて、データセット内のキーや機密部分をランダムで発行されるトークンに置き換えて匿名化する。暗号化とは異なり、匿名化されたデータから元のデータへとリバースエンジニアリングする数学的方法はない（莫大な量の演算処理と多様な暗号化方式を駆使すればできなくはないが）。なぜなら、トークンは元のデータから数学的方式に則って導き出されるのではなく、ランダムに付与されるからだ。また、暗号化は通常レコード全体に対して施されるが、トークナイゼーション（とマスキング）は基本的にはレコードのなかの指定されたフィールドに施される。

データセキュリティとは総じて専門性が高い分野である。データ戦略を開発する際には専門家に相談することも考えたほうが良いだろう。

IoT経由の脅威

ネットワーク接続されたデバイスや「モノ」が家のなかにも職場にも増えるにつれて、ハッカーが意のままに実行できる攻撃手段も増えている。最新の調査によると、数え切れないほどのIoTデバイスに、データへの不正アクセスに利用されかねないセキュリティ脆弱性があるそうだ[注10]。社内ネットワークに接続されたありとあらゆるデバイスは、会社の「ドア」だと考えよう。オフィスのドアと同じように常に施錠して、侵入者から会社を守らなければならない。

現時点では、この考えはまだあまり普及していない。たとえば

一般的なお年寄りでも、自宅のパソコンにウイルスチェッカーやファイアウォールを入れる重要性は理解しているかもしれない。だが、電子レンジや冷蔵庫、スマート歯ブラシがもたらしうる脅威を認識できている可能性は低いのではないだろうか。

デバイスが増えるということは、単純に、データをねらう侵入者が選択できる攻撃経路も増えるということだ。スマート冷蔵庫に侵入して何の利益があるのかは、現時点ではピンとこないが、考えられるとしたら冷蔵庫経由でほかのデバイスにも侵入し、大当たりのデータを入手するのだろう。攻撃は、偽のエラー表示や、パッチや更新のダウンロードを促すプロンプトの形で現れることもあり、クリックすると攻撃者のネットワークへの不正侵入を許してしまう。単に電話番号が表示されて「カスタマーサービス」への電話を勧められるだけの場合もあるが、これは電話をかけさせてユーザの現金を盗む企てだ。

ネットワーク接続された車、おもちゃ、さらには医療用ツールまでもが攻撃に対する脆弱性を持つとわかってきているうえ、メーカーが懸命にパッチをあてる傍らで日々新しい脆弱性が発見される。こうした状況を踏まえて、IoT関連デバイスを扱う企業は必ずセキュリティ対策に心して取り組まなければならない。

とても実用的で重要な第一歩は、デフォルトのパスワードやログイン情報を必ず変えるようにすることだ。IoTデバイスからの情報漏えいの原因はたいていここにある。IoTデバイスを提供する側は、ユーザに必ず変更を促そう。

また別の方策として、「最小化」も有効な場合がある。手持ちの機器がどの程度接続されていなければならないか、一度考えてみてほしい。もちろん、大半のデバイスは操作と管理のためにスマートフォンやコンピュータのアプリをインターフェイスとする必要があるが、ではほかのデバイスとも連携させて、明確なメリットがあるかわからないデバイス間通信をさせる必要はあるのだろうか？　データガバナンス戦略の要件には必ず、IoTとネットワーク接続されたデバイスの徹底的な見直しも含めよう。自社ネットワーク上で何が何と情報をやりとりしているのか、何のデータをやりとりしているのかの正確な把握は、いまや必須である。

┃　　　　データガバナンスの実践　　　　┃

　ここまでのまとめに入るが、何よりも重視してほしいポイントは、徹底的で包括的なデータガバナンス戦略の策定である。

　戦略を立てる際に考慮するべき主要な項目は網羅してきたはずだ——データの品質とバイアス、規制と法的な懸念事項、データセキュリティ、それから避けては通れない倫理的な問題。このすべてが考慮された戦略は、データと分析技術の社内基盤全体を管理するためのガイドラインになるだろう。

　データガバナンスとは、情報が秘めた強大な力を解き放つ者として担うべき法的・倫理的な責任を、しっかりと負うことである。いかなる法も犯さず、適切な権限付与とセキュリティの仕組みを敷き、データの安全性、品質、正確性の維持を担う人物を明確化

することが大切だ。ここで大きな要素となるのが、組織内にデータ文化をいかにうまく醸成できるかである。顧客からの信頼の維持こそが会社の命運を握るのだから、良いデータガバナンスは会社の柱である、と関係者全員に意識させる。会社にとってどれほど大切か、どれほど慎重に扱うべき問題かを、全員が認識しなければならない。

データガバナンス戦略は必ず、規則すべてに準拠するための手順を整理するところから始まる。責任者を任命して定期的な監査を行うこともそのひとつだ。ほかにも、個人データを使用する許可を得る手順、その許可の記録を保管する場所、許可の期間が終わるまでの保管方法なども詳しく定める必要があるし、その許可の範囲外の方法でデータを使用する場合にとるべき手順も必要だ。

監視カメラを使用する場合は、録画が行われていることと録画の目的について明記したものを掲示する必要がある。Bluetoothまたは RFID 経由で付近にいる顧客の携帯電話からデータを取得する場合は、取得するデータの使い道を明確に説明した同意確認画面を必ず用意する。サードパーティサプライヤーからデータを購入したら、サプライヤーがデータを収集したときに顧客から得た同意内容に沿った使い方をする必要がある。これはデータを購入した側の責任だ。

本来、データガバナンスで大切なのは、データを重要な事業資産として扱うことだ。従業員をより円滑に管理するためにプロセスやシステムを敷くが、データに対してもそれは同じ。全社的なデータ戦略の一環として、強固なデータガバナンスの枠組みを構

築できれば、データを安全かつ効果的に活用する道を歩んでいけ
るはずだ。

原注

1   Roff, HM and Moyes, R (2016) Meaningful Human Control, Artificial
Intelligence and Autonomous Weapons, Briefing paper prepared for the
Informal Meeting of Experts on Lethal Autonomous Weapons Systems, UN
Convention on Certain Conventional Weapons, April, article36.org/wp-content/
uploads/2016/04/MHC-AI-and-AWS-FINAL.pdf (archived at https://perma.cc/
LE7C-TCDV)

2   Wakefield, J (2018) The man who was fired by a machine, BBC, 21 June, www.
bbc.co.uk/news/technology-44561838 (archived at https://perma.cc/KWD2-
XPGR)

3   Kande, M and Sönmez, M (2020) Don't fear AI. It will lead to long-term job
growth, WEF, 26 October, www.weforum.org/agenda/2020/10/dont-fear-ai-
itwill-lead-to-long-term-job-growth/ (archived at https://perma.cc/LY4N-
NCKM)

4   The Royal Society (2019) Explainable AI: the basics, November, royalsociety.
org/-/media/policy/projects/explainable-ai/AI-and-interpretability-
policybriefing.pdf (archived at https://perma.cc/XXZ9-M27U)

5   Hao, K (2019) Training a single AI model can emit as much carbon as five cars
in their lifetimes, MIT Technology Review, 6 June, www.technologyreview.
com/2019/06/06/239031/training-a-single-ai-model-can-emit-as-much-
carbonas-five-cars-in-their-lifetimes/ (archived at https://perma.cc/AYN9-
C8X9)

6   Najibi, A (2020) Racial discrimination in face recognition technology, SITN
Harvard University, 24 October, sitn.hms.harvard.edu/flash/2020/
racialdiscrimination-in-face-recognition-technology/ (archived at https://perma.
cc/F8TC-RPHW)

7   McDonald, H (2019) AI expert calls for end to UK use of 'racially biased' algorithms, Guardian, 12 December, www.theguardian.com/technology/2019/dec/12/ai-end-uk-use-racially-biased-algorithms-noel-sharkey (archived at https://perma.cc/WX8L-YEK8)

8   Dastin, J (2018) Amazon scraps secret AI recruiting tool that showed bias against women, Reuters, 11 October, www.reuters.com/article/us-amazoncom-jobs automation-insight-idUSKCN1MK08G (archived at https://perma.cc/WYS6-R7CC)

9   Johnson, J (2021) Cyber crime: number of breaches and records exposed 2005–2020, Statista, 3 March, www.statista.com/statistics/273550/databreaches-recorded-in-the-united-states-by-number-of-breaches-and-recordsexposed/ (archived at https://perma.cc/BQ95-2YW2)

10 Palmer, D (2021) These new vulnerabilities put millions of IoT devices at risk, so patch now, ZDNet, 13 April, www.zdnet.com/article/these-newvulnerabilities-millions-of-iot-devives-at-risk-so-patch-now/ (archived at https://perma.cc/RM6B-TSL3)

第12章

データをインサイトに換える

　自社にとって鍵となる質問を設定し、データ活用計画が定まり、必要なデータを見つけて、短期的・長期的なガバナンスに必要な事項を定めたら、次のステップはデータからインサイトを得る方法を考えることだ。

　分析とは、ビジネスの改善につながるインサイトを生成するために、データを収集し、処理し、レポート化する過程である。ほとんどの場合、分析ツールとアルゴリズムを使って分析を行う。データを分析することで、鍵となる質問に答えを出すために必要なインサイトを引き出し、新しい製品・サービスを創出したり、業務効率を高めたり、データを新たな収益源にしたりできるようになる。そして最終的には、戦略目標の達成に近づくことができる。

　時代の最先端をいく昨今の魅力的なデータ活用例を見ると、そ

の多くで、「AI」というカテゴリーに粗くまとめられた手法やテクノロジー——機械学習、深層学習、人工ニューラルネットワークなど——が使われている。

データと分析は、表裏一体だ。データを何にも使わないのであれば、これだけのビジネス・インテリジェンスを進化させ、過去にない画期的なデータを取得する意味はどこにあるのだろう。データを分析してこそ、自社をとりまく世界をより広範に深く理解できる仕組みを整えられる。分析してこそ、さらに正確で有用なモデルとシミュレーションを作成し、インサイトの質をさらに高められるのだ。

よって、強固なデータ戦略には、データをどのように分析するかの計画も必ず含まれている。これは、データ活用を理想どおりに進めるために必要なデータインフラとデータ能力（第14章で詳しく述べる）にも影響してくる。

導入する具体的な分析ツールやアルゴリズムは、戦略目標によって変わるだろう。データ収集と同じで、それぞれのツール、プラットフォーム、またはテクノロジーで何ができるのかをまず理解したうえで、自社のビジネスに最適なものを選ぶと良い。

この章では、分析とはいったい何なのか、どのような進化を経て、変革する力を持つ多様なツールやテクノロジー、プラットフォームができたのかを見ていく。そのあと、データからインサイトを掘り出し、活用して価値に換える際に企業が主に用いている分析方法とアプローチを紹介する。

その前にひとつ覚えておいてほしいことがある。分析に用いられる魅力的な機能を知ると、ついすべて取り入れたくなってしまいがちだ。この傾向は年々強まっている。AIや「スマート」と名のつくものに対する企業の欲を、何万ものベンダーが利用しようとしているのだから。分析を使って画期的なことをしている企業は多いが、その会社に合うものが自社にも合うとは限らない。強固なデータ戦略を策定するうえでの課題は、自社のデータ活用計画と戦略目標を見失うことなく、自社に適したアプローチを選択することだ。

　とはいうものの、この分野の変化はあまりにも速いので、最初のデータ活用計画に取り組んでいるあいだに、さらに進化したやり方が登場する可能性も高いと思っておくべきだろう。選んだソリューションが自社に合っていると思うなら、市場に次々と現れる魅力的な最新サービスにいち早く乗り換えることなく、まずはやり続けよう。それでも、活用計画ごとにやってみたいことを書き出した「ウィッシュリスト」（それを実現するテクノロジーが存在すると仮定して）をつくる価値はある。現時点ではただの願望であったとしても、その多くが近い将来に現実味を帯びている可能性はかなり高い。

｜　　　分析技術の進化　　　｜

　1970年代と1980年代に事業と産業へのコンピュータ導入が拡大した頃から、企業はプロセスと顧客を理解しようとデータを使用してきた。そういったデータはきっちりと構造化されていたの

で、SQLやExcelなどのツールを用いてデータベースを照会し、インサイトを抽出する必要があった。いまはあまりにもあたり前とはいえ、ツールを用いた照会は、利益と収益の分析、生産性とワークフローの監視、顧客分析などといった数々の重要なプロセスの基盤を成している。スプレッドシート、データベース、SQLがあれば、在庫水準を管理したり、注文を追跡したり、顧客情報を記録したり、売上と収益の要因を把握したりできる。このテクノロジーのおかげで、分析の専門家でなくとも、たとえば昨年11月と12月の製品Xの販売数を知り、それを基にクリスマス商戦を見据えた在庫計画を立てられる。このように価値を引き出しやすい構造化データを、企業は長く活用してきた。

最も広く使われている分析技術に、相関分析がある。2つ以上のデータの関係性とその関係性の強さを明らかにする手法だ。企業の成長に直結するような、思いがけない関係性の解明に役立つことが多い。相関分析の結果は、相関の強さを反映した−1〜1の数字で表される。正の数は正の相関、つまり2つのデータが同じ方向に動くことを表し、負の数は負の相関、つまり2つのデータが逆方向に動くことを表す。気温の上昇がアイスクリームの売上に及ぼす影響のように、2つの変数が関係し合っているという仮説を試すのに有効だ。データのペア同士を比較する使い方もでき、たとえば売上増加にいちばん大きな影響を与える気温や時季を割り出すこともできる。有名な例として、Walmartがお菓子の「ポップターツ」の売上とハリケーンの警報とのあいだに思いがけない相関関係を発見したことがある[注1]。

回帰分析もよく使われる手法だ。これも異なるデータ間の関係

性を明らかにする方法だが、関係性の強さではなく関係性の推移を予測するほうに重きを置く。まずは仮定を立てる——たとえば「学業成績の高さは将来の収入の高さにつながる」などだ。そして、過去の一定期間の数値を分析し、また今後の数値を予測して点で表現して、推移を予想する。相関分析とは異なり調査対象の値の関係性の「強さ」を知ることはできず、単に関係性が時間の経過とともにどのように変化するかを見るための手法である。

　こうした分析方法は、ビジネス界で数十年にわたり活用されてきた。構造化データを扱う場合に限れば、いまでも非常に強力なツールだ。だが、近年、業務目的での活用が増えているのは非構造化データ（動画、音楽、音声など）であり、従来の分析手法のみでは不十分になってきている。一般的には非構造化データからインサイトを得るほうがずっと難しい（またはコストや時間がかかる）ので、これを解決するために新たな分析手法の開発が進んでいる。

　非構造化データからインサイトを引き出すために、多くの企業はまず手動でどうにかしようとする。それ以外に選択肢がないという場合も多い。たとえば、Netflixはかなりの人数を雇い、コンテンツをひとつひとつ視聴してタグを割りあてる任務を課した。要するに、メタデータを構築することで、非構造化データである画像と音声に構造を与えたのだ。こうすることで、相関分析と回帰分析を用いてインサイトを引き出せるようになる。

　さらに技術が進歩したいまでは、高度な分析手法を使って、データ収集とメタデータ付加のプロセスを自動化できるように

なっている。構造化データであっても非構造化データであっても、スプレッドシート、Facebookの投稿、またはセキュリティ用監視カメラの映像から取得したデータであっても、いまや好きに活用できる。次のセクションでその具体的な手法をいくつか紹介するが、その前に、分析技術にとって大きな進歩となった出来事に触れておきたい。

　企業の分析手法に広く影響を与えた比較的最近の発明が、クラウドコンピューティングだ。以前は、特に非構造化データを使った高度な分析を行うには、かなりの時間と資金を費やして分析基盤を立ち上げる必要があったが、いまは高度なツールセットとプロセスの大半を「クラウド上で」利用できる。クラウドコンピューティングは、自社で大量のデータを生み出す企業から、サードパーティから購入したデータのみを使う企業まで、あらゆる形態、規模、予算規模の企業にデータ分析を取り入れる機会をもたらした立役者だ。誰もが大容量のストレージとデータ処理能力を手にできるようになった。これなしには、NetflixやUber、現在存在する数多くのサービスが、事業を立ち上げることも規模拡大することもかなわなかっただろう。クラウドのおかげで大容量のストレージとデータ処理能力を自由に利用できるようになり、大小の企業がめまぐるしく変化する大量のデータセットを使ってリアルタイム分析を実行できるようになった。データ分析技術は現段階でここまで進化したのだ。

高度な分析
——SFからビジネスの実データまで

　この本を通してAIという言葉を使ってきたが、ここでいったん立ち止まって、AIの本当の意味について考えてみよう。誰にとっても同じ意味とはいえないし、間違いなくある程度の議論を呼ぶ言葉でもある。

　AIという言葉を初めて見聞きしたのはSF作品のなか、という人が多いのではないだろうか。「インテリジェント」なテクノロジーという概念に、私たちは子どもの頃から親しんできた——『ドクター・フー』のサイバーマンに、『スタートレック』のデータ少佐、『マトリックス』のエージェント・スミスもそうだ。

　AIは大きな夢だと思われている——真の知能と自分で学習する能力を持ち、人間や動物のように元から知的な生き物であるかのような機械をつくる技術が欲しい、と人間は夢見ている。

　だが、この本では、現代のビジネスの文脈で「AI」と呼ばれるものに限定して言及する。ビジネス界でいう知能を持つ機械は、SFに登場するロボットやキャラクターのようには（まだ）活動できないし能力も低い。それどころか、ほぼどんなタスクにも適応できるSFの「汎用型」AI（または「強い」AI）は、現在の人間の技術力では到底生み出せないと考えられているので、いまの私たちは（特にビジネスでは）そこを目指してはいない。今日のビジネスに活用されるAIは、「特化型」AI（または「弱い」AI）に

分類される。常に学習を重ねながら、決まったひとつのタスクや
せいぜい数種類のタスクを効果的に実行できるツールとして開発
されている。この目的に汎用型AIは必要ないのだ。たとえば『ス
タートレック』のデータ少佐の見た目がとにかく人間そっくりな
のは、エンタープライズ号に乗船する人間クルーに求められる仕
事を何でもこなすためだ。私たちがビジネスに使用するAIツー
ルやボットは、データ少佐並みのことをできる必要はない。ただ
顧客データベースを見て、販促活動メールを送ると購入してくれ
そうな人を割り出せれば良い。もしくは、カスタマーサービス宛
てにテキスト形式で届く問い合わせに回答できれば良い。だから
ビジネス用AIに腕や足、データ少佐が仕事に使うツールをまる
まる与えたところで、資源の無駄なのだ——技術的には可能だと
しても。特化型AIのアプリケーションに必要なのは、与えられた
仕事を実行できるだけのリソースと機能のみであり、この点で
SFのAIとは大きく異なっている。とはいえ、類似点もいくらか
はある。

機械学習——AIの最前線

　私たちが「AI」と認識している現代のビジネス用アプリケー
ションと、慣れ親しんできたSFロボットに共通するのは、学習が
できるという点だ。機械学習では、少なくとも1960年代頃から存
在する技法を使って、情報を多く与えられるほど正確さを増すア
ルゴリズムを構築する。ここ10年ほどで機械学習の活用事例が一
気に増えたのは、データの入手しやすさと演算処理能力が上がっ
たからだ。実用性が格段に上がったことで、機械学習はビジネス

界でも学術界でも注目を浴びるようになり、深層学習や強化学習（すぐあとで解説する）などのさらに高度な機械学習手法が生まれていった。

　では、アルゴリズムはどのようにして学習するのだろう？　人間と同じで、訓練を受け、学んだことを現実世界で使い、結果を評価し、それに応じて行動を微調整し、より良い結果を出す方法を見つけるまでこの一連の流れを繰り返す。

　画像認識を例にとってみよう。すでに説明したとおり、さまざまなビジネスの活用事例で重宝されているプロセスだ。画像が1枚あって、それが猫かどうかを知りたいとき、とてもシンプルな機械学習モデルを使って、しっぽがあるか、ひげがあるか、4本足か、毛で覆われているか、などを問う。アルゴリズムは、ひとつひとつの答えを総合して、「これは猫の画像か？」の問いに答えを出す。

　アルゴリズムが先ほどの質問の答えがすべて「はい」だと判断したら、これは猫の画像である可能性は非常に高い、という結果をユーザに報告する。アルゴリズムが、データセット内の画像の半分は猫、もう半分は人間を写したものである、とすでに知っている場合は、正答率はさらに上がるだろう。

　このシンプルな使用方法だけでもまあまあ効果的ではあるが、これだけでは「学習」しているとはいえない。同じ画像を何度も見せ続けても、正しいか誤りかに関係なくずっと同じ答えが返ってくるだけだからだ。

そんなわけで、機械学習アルゴリズムにはフィードバックループと「重みづけ」という仕組みがある。たとえば人の画像があり、ただし四つんばいになっていたのでアルゴリズムは「4本足か？」の質問に「はい」と答えたとする。こうなるとこの画像は猫として認識されてしまう。

フィードバックループがあると、この認識が誤りだと知ったアルゴリズムは各ステップを精査して、どこで過ちを犯した可能性が高いかを突き止める。たとえば、「4本足か？」という質問に「はい」と答えることと不正解になることのあいだに特別高い相関関係が見られる、などだ。このプロセスを何万回、何億回と繰り返すことで、正答を出すためのいちばん大きな指標となる質問はどれかを「学習」できる。これを踏まえて回答（または予想）を調整するのだ。

こうしたプロセスがあるから、アルゴリズムは「学習」していると表現できる。学習は、「インテリジェント」なシステムに必須の基本的特性であると、私たちは認識している。学習には複数のアプローチと種類があるので、その一部を次で紹介する。

教師あり学習とは

いちばん単純な（先ほど挙げた例のような）機械学習アルゴリズムは、教師あり学習というプロセスを使っている。学習に使うデータにラベルがつけられているという意味だ。つまり、教師データに「正答」が書かれたラベルがついているので、アルゴリ

ズムはタスクを正しく実行できたかを簡単に答え合わせできる。先ほどの「猫か人間か？」の問いならば、猫の画像には「猫」、人間の画像には「人間」とラベルづけされたデータを大量に与えられるということだ。その教師データから学習したことを活かして、現実世界（学習環境の外）で出会ったラベルなしのデータを見て問いに答えられる。

　教師あり学習システムでは、最終的には入力と出力（「はい、これは猫です」）を結びつける作業を行う。教師データの各ラベルが入力と出力の正確なマッチングにどの程度重要かがわかると、アルゴリズムはそれに従って重みづけを変え、より正確な答えを出せるようになっていく。教師あり学習は、回帰分析（過去の既知の出力を基に今後の動きを予測する）と分類（ラベルづけされた教師データを基に、別のデータにラベルをつける）に広く使われている。処理が速い強力なツールではあるが、ラベルづけされたデータがなければ動かないという致命的な欠点もある。そして、データの収集とラベルづけにコストと時間がかかる場合もある。一方、結果がとても正確であるところが利点だ。入力データのラベルのおかげでアルゴリズムが自身の正確性を即座に評価し、すぐに出力を修正できるからだ。

　一般的によく見られる活用事例としては、銀行や金融機関での詐欺行為の発見（ラベルつきデータセットを大量に用意できるから）、ユーザが気に入りそうな製品・サービス・機能を提示するレコメンデーションエンジン（ほかのユーザの行動がラベルつきデータとして使えるから）、医用画像からの病気の兆候の発見と診断などがある。

教師あり学習アルゴリズムのうち、よく使用される手法をいくつか紹介しよう。

決定木

　決定木は、アルゴリズムがノード（節、分岐点）とリーフ（葉）を持つ樹形のようなプロセスに沿って下降しながら、データを照会する手法だ。一般的には、ノードに至るたびに用意された質問にYes / Noで答え、その答えによって次に行き着くノードが変わる。決定木は分類と回帰の両方のタスクを実行できる。

ランダムフォレスト

　名前（フォレスト＝森）からわかるとおり、決定木が複数集まった構造をしている。複数の決定木を連動させることで、アルゴリズムはデータをより正確に識別できるようになる。複数の決定木の組み合わせなので、これも分類と回帰分析に用いることができる。

ナイーブベイズ

　過去の既知の事象から将来その事象が発生する可能性を判断する「ベイズの定理」に基づいた分類アルゴリズム。使用するデータ同士の関連性をいっさい考慮しないという特徴から、「ナイーブ（単純）」と呼ばれている。つまり、データはどれも独立していて互いに相関する特徴はない、という前提の下で実行される。

k 最近傍法

　これもまた機械学習で用いられる有効な統計モデルのひとつ
で、回帰と分類の両方において非常に正確な結果を導き出せる。
チャート上にデータの特徴をできるだけ多くプロットすると、似
通ったデータは互いに近い場所に現れる、という考え方がベース
になっている。

┃━　　　　　　教師なし学習とは　　　　　　━┃

　先述の教師あり学習は、私たちが日々使用するAIの多くに広
範に用いられている。だが、欠点もある。十分に使えるレベルま
でアルゴリズムを教育する学習プロセスに、大量の時間とリソー
スがとられる点だ。教師なし学習は、ラベルつきデータで学習す
る必要のないアルゴリズムを構築することで、この課題を克服し
ようとしている。

　教師なし学習のアルゴリズムは主に回帰よりも分類に使われ、
データの特徴が何か、どのような意味を持つかを理解しないま
ま、ただ特徴同士の関係性を明らかにする。データに共通する属
性をまずアルゴリズムが特定し、あるデータ（またはデータの特
徴）がそれと（ある程度の）関連性を持つか、持たないかを分類
する。教師あり学習とは異なり、教師なし学習ではアルゴリズム
に正誤を教える教師（または指導者──つまりラベルつきデー
タ）はいない。

教師なし学習アルゴリズムの基盤となるのは、クラスタリング分析やアソシエーション分析だ。クラスタリングとは、データオブジェクトを似た特性でグループ分けして、似たパターンを持つ別のデータを見つけられるようそのグループにラベルを割りあてる分析手法である。

アソシエーションとは、データオブジェクト同士の関連性を割り出し、それと似た関連性を持つ別のデータオブジェクトを見つける分析手法だ。

ラベルのついたデータよりもラベルのないデータのほうが豊富にあるという点で、教師なし学習は有利だ。一方で、アルゴリズム独自の分類方法に頼ることになるため、結果の正確性は落ちる場合もある。こうした理由から、教師なし学習で信頼度の高い結果を得るには、教師あり学習モデルを使うときよりも徹底的にデータを照会しなければならないので、コンピュータに高い処理能力が必要となる。

教師なし学習の事例としては、顧客の自動グループ分け（例：再購入の可能性が高い／低い）、興味深い関連性の発見（例：ある顧客グループと性別など別の要素との関連性）などが挙げられる。

強化学習とは

強化学習は「半教師あり学習」と呼ばれることもある。アルゴリズムのタスク実行結果に基づいて報酬または罰がわたされると

いう仕組みだ。アルゴリズムは報酬を可能な限り多く、罰を可能な限り少なく生成できる結果のセットを求めるようプログラムされている。

強化学習が半教師あり学習とみなされているのは、教師なし学習と同じく教師データにはラベルがついていないが、必ず「正答」か「誤答」かがアルゴリズムに示されるからだ。受け取った報酬または罰に従ってアルゴリズムが自ら行動を修正できるということだ。

テレビゲームをプレイするAIを見たことがあるなら、おそらくその動作に強化学習が使われていたはずだ。最初の何回かは、たいていコンピュータの腕前は酷いものだ。ただ無作為に試行錯誤を繰り返すうちに、何をすべきかを学習する。最初はすぐに「死んで」、ゲームは一瞬で終わってしまう。だが続けるうちに失敗から学習し、あっという間に人間のプレイヤーよりもずっと巧みにプレイできるようになることが多い。

たとえばパックマンというゲームがある。迷路のなかでパックマンを追いかけ回すゴーストの動きを、長時間にわたって確実に監視、追跡して予測するのは、普通の人間には複雑すぎて難しい。ゴーストは一定のパターンでプレイヤーの動きに反応してパックマンを追うようプログラムされているとはいえ、その動きを普通の人が研究して理解するにはなかなかの時間を要するだろう。だがゴーストの行動パターンは結局はプログラミング論理と確率に基づいているため、コンピュータには楽に理解できる。

強化学習は、アルゴリズム作成時にはおそらく未知だった外部
要因に応じて、機械に行動を自動改善させるケースで役に立つ。
足を失った人が使う義足の強化もその一例だ。強化学習を用い
て、使う人の歩き方に合わせて義足を制御するモーターの動きを
改善する。また、Googleのデータセンターで使われているAIア
ルゴリズムにも強化学習が用いられていて、エネルギー効率を最
大限に高める働きをしている[注2]。

― 深層学習・ニューラルネットワークとは ―

　深層学習（ディープラーニング）はここ10年で一気に普及しつ
つある機械学習の一分野だ。途方もなく大規模なニューラルネッ
トワークをGPUチップを使って動かせばパフォーマンスを大幅
に向上させられる、というGoogleの研究者の発見が発端である。
深層学習の理論はかなり昔から存在したが、コンピュータの処理
能力がやっとビジネスで実用可能なレベルに追いついたのだ。以
来、深層学習はGoogleが提供する数々の製品やサービスに組み込
まれている。

　機械学習のほかの手法と同じく、深層学習も、基本方針は人間
の認識プロセスを模倣することだ。特に、深層学習のなかでも人
工ニューラルネットワーク（ANN）――先述の決定木に似た意思
決定の枠組み――は、人間の脳のニューラルネットワークを基に
構築されている。深層学習に使われるANNは、幾層にも重ねら
れることから、ディープニューラルネットワークと呼ばれること
もある。

深層学習では、複数層からなる巨大なニューラルネットワークに重みづけ（少し前のセクションで触れた）のプロセスを適用する。このネットワークの途方もない大きさが、いちばんの強みだ。深層学習を使った文章生成言語モデルのGPT-3は、現時点で世界最大の機械学習アルゴリズムであり、1,750億のパラメータを持つ[注3]。

　課題がとても複雑なうえ、非構造化データが大量に含まれている場合に、深層学習が選ばれることが多い。たとえば、人間の発話や画像から意味を理解したり抽出したりする場合だ。ほかの機械学習手法と同様に、教師あり学習、教師なし学習、強化学習を用いた学習が可能だが、深層学習は特に教師あり学習に適していると、Google BrainのAI開発ユニット創始者で、初めてGPUをANNに適用して現代のAIテクノロジー新世代を始動させたアンドリュー・ンは述べている。

━　敵対的生成ネットワーク（GAN）とは　━

　GANは、機械学習の分野では最先端の技術で、基本的には2つのニューラルネットワークを競合させ、もう一方に勝る出力ができるよう双方が効率を上げ合って学習することで成り立つ。片方は生成ネットワークと呼ばれ、既定の学習用データのルールを模して新たなデータを生成する。そして学習用データか生成したデータから一部を取り出して、もう片方のネットワークである識別ネットワークに見せる。すると識別ネットワークは、見せられたデータが学習データのものか、新しく生成されたものかを判別

する。正しく分類できたら識別ネットワークの勝ち、間違えたら生成ネットワークの勝ちだ。このようにして両ネットワークは「学習」を深め、相手に勝つためにさらに元データに限りなく近い「クリエイティブ」なデータを生成する。

GANの主な使い道は、既存データが持つ法則と、人間が既存データに抱く予想の両方に沿った、新たなデータの生成だ。そのため、「ディープフェイク」の生成に広く使われている——現実にはないものを写した偽写真などだ。AIが芸術作品、音楽、文章をつくる際にも使用される。また、2D画像を3Dのコンピュータオブジェクトに変換して仮想空間で見られるようにしたり、解像度の低い画像では見えない細かい部分を補うことで解像度を上げたりすることもできる。

パックマンに強化学習が用いられている話に驚いた人は、機械学習の技術でパックマンをまるごと再現できるといわれたらどう思うだろうか？ 2020年にNVIDIAがこれを成し遂げた。GANベースのシステムにパックマンのプレイ画面を見せるだけで、なんとゲームのコード全体を生成し、実際にプレイできるパックマンをつくってしまった！[注4]

高度な分析技術を実戦に使う

さまざまな分析手法をひとつの包括的なツールキットとして考えると、それさえあれば、組織に流れ込み、そして流れ出ていく無数のデータセットからどれでも好きなデータ（構造化データも

非構造化データも）を分析し、意味を引き出せるようになる。成功はこれにかかっている。というのも、各分析手法をざっと見てきたが、合うものをひとつだけ選べば良いとは思えなかったのではないだろうか。それよりも、最初のデータ戦略で選んだ活用計画に取り組みながら、データ分析が必要となったときに適宜組み合わせて適用するという考え方をおすすめする。

　ねらいは、複数のデータセットを同時に使ってできる限り鮮明な絵を描けるようさまざまな分析手法を使うこと、そして得たインサイトを次のデータセット（および今後のデータセットすべて）の分析に活かすことだ。

分析の種類

　紹介してきた数々の機械学習の手法も含め、高度な分析技術を使えば、さまざまな方法でデータからインサイトを引き出すことができる。ここでは定番の手法を見ていくが、いずれも非構造化データの分析と理解に注目している。扱うのは最高に難しいが、すばらしい価値を持つデータだ。いまも絶えず新しいツールが登場しては、高度な分析技術（機械学習、深層学習、GANなど）の新たな活用方法をもたらし続けている。選択肢があまりにも多いので、どこから手をつけて良いかわからない人もいるだろう。まずは分析の種類ごとの強みと弱み、どのような業務に適しているかを理解することが重要である。

画像・動画分析

　静止画も動画も含めた、ありとあらゆる画像（写真、図、医用画像、録画記録など）からインサイトと意味を抽出する分析プロセスを指す。機械学習はこれにすばらしく堪能であることがわかっている——十分な教師データと十分に処理能力の高いコンピュータがあればだが。教師あり学習が使われることが多い。教師なし学習を使うこともできるが、写真や画像の内容物を特定するという基本タスクでは、正答かどうかをアルゴリズムが「知る」ことができなければ、フィードバックをまわして正確性を上げられない。深層学習は画像認識タスクに幅広く使われていて、大規模なニューラルネットワークが分類、相関、回帰を非常に正確に処理する。パターン認識という、学習用データセット内の似通った画像を使って問題のデータセットから同じ要素を見つけ出す技術にも、深層学習が使われる。デジタルジオメトリという、画像内のオブジェクトをアルゴリズムが認識可能な別のオブジェクトと比較することで形状認識を行い、オブジェクトの大きさを予測する技術もそうだ。画像分析には、写真に付随するGPSタグや、監視カメラのタイムスタンプなどのメタデータを使った分析も含まれる。データをただ見ただけではわからない、さらに深いインサイトを得られる手段だ。

　動画分析では、行動の測定と分析を一定期間にわたって行うことができる。自動運転車を誘導するのもこの技術だ。Teslaのイーロン・マスクは、自動運転車は最終的にはLiDARなどのセンサー技術を使わずに動画データのみを使って動くようになると考えている[注5]。人間のドライバーと同じような方法で、つまり主に

視覚に頼って運転するということだ。

画像分析を活用できそうな分野は山のようにある。セキュリティ目的の顔認識、ソーシャルメディアでシェアされた写真に写る自社製品の認識。カジノでは、大金を賭ける客、詐欺師、出入りを自粛させている問題客などを認識することもできるだろう。魅力的な技術なのでつい夢中になってしまうかもしれないが、鍵となる質問に答えるため、または自社の戦略目標を達成するための戦術から逸れないようにすること。

テキスト分析

文字の形になった大量の非構造化データから意味を抽出するプロセス。たいていの企業は膨大な量のテキストデータを所有している。メールにメモ、社内文書、顧客記録、Webサイト、報道記事、ブログ、それからソーシャルメディアの投稿まで。その大半は人間が読むための形で構築されている。つまり、処理と分析は手動で時間をかけて行うしかないということだ。

顧客からのコメントカードや医師のメモ書きのように紙に手書きされた文字を読み取るには、先ほど説明した画像分析が使える。画像分析でテキストに変換したら、NLP（自然言語処理）ツールで意味、文脈、または感情を抽出する。つまり、会社にテキストの形で届くさまざまな資料や問い合わせ、それからソーシャルメディアやWebサイトに書かれたレビューなどをコンピュータが自動で理解し、場合によっては返答までできるということだ。肯定的なフィードバックの増減など事業運営に関わる重要なパ

ターンを発見、理解したり、製品・サービスの改善に役立つさまざまな種類の情報を得たりする使い方もできる。

テキストを分析する一般的な手法には次のようなものがある。

- **分類**：テキストの構造を見て、タイトル、内容、関連性などの特徴でカテゴリー分けしたり、フィクションかノンフィクションか、学術的な文章かなどに分類したりする。
- **テキストクラスタリング**：検索エンジンと同様のやり方で、テキストを話題やカテゴリー別にグループ分けし、フィルタリングしやすくする。
- **要約**：文書から鍵となる箇所や重要な箇所を取り出し、自動で要約を作成する。特定の人やグループ向けにパーソナライズした要約を作成することもある。
- **センチメント評価**：意見や感情をテキストから抽出してカテゴリー分けする（これから詳しく説明する）。

センチメント分析

センチメント（感情）は、テキストだけでなく、動画や音声データ、人が意見を表明する際に使うさまざまな形式のデータに含まれている。ここでのねらいは、特定の話題、コンセプト、考えに対する個人またはグループの反応を知るために、主観的な意見や感想を抽出することだ。センチメント分析は、販促活動や新製品、新サービスに対するユーザの反応を知る目的で、ソーシャルメディア上で頻繁に行われている。政府や野党が政策に対する世間の反応を知るために行うこともある。製品発売前や政策実行前

に、事前発表の報道記事などをセンチメント分析することも可能だ。センチメントや反応の種類には、判断、評価、情緒反応などがある。

センチメント分析は利害関係者の意見を拾う仕組みの構築にとても役に立つ。個人というよりはグループの感情と意見を捉えるものなので、個人データの収集能力と保管能力に頼る必要がない。とはいえ、自社のブランドを熱心に推奨してくれる人や、逆に強く批判する人の声を発見する目的にも活用できる。推奨の声はさらに拡散（そのユーザのコメントをマーケティングに使わせてもらうなど）し、重大な懸念点には対処できるようになる。

最新のセンチメント分析は、データが直接表すものの奥にある意味を理解しようとしている。だから、言葉選び、文脈、メタデータを分析することで、たとえばユーザが「満足しています」とか「困っています」と明確に書かなくとも、そのときの心境を理解できる。画像や動画データでボディランゲージを観察、分析したり、音声データからストレスレベルを測定したりすることもできる。こうした分析手法は、ソーシャルメディアやブログ、動画シェアサイトでユーザが企業や製品について感想を熱心に共有する現代では、急速に人気を増している。

音声分析

音声会話の録音やメッセージログから情報を抽出するプロセス。話題や実際に使われた言葉だけでなく、会話中の感情要素（センチメント）も分析できる。

どんな企業でも、競争相手の一歩先をいくには、顧客を満足させ続ける必要がある。技術サポートが必要な製品・サービスを提供していたり、大規模なカスタマーサービス用コールセンターを設置していたりするなら、この分析手法は顧客との関係の維持と構築、そして対処すべき問題の特定に、大いに役立つだろう。たとえば、音声分析を使って、顧客からのクレームで繰り返し挙がる問題や、長期にわたって頻発している技術的な問題を特定することもできる。具体的な苦情や問題を抱えて連絡してきた顧客に、解決方法を自動返信するのも可能だ。ユーザがソーシャルメディアで言及する前に問い合わせに対応し、解決できれば、否定的な情報の拡散も顧客とのいざこざも回避できるはずだ。さらに音声分析は、自社のカスタマーサービスの質を評価したり、同僚の手本となるすばらしい対応をした従業員を特定したり、もしくは成果が出ておらず追加の学習や訓練が必要な従業員を特定したりもできる。

　とにかく数多くの電話を受ける組織では、内容をひとつ残らず分析にかけるのではなく、通話時間が比較的長い電話のみに絞っても良いだろう。難しい問題がそこで話されている可能性が高いからだ。その問題の解決手順を改善またはアップデートすれば、問題解決にかける時間を大幅に削減したり、事前対応策を講じてそもそも問題が起きないようにしたりできるだろう。

ノーコードAIとサービスとしての
AIインフラ

　この章を読んで、いますぐ実践したいアイデアが見つかったものの、自社専用の機械学習と深層学習アルゴリズムを構築するとなるといったいどこから始めたら良いかわからない。そう思った人に良いニュースだ。

　私たちのほとんどは、すでにAIと機械学習を日々の生活で問題なく、ときに自覚さえなしに使っている。Googleで検索するときや、携帯電話のカメラで撮った写真をフィルターで加工するとき、Amazonで買い物をするときには、いつも見えないところでAIが動いていて、私たちの生活をより豊かに、または便利にするためにデータを処理している。

　昨今は無数のツールとアプリケーションが、それもたいていの場合クラウド経由で利用できるようになりつつあるおかげで、ありとあらゆるビジネスプロセスの裏側でAIを活用できる。多くの場合、こうしたAIは複雑なコードと分析機能を、使い勝手の良いインターフェイスの裏に隠している。おかげで、画面上で部品をクリックし、ドラッグ＆ドロップして、自動化したりインテリジェントなワークフローをつくったりできるのだ。もしメールアカウントにルールを設定したことがあるなら（ある送信元からのメールはすべて別のメールアドレスに転送するなど）、それは自動化を適用した経験があるということだ。適切なツールさえあれば、これと同じ原理でさまざまなビジネスプロセスを自動化でき

る。SalesforceのEinsteinのようなツールは、顧客のセグメント化とオーディエンス・ターゲティングのプロセスを自動化してくれるし、AmazonのIoT SiteWiseは、産業機器の接続と自動化をノーコードでできる枠組みを提供している。

前述のGPT-3言語モデルは、人間の自然言語からコンピュータコードを生成できる。複数の企業が、これを商業化するソリューションを開発中だ。近い将来、コンピュータプログラミングの経験がいっさいない人間が独自のソフトウェアアプリケーションを簡単につくれるようになるというのも、ありえない話ではない。

いずれの技術も、この本を通して言及してきた「AIの民主化」を推し進めている。AIソリューションの導入には、基本的にはある程度の技術力が求められる。だが、技術面の正式な教育や経験を特に持たない人が、AIに挑戦してアイデアを形にするチャンスにますます手が届きやすくなっていることは明らかだ。

この章のまとめに、いちばん重要なポイントをさっとおさらいしよう。高度な分析技術や手法をいろいろと紹介してきたのは、使いたいものをひとつ選ぶためではない。データソースと同じで、本当に革新的な結果を生みたいのなら、ひとつの道具箱のなかに複数のツールが入ったセットとみなし、ツール同士を組み合わせて使う必要がある。

アイスクリーム屋の例に戻ろう。まずは、ソーシャルメディアでセンチメント分析を行うと良いかもしれない。自分の店舗の近辺で人々が何の味について何と投稿しているかをNLPを使って

把握するのだ。次に通行人の携帯電話データから、通りごとの通行者数を得て、アイスクリームが売れる可能性の高い場所を突き止める。それから、サードパーティからの気象データと自社の売上データを突き合わせて確認し、アイスクリーム販売に最適な天候条件を理解したら、在庫を多めに用意する必要のある日にちを予測する。

　これで、データソース、データガバナンス、そして分析手法とツールについて確認できた。次に考慮するべきは、すべてを結びつけて稼働させるのに必要なITインフラだ。

原注

1 Hays, CL (2004) What Wal-Mart knows about customers' habits, New York Times, 14 November, www.nytimes.com/2004/11/14/business/yourmoney/what-walmart-knows-about-customers-habits.html (archived at https://perma.cc/67SQ-CYWQ)

2 Gamble, C and Gao, J (2018) Safety-first AI for autonomous data centre cooling and industrial control, DeepMind, 17 August, deepmind.com/blog/article/safety-first-ai-autonomous-data-centre-cooling-and-industrial-control (archived at https://perma.cc/SBQ7-NJJZ)

3 AIM (2020) OpenAI releases GPT-3, the largest model so far, Analytics India Magazine, 6 March, analyticsindiamag.com/open-ai-gpt-3-language-model/ (archived at https://perma.cc/3DQ3-U42S)

4 Vincent, J (2020) Nvidia's AI recreates Pac-Man from scratch just by watching it being played, The Verge, 22 May, www.theverge.com/2020/5/22/21266251/nvidia-ai-gamegan-recreate-pac-man-virutal-environment (archived at https://perma.cc/Z42G-JGCS)

5 Alvarez, S (2021) Elon Musk explains Tesla's pure vision approach to Autopilot and Full Self-Driving, Teslarati, 10 April, www.teslarati.com/tesla-autopilot-fsdcamera-approach-explained-elon-musk/ (archived at https://perma.cc/J9DW-3FEH)

第13章

ITインフラと
データインフラを構築する

　何の目的でデータを活用するか、どのデータが必要か、データガバナンス上の懸念事項は何か、どのような手法で分析するかを決めたら、強固なデータ戦略策定の次のステップは、テクノロジーとインフラストラクチャーの要件決めだ。

　具体的には、データをインサイトに変えられるソフトウェアまたはハードウェア選びを指す。繰り返しになるが、自由に使えるデータを大量に保有していても、そこから何かを学んでビジネスの成長につなげられる力を持っていなければ、意味はないのだ。

　データ戦略から最大限の価値を創出する計画でいるなら、その目的が顧客を理解することだとしても、あるいはより良い製品・サービスを生み出すこと、業務効率を上げること、新たな収益の機会を開発することだとしても、それを実現できるツールとサー

ビスに投資する必要がある。ほとんどの企業は何らかのデータイ
ンフラやテクノロジーをすでに保有している。SQLを使っている
企業もあるかもしれない。それももちろん結構だが、高度な分析
とAIテクノロジー関連の開発を行いたいのなら、インフラを基
礎から再考することになる可能性が高い。

つい最近まで、大規模なインフラ投資なしには、多様かつ大容
量のデータをビジネスに活用するのは難しかった。高額なソフト
ウェアとハードウェア、ストレージ設備、データアナリストの
チームなど、とにかく費用がかかった。だがありがたいことに、
それはもう昔の話だ。データ分析と「サービスとしての」AIの発
展（のちほど詳しく説明する）、そして拡大を続けるサードパー
ティデータプロバイダー市場のおかげで、いまはどれほど小さな
会社でも、社外のデータセット、リソース、スキルに楽に手が届
く時代になっている。

データをインサイトに変換するには、次の4フェーズのインフ
ラストラクチャーを考慮する必要がある。

① データの収集
② データの保管
③ データの分析と処理
④ データの伝達

本章ではこの4フェーズを順に見ていき、それぞれの主な課題と
懸念事項や、よく使用されるツールとソリューションを探求する。

ほとんどの企業には既存のインフラストラクチャーがあると仮定すると、まずはいまあるものの確認から始めるべきだろう。この章を読み進めながら、自社にすでにある機能を書き留めよう。おそらく、既存のインフラに修正を加えたり何かを追加したりすることになるが、既存システムのなかにもデータ戦略で活用できるものがあるかもしれないと意識しておく。たとえば、Webサイトやカスタマーサービスセンターを介してすでに有用なデータを収集しているが、それを分析したり、引き出したインサイトを必要な人に伝達したりする能力がまだないだけかもしれない。自社のデータ活用計画に合わせて、足りない能力を既存のインフラにつけ加えても良いだろう。多くの企業は、データに基づいたインサイトを日常的にやりとりしてはいないかもしれないが、何らかの社内コミュニケーション機能は持っているはずだ。もしもコミュニケーション戦略がすでに整っているなら、それを参考にしてデータ戦略のコミュニケーション面を計画できるだろう。

　繰り返しになるが、この章で考えていく「インフラ投資」は、必ずしもソフトウェアとハードウェアを購入して社内ネットワーク内でデータを活用することを目指すわけではない。ターゲットマーケティングと顧客セグメント化でGoogleやFacebookの広告機能を基盤にする方針なら（そうする企業は多い）、データの取得、保管、分析を行うツールはサービスの形で購入すれば良い。購入するサービスも必須インフラの一部と考えるべきだし、すべてのデータ活用計画の要件を満たすかを確認する必要がある。一方で、Googleなどから取得する外部データと別のデータを組み合わせて使う場合は、さらなるインフラ投資が必要となる可能性が高い。

ひとつ忘れてはならないのは、さまざまなベンダーから何をいわれようと、ビジネス分析に万能のソリューションはまず存在しないということ。「とにかくどんな会社も、X社のインフラサービスソリューションを買うべきだ」といえたら私も楽なのだが、現実には、この章で扱う4フェーズ（＊編注：次々節から解説）にひとつずつ向き合い、自社の活用計画に適合するものを判断しなければならない。

┃　　　データ、分析、サービスとしてのAI　　　┃

　近年、クラウドベースのデータサービスを顧客企業に提供する新規事業が数多く立ち上がっている。サービスとしてのデータ、サービスとしての分析、サービスとしてのプラットフォーム、サービスとしてのAIと機械学習もその一部だ。正確にいうなら、データを扱うプロセスのどの部分も、個別ソリューションとして、または全プロセスをまとめたend-to-endのソリューションとして、いまはサービスの形で利用できる。完全なセルフサービスもあれば、コンサルティングや相談がついたサービスもある。

　「サービスとしての○○」が、収益性の高い市場であることは間違いない。2020年の全世界での市場規模は1,470億ドルに達し、2025年まで毎年25％ずつ成長し続けるという予測もある[注1]。

　「サービスとしての○○」モデルには大きなメリットがいくつかある。特に魅力的なのが、どれほど小さな会社でも、データ収集と処理、そのあとのアクションに本来なら必要となる高額なデー

タ基盤もなしに、大容量のデータセットを活用できる点だ。サービスとしてのデータ基盤は背骨となって「アプリ革命」を支えてきたといって良いだろう。Uber や Airbnb、Netflix などの企業が、Amazon、Microsoft、Google などのサービス（それぞれ AWS、Azure、Google Cloud）に「乗っかる」ことで、小さなスタートアップから業界大手へと成長を遂げることができたのだ。サービスとしてのデータ基盤を利用するときは、ストレージと必要な分析能力をレンタルし、使った分だけ料金を支払えば良い。

プロバイダーのサービスを利用する魅力のひとつが、技術的な問題や要件は舞台裏に隠され、自社の知らないところでプロバイダーに対応してもらえる点だ。インサイトの収集に集中できる。また、たいていプロバイダーがデータガバナンス、コンプライアンス、セキュリティ要件を（少なくとも部分的に）担当してくれる点も大きなメリットだ。中小企業にとっては、自社で収集した重要な個人データが信頼性の高い大手企業によって安全かつ厳重に保管されている、と確信できるのは魅力である。ただし、データが Amazon や Google のクラウドに保管されているからといって、全責任から解放されるわけではない。結局は、格納場所が正しいか、誤った使い方をしていないかを管理するのは自社だ。とはいえ、大手のクラウドサービスの高いセキュリティレベルは、確実に安心感の足しになるはずだ。

ここ数年で業界スタンダードにのし上がった分析サービスには、HP の HAVEn 分析プラットフォームと Salesforce の Einstein Analytics がある。Amazon はクラウドプラットフォームの世界最大手で、自社の AWS を基盤に構築したソリューション（Amazon

Kinesisなど）を多数提供している。IBM Cognos、Alteryx、Sisense、Teradataなどは独自のソリューションを提供しているし、Databricksなどは Apache Spark のようなオープンソースのプラットフォームを基盤にサービスを構築、提供している。

　サービスとしての AI を利用する場合、基本的には先述の一般的な分析サービスか、より専門化されたサービスから選ぶことになる。専門化されたサービスとは、個人認証を目的としたコンピュータビジョンによる顔認識、機械学習を使った詐欺検知ツール、カスタマーサービスに使うチャットボットなどといった、特定の技術を提供するものだ。データ活用計画の内容によっては、こうした設定不要のすぐに利用できるソリューションで十分かもしれない。

　サービスとしてのデータの世界にも、専門性の高いプロバイダーがいる。たとえば先述のとおり、農業機械メーカーの John Deere は農家向けにインサイトとデータ分析を提供するプラットフォーム、FarmSight を開発した。世界中で稼働する農業機械と作業車両から収集したデータを使っているので、業界中から集めた知識を小さな農家でも活用できる。そのデータを高速処理するために必要な高度な機械学習の分析エンジンも、John Deere が提供している。これは、作付けや種まきに最適な条件の判断から産業機械の予知保全まで、さまざまな場面で役立っている。Microsoftは Sports Performance Platform を開発し、スポーツチームがデータを活用して競争力を高められるよう、データと分析能力を提供している。ほかにも、映画と演劇の分析に特化したサービス Showtime Analytics など、ニッチな業界をターゲットとしたプ

ラットフォームは増える一方だ。特定の分析手法に特化したサービスもある。Cartoは位置データを使ってさまざまな業界の成長を支援しているし、Iron Mountain Insightは通常では情報を引き出すのが難しい「ダークデータ」を専門に扱っている。

顧客、市場、トレンドをより深く理解し、情報に基づいてより良い意思決定をしたいなら、サービスとしてのデータインフラは願ってもない選択肢だ。だが、業務効率化か新たなデータソースの収益化をねらっているなら、サービスを利用するだけでは不十分かもしれない。その場合はおそらく、自社のデータを取得する技術に投資すると良いだろう。それに付随して、そのデータを社内で保管し分析する技術も必要になる。要は、データが日常的な業務やプロセスにとっての肝となるなら、そのデータは社外のプロバイダーに任せるよりは自社で所有し、掌握したほうが良いだろうということだ。ただし、巨額をつぎ込めという意味ではない。のちの章で言及するが、インフラ費を抑えられるオープンソースのソフトウェアなど、低価格の選択肢はいくらでもある。

あらゆる企業に適しているとはいえないものの、多くの企業が「サービスとしての○○」モデルが革命的であることを実感している。データ戦略を敷く価値を認識する企業が増え、そんな企業を支援するサービスがさらに登場する流れのなかで、サービスモデルの人気は今後も高まり続けるだろう。

フェーズ①　データの収集

「データの収集」のフェーズは、内部データか外部データか、構造化データか非構造化データかに関係なく、データが自社に入る部分を指す。売上記録、顧客データベース、顧客や従業員からのフィードバック、ソーシャルメディアチャネル、マーケティングリスト、メールアーカイブなどのデータから、研究開発、製造、配送などのプロセス内で収集できるデータまで、あらゆるデータが対象だ。自社にすでにあるデータと、戦略的なデータ活用計画のデータ要件を照らし合わせて、足りないものがないかを確認しよう。

十中八九、データの一部またはすべてをどこかから新たに調達する必要があるだろう。これまで自社になかったデータを入手できるようにするとは、新規インフラに投資する必要があるということだ。

前述のとおり、データソースは社内でも社外でも良い。データ要件で外部データを指定したなら、データプロバイダーを探す必要がある。顧客、市場、プロセス、製品、サービスなどに関する内部データを指定したなら、それを収集するためのインフラツールを見つけなければならない。

まずは内部データから考えよう。ここで、おなじみのIoTがかつてないほど高性能なデータ収集ツールとなる。センサーとカメラはますます小型で安価になり、スマート化していて、ほとんど

何にでも組み込むことができる。これがたくさんの企業のデータプロジェクトに革命をもたらしてきた。以前は、たとえば運送会社が配送トラックのデータを追跡するには、高額なテレマティクスシステムに投資しなければならなかった。いまは同じ機能がスマートフォンアプリとして提供されている。ドライバー全員がスマートフォンを持っているので、トラックの位置情報や運転速度などのデータがリアルタイムで送信される。さらにセンサーを使えば、燃費や積載量からエンジンの作動温度、部品の摩耗まで、何でも追跡できるのだ。

　具体的にどのツールやシステムがデータ収集に必要かは、自社が必要とするデータの種類による。主な選択肢を紹介しよう。

- **センサー**：デバイス、機械、建物、車両、包装など、データを取得したいものに取りつける。日立製作所は、オフィス内や作業現場で勤務中の従業員の移動データを収集できる、スマート社員IDバッジを売り出している。規律を守らせて無断休憩をとらせないようにするためではなく、従業員の行動の情報をとり作業内容ごとのストレスレベルを声から計測するためだ。
- **顧客用アプリ**：製品・サービスを購入したり、サポートを受けたりなど、顧客が企業とやりとりを行う際に使うアプリケーション。Amazonは顧客の登録住所のデータを参考に、配送センターの開設計画を立てている。Microsoftはユーザからのデータを基に、ExcelやOffice 365などの製品内の機能の作動状態をユーザに伝える。Netflixはユーザの視聴習慣を見て、ユーザが次に視聴したいコンテンツを突き止めている。
- **監視カメラと動画**：無人決済コンビニのAmazon Goではカメラ

を使って顧客が商品を選ぶ様子を監視し、棚からとられた商品の決済処理を行う。パイロットプログラムとして世界各地に何店舗かを開業したが、次はアメリカのコネティカット州に約3万4,000平方フィート（3,160平方メートル）の無人決済スーパーマーケットを開業する予定との発表が最近あった。広い売場では、ヒートマップという技術が活躍する。カメラの映像から売場のどの部分に客が集中しているか、ディスプレイや宣伝商品の配置を換えて売場をより効果的に活用する機会があるかを割り出すのだ。

- **ビーコン**：Appleが開発したiBeaconを設置すると、付近の携帯電話の位置を追い、来店者数を監視したり先述のヒートマップを作成したりできる。指定のターゲットにメッセージを送ることもでき、たとえば自社の顧客になりそうだと判断した通行人に来店を促すメッセージを送る。ほかにも、「ゲーミフィケーション」の考え方を使って顧客にブランドと積極的に関わらせる仕組みも多く使われるようになってきた。飲料メーカーのMartiniは、なんとこれを「スマート氷」に適用している。氷の形をした小型ビーコン搭載センサーをグラスに入れ、グラス内の飲み物がなくなったら「おかわり」がいるかもしれないことをバーテンダーに知らせるそうだ[注2]。

Webサイトのcookieもビーコンと同じ原理で動いている。サイトへの訪問者を追跡して、Eコマース企業が訪問者の行動を把握する手助けをする。

近年価値を増しているデータの一形態が、リアルタイムのストリーミングデータだ。通常のデータ分析では過去のデータを使う

が、リアルタイムデータを使う場合は、データが生成された時点からできる限りすぐにデータを取得、分析、報告する必要がある。リアルタイムデータ分析の使い道には次のようなものがある。

- 機械が生成したデータを即座に取得する。機械の稼働状況に関するインサイトに基づいて、作業効率を高めることが目的だ。
- 金融取引をリアルタイムで監視して、金銭が盗まれる前に不正な取引を阻止する。
- 小売業で「マイクロモーメント」（第4章参照）を捉える。見込み顧客が自社の製品・サービスを強く欲する、ほんの数秒間の販売機会のことだ。
- 物流業務とサプライチェーン業務をリアルタイムで監視する。ボトルネックを発見したり、製品配送の非効率を特定したりしたときに、迅速に行動できるようにするため。
- カメラとセキュリティシステムを監視してリアルタイムで警告を出す。たとえば、アメリカの複数の都市で使用されているShotSpotterというセンサーシステムは、銃器の使用を検知し、自動で警察を現場に派遣する。

リアルタイムデータの取得と分析は、あっという間に最重要なビジネスデータ分析に名を連ねるようになった。極めて大きなインフラ投資が必要となることもあるが、自社の戦略に適した活用計画のためなら、思い切った投資をする価値はある。

外部データを使う場合は、社内のインフラストラクチャーを何ひとつ変える必要がないかもしれない。前述のクラウドなどを介した分析サービスではたいてい、パブリックデータセットに自由

にアクセスして作業に取りかかることができる。インターネット上では大量のパブリックデータセットが無料で公開されている。www.data.govやwww.data.gov.ukで見られる各国のデータセットのほか、WHO、WEF、国連などの国際機関から入手できるデータもある。

特定の業界や顧客ベースに関するデータなど、専門性のあるデータが必要なら、それを扱うデータ販売業者を見つけると良いだろう。データドリブンな意思決定に移行して利益を得る企業が増えているので、ありがたいことに、あらゆる業界や活動のデータ市場が急成長している。

ターゲットマーケティング目的のデータは、Facebook（現Meta）、Google、LinkedIn（Microsoft傘下）、その他大手オンライン広告プラットフォームから入手できる可能性が高い。すでに説明したとおり、こうした業者からはデータを直接見られる権利を購入するわけではない。自社の顧客プロファイルに適合する人々の目の前にコンテンツとマーケティング素材を置く機会という、商品化されたインサイトを購入する。特定のセグメントをねらったターゲットマーケティング活動を始め、たいていの目的はこれでかなえられるだろう。だが、誰でもこのツールを利用できるということは、ツールを使って独力で競争優位性を獲得するのは難しいということでもある。つまり、競合企業（おそらく同じユーザ層に広告を見せようと投資している）のマーケティング素材よりも優れたものを用意するか、別のマーケティング計画（見込み顧客についての別のデータベースも利用するなど）で補う必要がある。

別のデータベースは、たとえばAcxiom、Nielsen、Experianなどから得られる。特定分野の企業から広告や資料を受け取ることに同意した顧客のリストに、直接アクセスする権利を提供する企業だ。また、ClearbitやDemandSpaceなどは、企業やその従業員に関するデータへのアクセスを提供している。たとえば自社が関わるB2Bの市場で購買担当者とのつながりを得たいときなどに役立つサービスだ。

より幅広いテーマでデータを収集するには、Snowflakeが提供するようなデータマーケットプレイスを使う手がある。たくさんのデータセットへのアクセス権を企業が購入でき、データの内容は保険証券と保険請求、金融市場、小売業のグローバル経営、サプライチェーンと物流、医薬品開発、さまざまなオンラインサービスの登録者情報などと多岐にわたる。Dataradeもこの分野の大手で、さまざまな業界と市場にわたってデータ販売業者を選定し、そのデータをマーケットプレイスで提供している。希望のデータが見つからない場合はリクエストを送信すると、データ販売業者が応えてくれる。

フェーズ②　データの保管

データ取得に関するニーズを把握したら、次はどこにデータを保管するかを考える必要がある。選択肢は主に2つ。従来のオンプレミスのデータウェアハウスか、クラウドベースのシステムかだ。だが、これは二者択一ではなく、ハイブリッド方式を選択するのが一般的になってきている。

オンプレミスのストレージソリューションに関していえば、いまは大容量のハードディスクが、企業用のIT設備にしてはとても安く買える。膨大な量の情報を保管したり大規模な分析を頻繁に行ったりする必要のない小規模な事業は、これで十分だろう。

ソリッドステートディスク（SSD）搭載のストレージや、古いやり方ではあるが磁気テープという選択肢もある。ソリッドステートストレージは、アクセス速度が非常に速いが割と高価なので、頻繁にアクセスする必要のある小さめのデータによく使われる。とはいえ、価格は下がり続けており（世界的なパンデミックなどが生産能力に影響を及ぼしたので一時的な停滞はあるが）、これから徐々に、長期間使用する大容量のストレージにも現実的なソリューションとなっていくだろう。アナログな磁気ハードディスクと比較すると、ソリッドステートドライブの信頼性は非常に高く、故障率が低くて遅延が少ないので、スピードと正確性が鍵となるタスクには理想的だ。

磁気テープのソリューションには古くさいイメージもあるようで、いまでもビジネスでは選択肢のひとつだと知ると驚く人が多い。だが2019年実施のアンケートでは、9割の組織や企業がストレージ要件の一部を磁気テープで満たしていると回答した──かなりの割合である[注3]。それどころか、まだ磁気テープを使っていると回答した企業のうち63%が、当分のあいだは磁気テープのストレージを使い続ける、または増築するつもりだと答えたそうだ。磁気テープのストレージはほかの記憶媒体と比べて非常に安価なので、アクセス頻度が低く長期間保管するデータに対しては理想的な選択肢なのだ。

クラウド上での保管

　とはいえ最近は、オンプレミスのデータストレージインフラの使用をやめたほうが良い、または少なくとも別の社外データストレージインフラ（つまりクラウドストレージ）で補完したほうが良い理由がたくさんある。

　クラウドベースの分析ソリューションと同じで、クラウドストレージもすぐに使用開始できるというメリットがある。契約するかサブスクリプションに登録しさえすれば、データセンターまたはデータウェアハウスが使えるようになり、データの読み込みを開始できる。

　多くの企業、とりわけ創業したばかりの企業にとって、クラウドストレージが瞬く間に定番のソリューションとなった理由は、柔軟性が飛び抜けて高いこと、必要となればすぐにストレージを増やせること、そして基本的には手の届きやすい価格であることだ。特に、飛躍的に増えるデータセットに対応してストレージをすばやく増設するケースに適している。

　「クラウドストレージ」とは、クラウドサービスプロバイダーが主にリモートで所有、運用するサーバー上に、自社のデータを格納するサービスだ。サーバーはインターネットに接続されているので、いつどこからでもアクセスできる。設計は十分に冗長化される、つまりデータがいくつも複製されてあちこちに分散されるので、仮にひとつのデータセンターで問題が発生しても違う場所からデータにアクセスできる。クラウド上では通常、データ要件

に基づいて、先ほど紹介した3種類の情報媒体——ソリッドステートディスク、ハードディスク、磁気テープ——のいずれかにデータが保管される。使用する媒体の種類と、保管するデータの容量、またはクラウドから出し入れするデータの容量によって、利用料は異なる。

クラウドコンピューティングの普及拡大は、AIの普及や、高度な分析と大容量のデータセットを基盤とするサービスの普及を推進してきたといえるだろう。クラウドはときに冗談で「ほかの誰かのコンピュータ」と呼ばれたが、これは単なる販売促進フレーズではない、なかなか的確な表現。クラウドコンピューティングとは、製品とサービスを含むエコシステム全体である。企業の規模に関係なく、分散したデータセンターとコンピュータ処理能力の「スケールメリット」を得られるようになった。以前は、企業が保管するデータ量を増やしたい、またはデータ処理量を増やすために能力を高めたいときは、社内のネットワーク環境にハードウェアを購入し、導入、運用、維持管理、セキュリティに関する専門知識を持つ人材を雇わねばならなかった。現在ではすべてが月ごとのサブスクリプションに含まれていて、不要になれば解約できるし、こうした能力を大量に用意できるAmazonやGoogleなどの力を活用できる。

クラウドを使ううえで、セキュリティは間違いなく重要な懸念事項だ。会社のプライベートサーバーの外にデータを保管するとなるとリスクは避けられない、という思い込みは理解できるし、実際にそうなのだ。しかし、このリスクはたいてい、グローバル企業が独自に構築したデータビジネスモデルのセキュリティの堅

牢さで相殺できる。たとえば、大手クラウドプロバイダーは（おそらく）全ソフトウェアに修正プログラムをあて、常に最新の状態に保っているだろうから、安心して良いはずだ。DDoS攻撃を阻止するためにファイアウォールを設置し、データを実際に保管する物理的な場所では警備員が見回りをしているだろう。そのうえ、データは複数の場所に分散されていることが多いので、火事や地震のような大災害が起きたとしても、希望的観測では全データがごっそり失われることはなさそうだ。もちろん、オンプレミスで全データを保管するときはこうした対策すべてを自力で行うことも可能だが、果たして確実に用意できるだろうか？

とはいえ、対策が必要な新たな脅威もある。とりわけねらわれやすいのが、アクセスと権限まわりだ。フィッシング詐欺と、クラウドサーバーへのアクセスを許可するよう外部の人間から仕向けられるソーシャルエンジニアリングにも対策が必要だ。

パブリッククラウド、プライベートクラウド、そしてハイブリッド

クラウドがビジネスコンピューティングの典型、または模範として普及したいま、さまざまな種類のクラウドについて理解しておくことが大切だ。

パブリッククラウドとは、一般的には専門のサードパーティ組織が提供するクラウドサービスを指す。データ自体はパブリックデータではない（データ所有者があえて公開する場合を除く）。ク

ラウドコンピューティングサービスを、顧客（個人および法人）だけでなく、料金を支払える相手に広く提供するという点でパブリックなのだ。いまの時代の大手パブリッククラウドプロバイダーをいくつか挙げておく。

- **Amazon**：Amazon Web Servicesのインフラストラクチャーは世界トップレベルとみなされていて、Kindleライブラリのバックアップ機能から、Netflixに使われる高性能な深層学習モデルの実行まで、必要なものはだいたい揃っている。
- **Microsoft**：Microsoftは数十年にわたり、数多くの企業で定番の選択肢として選ばれてきた。MicrosoftのクラウドプラットフォームであるAzureはその恩恵を受けていて、ユーザが操作に慣れやすいというメリットがある。
- **Google**：市場を先導するAmazonとMicrosoftに追いつこうと、GoogleはクラウドプラットフォームのGoogle Cloud Platformをここ数年で急速に拡大してきた。機械学習の分野で新境地を開いてきたGoogle BrainとDeepMindチームの力で、強力な分析機能を提供している。
- **Alibaba Cloud**：中国のインターネット大手企業も、クラウドサービスに関してはアメリカ企業に引けをとらない。Eコマースの超大手であるAlibabaは現在、B2B向けサービスにおいては最大手だ。Galaxy+サービスは特に中小企業をターゲットに、個別ニーズに合わせたインフラストラクチャーとサポートパッケージを提供している。
- **IBM**：ハイブリッド兼マルチクラウドのアプローチ（のちほど詳しく説明する）に重点を置き、コンピューティングの業界で長年にわたり先駆者であり続けている。顧客にとってはWatson AI

のエンジンを使用できる点も魅力だ。

　一方でプライベートクラウドは、すべてを企業内で維持管理する場合に使われるが、導入、アクセス管理、インフラ管理のモデルはパブリッククラウドプロバイダーのやり方に倣っている。データ要件とコンピューティング要件を別の企業（一般顧客からの仕事は受けていない）にすべて外部委託している場合も、プライベートクラウドインフラを運用しているとみなして良い。管理と維持の責任はすべてデータ所有者に属する（もちろん委託は可能）。プライベートクラウドのいちばんの強みは、セキュリティであることが多い。データの機密性を非常に高く保ちたいときは、企業の直接管轄外にあるストレージへの保管を許可しない場合もある。しかも、自社専用のクラウドインフラストラクチャーは要件に合わせて細かく設定できるので、自社のアプリケーションやデータタイプがパブリックプロバイダー利用時と同様に使えるかを心配する必要はない。

　分析手法やコンピューティング技術とまったく同じで、クラウドに関してもこれが万能というものは当然ない。そこで、「ハイブリッドクラウド」や「マルチクラウド」モデルが生まれた。

　ハイブリッドクラウドは、基本的にはパブリッククラウドとプライベートクラウドの両方の要素からなるソリューションだ。たとえば、一部のデータは極秘情報を含むため所轄外に出せないが、公開して構わないほかの部分はパブリックプロバイダーのインフラを活用する、といった場合に役に立つ。両方の良いところを手元に用意しておいていつでも使える、自由がきく環境を構築

できるのだ。課題は、ソフトウェアからパブリックサーバーにもプライベートサーバーにもスムーズに接続できるようにすることだが、これはハイブリッドクラウドサービスの大手プロバイダーが構築した枠組みをそのまま使用すれば解決できる。

ほかに、「バーチャルプライベートクラウド」という選択肢も耳にする機会が増えてきた。パブリッククラウドプロバイダーが、顧客企業のオンプレミスやデータセンターにインフラを展開するサービスを指すことが多い。目的はやはり両方の「いいとこどり」をかなえること。すべてを自社の管轄内で管理しながらも、パブリックプロバイダーが提供するツール、サービス、インターフェイスを利用できる。

マルチクラウドは、複数のクラウドプロバイダーからソリューションを選んで組み合わせるやり方だ。特に、世界中に分散したユーザや顧客にデータを提供する場合に、最高レベルの可用性を確保する目的で選ばれる。

┃━ データのサイロ化を避ける重要性 ━┃

データの保管場所を考える際に外せない要素が、アクセスのしやすさだ。ただ単に必要なときに手に入るようにすれば良いわけではない。社内のできるだけ多くの部門ができるだけすぐにデータを使えるようにする。この考え方は2002年、AmazonのCEOのジェフ・ベゾスが下した、全データを可能な限り社内全体から使えるようにせよという「命令」にさかのぼる。この情報化時代で

データはときに「石油」にたとえられるが、実際には石油とは違って何度も繰り返し使うことができる。当初の目的をいったん果たしたからといって、もう使えないと考えてはいけない。

データのサイロ化が起きるのは、データをチームが単独で収集したときに、ほかのチームにとっても有用となる可能性を考えずにただ保管しておくときなどだ。別のチームがどんなデータを持っているかを知らないことは多く、データの取得と保管を重複して行ううちに、時間とコストの無駄が積もりかねない。

だからこそ、データ保管にも（データの取得と分析と同じく）戦略的なアプローチが最重要なのだ。データを保管したら、どこに何があるかをきちんとまとめて社内の全員が把握できるようにすること。そしてできるだけ多くの部門が使えるよう、アプリケーションとインターフェイスを適切に設置することだ。

データ保管のこれから

フラッシュストレージ、ハードドライブ機器、それから磁気テープは、今後もしばらくは使われるだろう。だが社内のデータ量の増加が爆発的に加速し続けるのに応じて、私たちはさらに高速かつ大容量な新しい媒体を求めることになるだろう。現時点では、会社のビジネス要件にすぐには影響を及ぼさないように見えるが、近い将来にそうなると意識しておくに越したことはない。

2012年、ハーバード大学の研究者が、DNA鎖にデジタルデー

タを書き込むことに成功した。彼らの計算によれば、DNAを使うと記憶媒体1グラムあたり2.2ペタバイトのデータを書き込めるそうだ。現存するどんな形式のデータストレージよりも、はるかに効率的である。なんと、小さじ1杯分のDNAに、いま世界中に存在する全データが楽に収まる計算になる。

また、ミシガン大学の研究者は、デジタル情報を液体に保存する方法を発見した。小さじ1杯分におよそ1テラバイトを保管できるという。液体に浮遊させたナノ粒子が、幾度も形を変えてさまざまなデータ値を表せるそうだ。

ほかにも、マンチェスター大学主導の、データを暗号化して極小の粒子に乗せる研究もある。問題は粒子を超低温に保つ必要があり、その際にエネルギーを大量に消費する点だ。とはいえ、保管可能な容量が格段に増えるので、この単分子磁石を使ったデータセンターの床面積はずっと小さく済み、結果的にエネルギー使用量は相殺されるだろう。

こうしたさまざまなアイデアはまだ実用化には遠いが、現存する全データを保管するより前に保管施設の材料が枯渇する可能性が高いことを思うと、とても重要な研究である（事実、CERN（欧州原子核研究機構）の大型ハドロン衝突型加速器が収集したデータの9割が、保管場所をとりすぎるという理由ですでに破棄されている）。

— フェーズ③ データの分析と処理 —

　次は、収集し、保管したデータから必要なインサイトを抽出するために、どのように処理と分析を行うかを考える必要がある。第12章で、最近のデータ分析によく用いられる技術を、従来の統計手法から、AIにカテゴライズされる高度な技術まで多数紹介した。このセクションでは、そうした手法を実行する際の適切なツール選びについて、プログラミング言語や分析ソフトウェアにも注目して考えていく。

　データからインサイトを抽出するプロセスは、次の3ステップにまとめられる。

1. データを準備する（効率良く分析できるように、データの特定とクリーニングを行い、形式を整える）。
2. 分析モデルを構築する。
3. 分析結果から結論を引き出す。

　データ分析では、一般的にはMapReduceというフレームワークを使用して分析に含めるデータを選択し、インサイトを引き出せる形式に整える。IBM、Oracle、Googleなどのベンダーがこれを支援するソリューションを提供しているほか、PythonやR言語などのプログラミング言語や、Apache Sparkのようなプラットフォームなど、オープンソースの選択肢もたくさんある。

　データインフラのストレージ機能と同様、データ処理もいまは

クラウド上で実行されることが多い。BigQuery（Google）、AWS、HDInsight（Microsoft）、Clouderaなどはいずれも、柔軟に分析を実行できるツールを提供している。有名企業のほかにも、特定の職場や業界向けにつくりこんだソリューションを提供するスタートアップも数多く登場している。

Amazon QuickSight、Infobright、IBM Cognos Analytics、Hortonworks Data Platform、Cloudera Data Warehouse、Pivotal Analytics、Sisense、Alteryx、Splunk、SAP Analytics Cloudはどれもその実力が認められているツールで、企業の方針によってクラウド上またはオンプレミスで、グローバルに利用されている。

サービスとしてのAI（この章の序盤で言及した）は、まさにこの分析フェーズで役に立つ。とりわけデジタル・トランスフォーメーションに乗り出したばかりの企業にとっては、すばらしい支えとなる。

分析フェーズで使われるのが、機械学習、深層学習、コンピュータビジョン、自然言語処理、感情分析、レコメンデーションエンジンなど、テクノロジーを魅力的で有益なものにする革命的なイノベーションの数々だ。

当然、こうした高負荷で膨大な量の演算を行うには相当な処理能力が必要だ。近年の演算処理能力の大半はグラフィック・プロセッシング・ユニット（GPU）が担っている。先述のとおり、この処理装置はもともと、最先端のコンピュータグラフィックスを生成する際の高負荷タスクのために設計されたものだ。だが、

GoogleのAI技術者がAI関連のタスクにGPUが使えることを発見し、産業界向けのAIと機械学習の多くに活用されるようになった。いまは、NVIDIAやArmなどが開発したAI専用の処理装置にやや地位を奪われつつあるうえ、Cerebras Systemsなどのスタートアップも競争に加わってきている。Cerebrasはまさに最近、世界一強力なAI用処理装置を開発したと発表したばかりだ。トランジスタの数は26兆、CPUのコア数は85万だという（NVIDIAの現時点での最新型、A100というAI処理装置は、トランジスタが54億超、コアは7,344個）。

　処理能力の成長はまだまだ止まらないだろう。量子コンピュータが日常的に使われる日を心待ちにしていよう。なにしろ、量子力学の不思議な現象を利用して、現代最速の「古典コンピュータ」（＊編注：量子コンピュータと比較する際、現在主流のコンピュータを古典コンピュータと呼ぶことがある。古典力学と量子力学の区別になぞらえている）の処理装置よりも何億倍も速く処理をこなせるコンピュータだ。ほかにも、脳の神経系の神経生物学的な構造を模倣した電気回路を使用するニューロモルフィック・コンピューティング、そして、現在の処理装置内のトランジスタを軽粒子（光量子）をトリガーとする光トランジスタに置き換えて処理を高速化した光コンピューティングも、徐々に現実になりつつある。

┃━━　　フェーズ④　データの伝達　　━━┃

　データインフラストラクチャーの最後のフェーズは、私たちが引き出したインサイトを必要とする人（または機械）に報告する

段階だ。データ活用の目的が顧客の理解や業務プロセスの改善なら、データを必要とするのはおそらく社内の人間だろう。顧客の生活をより便利に、より楽しく、または情報に基づいたものにするために、スマートな製品・サービスを生み出すことが目的なら、データを必要とするのは顧客かもしれない。データをさまざまな形で活用する広範な活用計画を立てたなら、データを必要とするのは社内と顧客の両方だろう。なお、データの報告プロセスとは、データ戦略と活用計画を実行に移す過程で発生した問題が明るみに出る場であり、それを克服するための修正案もここで考えることができる。

最終的に目指したいのは、インサイトを簡単に入手、理解できるシステムやプロセスを敷いて、事業の成長や改善につなげられるようにすることだ。データの可視化と伝達はその重要な一部分であり、データを欲している関係者が誰かを明確にすることも忘れてはいけない。

分析レポートを社内で生成できるようになり、多くの企業がデータに基づいたインサイトに手が届く（そして理解を深められる）ようになった。押さえるべき原則は、データをどのように照会して必要なインサイトを引き出したいかを、データ利用者自身が選択できるようにすることだ。利用者が求めるデータが含まれていないビジネス・インテリジェンスレポートをただ出力しても、どうしようもない。CitibankやWalmartは、従業員が何十億ものデータポイントにアクセスできるデータハブを構築した。オンライン小売業者のEtsyでは、いまは従業員の80％が、自社が持つ膨大な量の取引データとWeb閲覧データを使って、意思決定

を行ったり顧客の個別ニーズに合わせたショッピングサービスを提供したりしているという。そのうえ、Etsyは顧客のクリックストリームデータを、自社プラットフォームを使用する販売業者や企業と共有することで、顧客のターゲティングの改善や、売上と顧客満足度スコアの増加を支援している。

IBMはウィンブルドン選手権の実行委員会と分析パートナーシップを組み、大会関係者が利用できるインサイトを引き出している。関係者とは、ソーシャルメディア用にコンテンツをつくる組織内マーケティングチームから、ブランドの露出度を最大化したいスポンサー、もっと視聴者を引きつける方法で試合進行を報道したいジャーナリスト、それから好きな選手のプレイの詳細な統計分析を楽しむファンまでと、幅広い。

私が仕事で関わったことのある小売企業は、販売取引記録と顧客記録からデータをとり、分析にかけて創出したインサイトを次の相手に報告していた。

- **自社の経営層**：全体的なパフォーマンスと傾向を伝える。
- **売場担当の販売員（手持ちの端末経由で報告）**：顧客の入店に合わせて、その顧客が欲するものの予測を手助けする。
- **倉庫と事務部門の従業員**：棚卸しと物流の計画策定を支援する。
- **顧客**：Webサイトと、おすすめ商品メールで、顧客が次に購入する可能性のあるものを勧める。

要は、関係者全員をデータ利用者とみなし、グループごとの報告戦略を設けるということだ。全員に共通して重要なデータとイ

ンサイトもあるが、その場合もグループごとに見せ方を変えたほうが、相手が行動に移しやすくなる。

― データのストーリーテリングと可視化 ―

データを必要とする人や機械にデータを伝達する方法は複数ある。最終的に次のポイントを満たす方法を選ぶと良いだろう。

- インサイトを目立たせる（新聞の見出しと同じで、インサイトが最初に目に入るようにする）。
- インサイトを有効利用するためにとるべきアクションを示す。
- そのインサイトにたどり着いた理由を説明する。

このプロセスを、データのストーリーテリングという。説得力のある物語をつくり、情報のやりとりに相手を引き込んで、相手の目標達成に必要な情報をできるだけ多く持ち帰ってもらうことがねらいだ。

すでに触れたとおり、データ利用者のタイプが複数に及ぶ場合は、ひとつのデータ活用計画で複数のレポート（またはストーリー）を用意することになる可能性もある。上記のポイントは必ず含むとしても、有益なインサイトやアクションポイントとその説明は、相手によって異なってくるのだ。

図は言葉よりも多くを語る。意思決定の改善を目的としたデータ活用なら、シンプルな図とグラフやレポートは、インサイトを

相手に伝える有効な手段だ。明確に簡潔に伝達しよう。全50ページに及ぶレポートや、相手が理解する必要のない値をプロットした複雑な図に、大切な情報を埋めてしまわないように。重要なインサイトが明確に示されていないと、相手の行動に結びつかない。

伝達内容が複雑ならば、市販のデータ可視化プラットフォームを使うとデータを魅力的にわかりやすく伝えることができる。データと分析技術の普及により、新しい可視化ツールの波が来ている。魅力的で目に留まりやすいレポートを出力できるうえ、手動でデータを要約して内容を理解する時間を減らすことができる。優秀で人気のある代表的なものが、QlikView と Tableau である。今日では AI のレポート作成ツールまで存在し、データ利用者のニーズに合わせた指定の形式でレポートを作成する機能を備えている。Narrative Science が提供しているサービスの Lexio がその一例だ。こうしたツールは通常、この本でも紹介したような大手データストレージや分析プラットフォームと連携や共存が可能な設計になっている。

データ可視化の形式のなかでも効果的なものを挙げよう。

- **チャートやグラフ**：棒グラフや円グラフは、量的な数値に関するシンプルなストーリーを語るのに適した、とても直接的な手法だ。これで十分なときもあるが、状況を余すことなく描くにはシンプルすぎて使いにくいときもある。
- **散布図**：相関関係にあるデータ（第12章参照）を可視化するのに有効な手法。変数同士の関係が見やすくなり、また外れ値も見

つけやすくなる。

- **インフォグラフィック**：文字と図を組み合わせて物語をつくる。直線的（「こういった理由からこれが起き、よって最善策は……」）、または非直線的（フローチャートを枝分かれさせて、具体的なデータや選択によって結果が変わるなど）に構築できる。
- **ワードクラウド**：単語やフレーズなど構造化されていない要素同士の関係性を示せるため、非構造化データに適している。データセット内に多く含まれる単語やフレーズは大きなフォントで表示される。
- **ネットワーク図**：たくさんのノード（点）のネットワークという形でデータを表す。ノードを線で結ぶことで値やデータポイント同士の関係性を示す。

ここに挙げたもののほかにも、インサイトを関係者やデータ利用者に伝達する手段はたくさんあるはずだ。だが、機械が情報を必要としているときは、どうしたら良いだろう？

M2M（machine-to-machine）のデータ伝達はますます重要となってきていて、いまや戦略策定のうえで無視できない要素だ。IoTインフラを構築する場合でいえば、理想的なのは、機械が別の機械からわたされたデータを基に自力で動作を調整できるシステムだ。たとえば、取引レポートを参照して、ある製品の在庫がなくなりそうだと判断し、自動的に在庫補充を行う在庫管理システムなどだ。医療シーンでは、患者が薬（糖尿病患者用のインスリンなど）を必要とするタイミングをセンサーで感知し、端末が自動的に投薬することもできるだろう。スマートシティは、街なかのさまざまなインフラストラクチャー要素が互いに通信し合う

という考えが中心となっている。ごみ箱がいっぱいだとセンサーが感知したらごみ収集車が出向くという自動システムや、道が混雑したり空気汚染レベルが高まったりしたら公共交通機関が自動でルート変更する仕組みなどが考えられる。

ウェアラブルデバイスもM2M通信を頼りとする技術だ。たとえば、私の家のカメラが侵入者を検知すると、私のスマホやスマートホームデバイスがスマートウォッチと通信し、アラートを鳴らす。また、スマホに入れたフィットネスアプリが、机の前に長時間座りすぎているので運動するようにと私に促す。

M2Mの分野でも、やはりクラウドサービスプロバイダーが専用のソリューションを提供している（AmazonのAWS IoTなど）。Siemensのような業界大手のプラットフォームもある。ほかのデータサービスと比べ、個別ニーズに合わせたソリューションが必要となる分野ではあるが、少しずつ標準化が始まっており、もう少し待てばさらに選択肢が増えるだろう。

スマートデータインフラやAIインフラの構築は複雑な作業であり、本当にたくさんの要素を考慮しなければならない。この章を通して、主要な4フェーズ、準備と設置が必要な要素、現在とることのできる選択肢について、知識を深めてもらえたなら幸いだ。現代のプラットフォームと「サービスとしての○○」のエコシステムの何がすばらしいかというと、この本で挙げてきた選択肢のほとんどが、無料または試用版を用意している点だ。少しの時間さえあれば、コストなしに試すことができる。自社のニーズには合うものの、いますぐ自力で希望どおりに設定するのは難し

いなら、コンサルタントサービスを頼るのも手だ。だが、私が過去に手助けした人々の多くは、少し試用しただけでも、これほど多くのことを自力でできるのかと感激していた。第10章で言及したデータソースから適当なデータセットを入手して、自社で使えそうな分析パッケージの試用版に読み込ませてみてはどうだろう。最終的に専門家に任せるかどうかは別にして、データ活用を実際に体験する良い入口だ。

原注

1 IMARC. Anything-as-a-service market: global industry trends, share, size, growth, opportunity and forecast 2021–2026, www.imarcgroup.com/anythingas-a-service-market (archived at https://perma.cc/LK3X-UGK6)

2 Martini (2016) The smart ice cubes that tell bar staff to order you another drink, Wired, 9 October, www.wired.co.uk/article/bc/no-more-time-at-the-barmeet-smart-cubes (archived at https://perma.cc/K6JT-4LUL)

3 Schwartz, KD (2019) Tape storage is 'still here', ITPro Today, 7 February, www.itprotoday.com/backup/tape-storage-still-here (archived at https://perma.cc/W6YS-AFNF)

第14章

データ能力の高い組織をつくる

　ここまで、データ自体についてと、データを理解するための
ツール、技術、インフラ要件について説明してきた。データ戦略
の一環として、無視できない不可欠な材料がもうひとつある。適
切な能力と技能の開発だ。

　データを最大限に活用するには、ある決まったスキルを養成す
る必要がある。データ分析能力ももちろんだが、データとビジネ
スニーズを結びつける能力、そしてデータから得たインサイトを
技術的な知識のない相手に伝える能力だ。関係者からの承認と支
援を確実に得るには、インサイトだけでなく、データをどのよう
に使ってその結論に至ったかを説明する必要もある。

　データ能力を持つ組織をつくる手段は2つある。1つは、新しく
従業員を雇うか、既存の従業員のスキルアップを図って、社内の

人材を育てるやり方。もう1つはデータ能力を外注するやり方だ。外注には、専門家や専門組織とパートナーを組む、クラウドソーシングでソリューションや人材を獲得するなどの選択肢がある。この章ではこうしたアプローチをひとつずつ解説していく。

　データ戦略に関する要素がすべてそうであるように、データ能力の構築に関しても万能策はない。自社の戦略目標と、時間や予算などの制限を軸に考えていく必要がある。データ活用計画が複数ある場合は、これから紹介するソリューションをいくつか組み合わせたほうが良いだろう。たとえば、分析能力を持つ人材を社内で育成しながら、十分に育つまでのあいだは高度な作業は外部パートナーに頼るといった方法もある。あるいは、社内でデータ能力を開発し、日々の意思決定と業務を完全にこなせるレベルまで育成するが、将来的に単発のデータプロジェクトを実施する際には外部の分析能力の支援も得る、というのもありだ。まずは、この章で主要なデータ能力について知り、自社の能力とのギャップを把握してから、それを埋めるためにすべきことのリストをつくってはどうだろうか。

データスキル不足とその影響

　高度なデータ分析やAIのビジネス利用の需要は日々高まり続けており、それを実現できるスキルを持った人材が不足している。LinkedInやGlassdoorなどの人材募集サイトを見ると、データサイエンスのスキルを持つ人材向け求人件数は飛躍的に増えている。quanthub.comが収集したデータによると、求人件数はこの

職種で求職活動を行う人数の3倍あるという[注1]。

　仕事の効率を高め、新たな製品・サービスを生み出すことで、AIは2020年から2021年にかけて3兆ドルもの価値を創出する[注2]という予測もあり、AIに期待を寄せる業界は多い。だが残念なことに、データ（とりわけ大規模で複雑な非構造化データ）を処理してインサイトに換える能力を持つ人の数は、需要と同じようには増えていない。これが、こうしたスキルの活用を考える企業にとって障壁となっている。スキルの需要が高まると、特に中小企業にとっては優秀な人材の獲得が非常に難しくなる可能性が高いのだ。

　これを解決するには、この章で説明する能力育成やクラウドソーシングなどの手段を検討しよう。また、テクノロジーで解決する案もある。「データスキル危機」が認識された頃から徐々に発展してきた解決策がAIと機械学習の自動化だ。これはAutoMLとも呼ばれる。具体例として、DataRobotやAlteryxなどのデベロッパーが提供する、AIプロセスの開発と展開を自動化するソリューションがあり、これを使えばデータサイエンスを正式に学んだことのない人でもAIプロセスを開発できるという。それどころか、この本で述べた基礎知識を身につけただけの人にも、十二分に扱えるソリューションだ。

「市民データ・サイエンティスト」の登場と「AIとデータサイエンスの民主化」の推進が、やがてスキルギャップに起因する問題の解決につながるのではないかと私は考えている。だが現時点では、複数部門にまたがる複数のデータ活用計画をもって、データ

を鍵とした大規模な変化を自社に起こすつもりなら、正式な教育を受けて実務経験を積んだデータ・サイエンティストの不足（そしてその人材獲得にかかるコスト）は、やはり課題となりうるだろう。「データ・サイエンティスト」の役割が明確に定義されていないことが、課題を深刻化させている。一般的には、ツールやプラットフォームを設定するデータエンジニアから計算を行う統計専門家まで、幅広く含められる。機械学習の知識や統計に用いるプログラミング言語の知識をいっさい持たずしてデータ・サイエンティストを自称するビジネスアナリストに会ったこともある。データをインサイトに換えて会社に利益をもたらすためのビジネススキルがないのにデータ・サイエンティストを自称するプログラマーもたくさん見てきた。

　私が思うに、真のデータ・サイエンティストはデータとコンピュータサイエンス方面の知識だけでなく、最重要なビジネススキルと分析スキルも有する必要がある。ただし両スキルをあわせ持つ人材は希少なので、自社に合うクリエイティブな方法でスキルを組み合わせるのが良いだろう。これも、この章でのちほど説明する。

　スキルギャップが狭まり始めた兆候はある。AIとデータ分析関連の話題がますます注目を集めるにつれ、データサイエンス方面のキャリアに関心を持つ人も増え始め、コンピュータサイエンスや数学、経済、その他さまざまな科学系科目の一環としてデータサイエンスのスキルを教える大学と大学院も増えてきた。かなり熱心な「データ伝道師」である私でさえ、2012年の『ハーバード・ビジネス・レビュー』の記事で、データ・サイエンティスト

が「21世紀で最も魅力的な仕事」に挙げられているのを見て、そうだろうかと怪しんだ。しかし、それからのデータ・サイエンティストの募集件数と報酬額の上昇を見る限り、同誌には先見の明があったようだ。Glassdoorが毎年「アメリカ国内の職業ランキング」を給与、不足状況、仕事への満足度レベルに基づいて発表するが、データ・サイエンティストはそれ以来必ず1位か2位に入っている（2021年はJava開発者に負けて2位だった——上位9位までがすべてテクノロジー系の職業で、10位が歯科医だ）。

　データサイエンスがこれほど安定して高く評価されていることに驚いた人もいるだろう。たしかに給料は良いし、ニーズも高まっているので応募側が職と雇い主をいくらでも選べるはずだが、必ずしも華やかな生活を送っているようには見えない。データ・サイエンティストといえば、デスクに一日中貼りついてデータをこねまわしていると想像する人が多いのではないだろうか。実際のところ、データ・サイエンティストの毎日は、とても変化に富んでいて面白い。

　Kronosのビッグデータ実践グループのバイス・プレジデントを務めるグレッグ・ゴードンはこう話す。「一日中同じ部屋に座ってはいませんよ。顧客が抱える問題に対応しています。日々顧客と連絡をとって実際に発生している問題について話し、それからその問題を再現し、モデル化して、解決に向けて取り組んでいます」

　実際に起きている問題に実践的な解決策を提示して解決するところが、まさに多くのデータ・サイエンティストが面白いと感じて

いる部分なのだろう。結果はすぐに目に見えるうえ——めまぐるしく変わるデータやリアルタイムデータを扱うならなおさらだ——、報酬も大きい。結果が出るまでに長期間を要したとしても、データが事業にもたらす影響を実感し、前向きな変化を起こす可能性を見ることのできる仕事は、とても魅力的だろう。Square Rootのデータサイエンス部門のバイス・プレジデントであるマーク・シュワルツは、このように話してくれた。

　2003年頃にデータサイエンスを学びたいと思ったんです。そうすれば、営業部長や業務部長とエレベーターに乗り合わせたときに、自分の仕事や成果について簡潔に伝えられると思って。私はIT技術者でしたが、とにかくデータ収集ばかりしていました。チームで集めたデータは、どこかの誰かが事業の成長にうまく活かしているのだろう、と思い込んでいたんです。でも、実はほぼ誰も使っていませんでした。データをきちんと活用したいという思いから、私はデータと深く関わる役割に就くようになりました。部長に向かって「うちのチームはこのようにして収益増を実現しました」とさらりと説明できるようになりたかった。いまはできていますよ。

というわけで、これからもますます多くの人がデータ分析とAIの道に強く関心を持つことを期待したい。10年後には、状況はきっと大きく変わっているだろう。必要なスキルへの需要はもう供給を上回っていないと思われる。だがいまのところは、データ人材の不足は考慮が必要な課題である。

社内にスキルと技能を構築する

　もうおわかりのとおり、データを最大限に活かすために必要なのは、プログラミングや分析のスキルだけではない。どれほど優れた世界一の技術があっても、広範なビジネス背景や現状と自社が達成したいことをしっかりと理解していなければ、たいして活用できないのだ。これを念頭に置いて、私が考える全組織で養成するべき最重要スキルをこれから解説する。スキルギャップを埋めるために新しい人材を雇って、既存の従業員を育成しても良い。コツは、自社の業務遂行に適したスキルバランスのとれたチームを構築することだ。たとえば、自社の計画に関連する分析スキルを持つ人と、インサイトをデータ利用者に伝えるのが得意な人とを組ませてはどうだろう。

最重要な6つのデータサイエンス・スキル

「いちばん重要なデータスキルは何ですか?」という質問を頻繁に受ける。私の経験から、データをインサイトに換えるうえでは次の6つのスキルが欠かせないと考えている。

1. ビジネススキル

　有能なデータ・サイエンティストは、事業がまわる仕組み、成長の要因、正しい方向に向かっているかを、徹底的に理解している必要がある。具体的には、主要な業務プロセス、目的、業績評価に使う主な指標、そして競合企業に勝っている要因などだ。もし競合に負けているなら、それはなぜだろう?　現状を変えるに

は何が必要だろう？　コミュニケーションスキルも、データから
最大の価値を引き出すためになくてはならない要素だ。これに
は、対人関係スキルから、データから得た結論を明確で説得力あ
る方法で伝えられる能力まで、広く含まれる。

2. 分析スキル

　パターンを見つける力、因果関係に気づく力、望んだ結果を得
られるまで調整したり組み立てたりしながらシミュレーションと
モデルを構築する力は、どれも重要だ。業界標準の分析用プログ
ラミング言語（R言語、Pythonなど）を少なくともひとつ、SQL
とNoSQLなどのデータベース標準のしっかりとした基礎知識、
それからこの本でも触れた相関分析と回帰分析などの機械学習技
能も熟知していると良いだろう。Azure、AWS、Google Cloudな
どのクラウドプラットフォームの知識も欠かせなくなってきている。

3. コンピュータサイエンスの知識

　コンピューティングはあらゆるデータ戦略の基盤であり、いく
つものケーブルを接続するところからディープニューラルネット
ワークの構築までを広く含む。コンピュータサイエンスを学ぶ
と、データの構造や演算処理など、高度な分析の基盤となる要素
を深く理解できる。

4. 統計と数学の知識

　統計専門家のスキルは、該当する人口層と適切なサンプルのサ
イズをシミュレーション開始時に定義するところから、終了時に
結果を報告するところまで、企業のデータ業務のあらゆる場面で
重宝される。よって、統計学の基本知識は外せないが、専門的な

教育も受けていることが望ましい。数学の知識も必ず役に立つ。非構造化データや半構造化データが大幅に増えているとはいえ、やはりデータの大半はいまも数字で表現されるからだ。

5. 創造力

　データと分析に携わるうえで必須の能力だ。結局はデータもデータ分析も発展途上の新しい分野なので、活用方法において絶対厳守のルールは存在しない。そういった意味で創造とは、既出の技術的なスキルを用いて、過去に見たことのない価値ある何かを生み出す行為といえる。クリエイティブな思考で課題に取り組むとはつまり、先人が決めた原則に縛られないということであり、イノベーションではこれが大前提だ。インサイトを得るためにデータを活用する企業が爆発的に増えるとともに、新しい創造的な方法でデータを扱う能力は必須スキルとなっている。

6. コミュニケーションスキル

　世界を一変させうるインサイトを手にデータソリューションを組み立てたところで、それが行動につながるように人々に伝達できなければ意味がない。データの伝達とストーリー化は、ここまでに並べた技術面のスキルと同様に、データ分析に必須のスキルに数えられつつある。説明があまりにも下手で誰も理解できない驚きのインサイトよりも、巧みに伝えられた平凡なインサイトのほうが、ずっと多くの価値を引き出せるだろう。真のデータドリブンな組織への変革に成功した多くの組織で鍵となったのは、「データ翻訳者」の役割だ。これについてはのちほど掘り下げていく。

　データスキルの多様化は、どの業界でも進んでいる。ほんの数

年前まで、データサイエンス関連職の要求事項としてよく記載されていたのは、コンピュータ、統計学、数学関連の高い学位や経験だった。いまはというと、協調性、問題解決にクリエイティブな方法で取り組む力、店舗スタッフから執行役員までのあらゆる職位の相手にデータインサイトを明確に伝える力なども、学術知識と同じく重要視されている。

Trifactaのデータサイエンス部門長、タイ・ラッテンベリーは、こんなふうに話してくれた。「頭が良くて優れた成果を上げられる人はすばらしい。でも、それを活かせるように社内に伝えるところまでできる必要があるのです」

新たに人材を雇う

データが鍵となる事業を運営していて、採用予算を十分に確保できる場合は、データ・サイエンティストを雇うのが有意義な手となるだろう。前述の特性をすべて備えた候補者が見つかれば、会社に大きな価値がもたらされる可能性が高い。だが私の経験上、そこまで優秀なデータ・サイエンティストを外部から雇い入れるのは、困難で費用もかさむ。スキルギャップと需要高騰のせいで厳しい競争が起きるうえ、その人材だけでは会社に必要な能力やチームは完成しない。データから最大の価値を引き出すためには、どのデータスキルも諦めるわけにはいかないので、採用活動を少し工夫する必要があるだろう。

たとえば、高い分析スキルを持つ人（数学の専門家、数学の学位などを持つ人、統計学の経歴を持つ人）を採用して、自社で使

第14章 データ能力の高い組織をつくる

345

うツールや手法については訓練する。または、創造性とコンピュータサイエンスのスキルに秀でているが実務経験に乏しい人材を採用し、優れた戦略的思考で自社のニーズをよく理解する社内の人材と組ませれば、良いチームができそうだ。組織に新しい人材を迎え入れる際には、基本的には、組織全体のスキルバランスを重視すると良い。

どの職務においても、何よりも重要なのは成長する力と成長への意欲だ。スキル要件をすべて満たしてはいなくとも、新しいスキルを学んで企業とともに成長する意欲の高い人材は、自分のやり方に固執して学ぼうとしない人よりもずっと重宝される——これに経験と知識の量は関係ない。データ分析とAIの世界の動きは速く、新しいテクノロジーとアプリケーションがひっきりなしに登場するので、適応能力と学習能力の重要性が高まっている。

Walmartのテクノロジー部門で採用を担当するマンダー・タークルは次のように話してくれた。

　　我々は完全なるデータ「オタク」を求めています。データが大好きで、細かく分析し、自在にデータを扱える人材です。とはいえ、ひとつだけ我々が特別に重視する、おそらくデータアナリストと普通の技術者の分かれ目となる要素があります。データ「オタク」の深い知識と、コミュニケーションスキルやプレゼンテーションスキルとのバランスです。これをかなえる人材の今後のキャリアの見通しは、非常に明るいでしょう。

いい換えれば、一見役に立たないデータからも重大なインサイ

トを引き出せるだけではなく、そのインサイトを業務部門やマーケティング部門の（つまり技術的知識を持たないであろう）人々に向けて説明できる必要もあるのだ。相手を納得させ、そのインサイトがもたらす価値に賛同してもらえるように話せる必要がある。

最後にもうひとつ考慮するべき要素がある。採用プロセスをAIが担うことが、徐々に一般的になりつつあることだ。AI関連の職種においても、この流れが来ている。AI採用ツールはたくさんの企業であたり前に使われるようになった。候補者と空いているポストをアルゴリズムでマッチングするLinkedInなどのサービスから、動画から応募者の言葉だけでなく動作までも分析するビデオ・インタビュー用プラットフォーム（この本の前半で言及したとおり、Unileverが実際に使用している）までと、選択肢はさまざまだ。自社に適した人材を選ぶという慎重を要する仕事をコンピュータに任せきりにしたくはない、という企業には、大量の応募者の一次審査や面接のスケジュール調整などといった面倒な業務を肩代わりしてくれるAIツールもある。

いまいる従業員の教育とスキルアップ

6種の重要なデータスキルを持つデータ・サイエンティストを雇う以外にも、自社にすでにあるスキルを基盤にして、足りない部分を埋めるべく既存の従業員を教育する手もある。

この場合の主な課題は、企業全体におけるデータ活用文化の醸成について、入念に考えなければならないところだ。データと分析は全従業員が責任を負うべきテーマであること、日々の問題の

解決にデータをどう適用するかを考えるのが自社の基本的指針であることを、全従業員に理解させる必要がある。

　社内文化の変容は、データ活用計画の展開にともなって進むだろう。この本で推奨したことに従い、明確な情報伝達と関係者への積極的な関与を怠らなければ、変化は起きていくはずだ。データドリブンな思考に切り替える機会を全員が活かすのが理想だが、「スタープレイヤー」が見つかることも多い。必ずしも正式な教育を受けたことがなくても、または過去にデータスキルを探求する業務に就いた経験がなくても、元から主要なデータスキルとの親和性を持つ人材のことだ。

　教育とスキルアップへの投資をすばらしい功績に変えるのは、きっとこのスタープレイヤーたちだろう。彼らを「データ・アンバサダー」に任命して、データの実践的な活用方法の理解を組織全体に広める役割を任せても良いかもしれない。

　従業員のスキルアップには時間をかけることになるかもしれないが、必ずしも高額の費用をかける必要はない。いまは大学やデータドリブンなビジネスの最先端をいく企業が提供する無料教材が、インターネット上で数多く公開されている。おすすめのリソースを挙げておく。

データサイエンスの短期集中コース──ジョンズ・ホプキンス大学
　オンライン教育プラットフォームのCourseraで無料で受講できる、1モジュール完結の短くて「ハズレ」のないデータサイエンスの基礎コース。理論と実際の活用の両方を学べる。講師は、

ブログ「Simply Statistics」著者でゲノムデータ解析の専門家であるジェフ・リーク博士だ。

URL www.coursera.org/learn/data-science-course

データサイエンス入門（改訂版）——Alison

Alison.comでは、機械学習の概論から始まり、データモデルとデータ構造を扱ううえでの最初のステップを教えるコースが、完全無料で提供されている。構造化データだけではなく、非構造化データからインサイトを引き出す方法も網羅されている。

URL https://alison.com/course/introduction-to-data-science-revised

さまざまなデータサイエンス関連コース——DataCamp

DataCampは、Python、R言語、SQLなど、特定のデータサイエンスプラットフォームやツールキットを掘り下げるコースを提供している。4時間でデータサイエンスの概論を学ぶブートキャンプもある。定期的に無料で受講できる期間もあるが、料金を支払う価値はある講座だ。

URL www.datacamp.com

データサイエンスとは何か？——IBM

CourseraでIBMが開講しているコース。業界を代表するAI企業のベテランのデータ・サイエンティストから学べる良い機会だ。約8時間で修了でき、データセットの回帰分析を実行できる基礎知識を身につけられる。

URL www.coursera.org/learn/what-is-datascience

Googleデータアナリティクスのプロフェッショナル認定

　コース名からわかるとおり、入門コースと比べると専門度は深まる。6カ月間で受講者をプロフェッショナルのデータ・サイエンティストに育て上げることがねらいだ。主な対象はデータサイエンスの分野で初めて職を探す人だが、自社や専門分野でスキルアップを図る人にも有益なコースである。

URL www.coursera.org/professional-certificates/google-data-analytics

　初心者向けの講義もいくつかあるものの、プログラミングの基礎知識を必要とするコースが多いため、R言語やPythonなどの言語を簡単に知っておくと学びやすくなるだろう。ありがたいことに、そういった基礎知識はCourseraやCodeacademyなどで無料で学ぶことができる。データの可視化や、IoTインフラ、NLPなど、この本で取り上げてきたデータ分析のさまざまな要素について、専門的に学べるオンラインコースもある。

　データ文化の構築にあたって重要なのは、企業全体のデータ分析能力をできる限り確実に押し上げることであり、データをインサイトに換える力を持つほんの数人に頼ることではない。目指すべきは、役職に関係なく幅広い従業員がデータを分析して意思決定に活かす力を身につけられるよう、仕組みを整えることだ。

　これは、本書で言及した「市民データ・サイエンティスト」——データサイエンスの正式な教育は受けていないが、データを業務に活かすスキルがある人々——を増やす動きと一致する。小売企業のSearsが実行中のプロジェクトが良い事例だ。BI（ビジネス・

インテリジェンス）部門は、データに基づいた高度な顧客セグメント化——訓練を受けたデータ・サイエンティストが担っていた業務——を行うために、部門メンバー400人に教育を受けさせ、スキルアップを図った。結果、データを準備するコストだけでも、企業全体で数万ドル分を削減できた。このケースでは、Platfora が提供するツールを使ってメンバーに再教育を施した。Platfora の製品部門長、ピーター・シュランプは次のように話してくれた。

　　顧客のセグメント化はかなり複雑な問題です。普通のExcel ユーザにできることではありません。Sears には普通のデータアナリストはたくさんいましたが、データ・サイエンティスト、つまりセグメント化を実施できる高度な専門知識を習得済みの技術者が必要でした。ビジネス・インテリジェンス・アナリストのなかから、市民データ・サイエンティストという新たな役割をつくることを目指していました。これを達成できたことで、Web サイト訪問者にどの製品を見せるべきかを、より良く判断できるようになっています。

データ活用能力の文化を構築中の組織でとても重要視される役割が、データ翻訳者だ。データサイエンス技術と、経営の意思決定を担う人の橋わたしをする、比較的新しい役割である。主な目的は、この本で確認してきた基本方針の実現をサポートすることだ。具体的には、たとえば経営幹部とともに「鍵となる質問」（第3章参照）を考案し、経営戦略とデータ戦略の整合性をとる。またはデータ専門家と組んで、データインサイトを明確で現実的な行動指示へと翻訳し、レポートにまとめて、リーダー層がそれに従って事業の成長を推進できるようにする。

簡単にいえば、データ翻訳者とは、データ・サイエンティストと意思決定を行う経営幹部の両方に「きちんと意見できる」立場の人間だ。優秀なデータ翻訳者は、特定のバイアスが意思決定者の判断を鈍らせているとき、そして経営面の洞察力がないデータ・サイエンティストが軌道の逸れた調査を進めているときに、その状況を察知できる力を持っている。データ翻訳者は、変革の余地があるところを見抜くためにも、会社の仕事の進め方と文化を深く理解している必要がある。ここから、新たに人材を雇うよりも社内の人材を育てるほうが結果に結びつきやすい理由がわかる。

データ分析を外注する

従業員のスキルアップも新たな人材の採用も現実的ではないとき、または自社にある能力を補う必要があるとき、データ分析の外注を考えることになる。データと分析関連のニーズに対応できるデータプロバイダーは数多く存在し、大きな市場がある。そしてその市場は、広がり続けている。

データ収集から主要なインサイトの提示（第12章参照）までのすべてを担うサービスを求める場合も、単にデータ分析に支援が欲しいだけの場合も、必ずニーズに合うプロバイダーが見つかるはずだ。小売や銀行など、特定の分野や業界に特化したデータプロバイダーもいる。データ分析の請負業者を使うのが一般的だが、ひとつのプロバイダーに縛られたくない場合は、データ分析をクラウドソーシングするのもありだ。両方の手段についてこれ

から掘り下げていく。

データサービスプロバイダーを利用する

　大手のデータプロバイダーといえば、誰もが知っているFacebook（現Meta）やAmazon、IBMなど、データコンサルタントサービスも提供している大企業のイメージが強いだろうが、ほかにもたくさんの選択肢がある。中小規模の業者も無数にあり、個別ニーズに対応したサービスを提供していたり、業界に特化した知識を有していたりする。私の経験からいうと、多方面に対応できる大手よりも、業界特化型のプロバイダーが標準になりつつあるようだ。大手は莫大な量のデータセットと大勢の優秀なアナリストを抱えてはいるが、必要なデータが具体的に決まっている場合は大手が最適解とは限らない。

　あいにくデータ業界には、銀行や保険などの専門業界にあるような規制や認証はない。したがって、サードパーティプロバイダーを探す際は、自社の持つネットワークや取引先が勧めるプロバイダーから検討すると良いだろう。それができない場合は、インターネット上や書籍でデータ関連のケーススタディを読むことができる（私の著書、『Big Data in Practice: How successful companies used big data analytics to deliver extraordinary results（ビッグデータの活用：ビッグデータ分析を使って飛躍的な成長を遂げた企業の成功事例集）』、『世界のトップ企業50はAIをどのように活用しているか？』（ディスカヴァー・トゥエンティワン、2020年）などでもケーススタディを紹介している）。革新的かつ優秀なサービスを提供するプロバイダーについて、情報収集できる。ま

た、自社の業界に特化した知識を重要視するかどうかも、プロバイダー選びのプロセスに影響するので考慮しておこう。

　この章の前半にまとめた6つの重要なデータスキルは、優れたサードパーティプロバイダーに対してもいえるので、基礎力として求めるようにしよう。たとえば創造力とビジネススキルは、データを最大限に活用するうえでは、分析スキルと同じくらい重要だ。自社が成し遂げたいことを理解してくれるプロバイダーかどうかをよく見よう。会社の「鍵となる質問」、戦略目標、その目標に向かうときに直面する課題について深く理解しているプロバイダーほど、会社が本当に欲するインサイトを引き出してくれる可能性が高い。プロバイダーに、過去にどの企業と仕事をしたかを必ず尋ねよう。ケーススタディを読んだことがあったり、信頼する取引先から勧められたプロバイダーであったりしてもだ。過去の案件がどのように展開したのか、どのような課題に直面したか、そして何より重要な、そのプロバイダーを選んだことでクライアントがどのような「具体的な成果」を得たかについて、できる限り探ってみると良いだろう。

　最後に、もし可能であれば、データ戦略をある程度完成させてからデータプロバイダー選びに取りかかるのがおすすめだ。データを使って何を達成したいかを明確にしてから、それを実現できるプロバイダーを見つけるとうまくいくはずだ。

　データドリブンな組織への変革を目指して強力なデータ活用計画を進める企業と、優秀なデータサービスプロバイダーとの、すばらしいパートナー関係の実例がある。この本の第5章にも登場

した、創業70年のデータ保管・管理サービス企業Iron Mountainと、Google Cloud専門パートナーのSpringMLのペアだ。SpringMLのデータ専門家は、Iron Mountainの1,000を超えるデータソースをひとつの「データレイク」に統合する支援を行い、そこからインサイトを引き出すためにGoogleのクラウドベースの機械学習ツール（コンピュータビジョンやNLP技術を含む）を適用した。Iron Mountainがそれまでに使用していた無数のレガシーシステム（創業以来、200社以上を買収してきた結果の産物である）の運用に必要なライセンス数を見直しただけでも、何万ドルものコスト削減を実現できた。Iron Mountain企業プロジェクト管理部門長のヘイロム・タデッセは、こう話す。「当社の最終目標はデータサイエンスの導入で、そこから予測分析とモニタリングを実現するのが夢でした。（Googleの）BigQueryとSpringMLのおかげで、もうすぐそれが叶いそうです」[注3]

Googleのクラウド型アナリティクスインフラの専門家と組んだことで、Iron MountainはInsightプラットフォームを始めとするデータドリブンな製品やサービスを開発し、世に送り出すことができた。自らをデータドリブンな企業に押し上げ、今度は顧客にその専門知識を伝えている。

データサイエンスをクラウドソーシングする

経験豊富なデータ・サイエンティストの不足を世界中の企業が実感しており、実際の人材の数を需要がはるかに上回っていると、少し前で解説した。データ分析のクラウドソーシングは、この問題を多少なりとも解決できるのだろうか？　一考の価値ある

選択肢として、Kaggleのようなプラットフォームがある。知識を有する人材や市民データ・サイエンティストと企業がつながることのできる、コンペティション方式のプラットフォームだ。

Kaggleは「世界最大のデータサイエンス・コミュニティ」と謳って、基本的には仲介役として機能している。企業や組織がデータを提供し、課題と締め切りを設定して、報酬を用意する。医用画像を分析して入院が必要とみなせる患者を予測するという課題や、ダークマターを記録する目的で宇宙をスキャンする課題もある、とても画期的な場だ。Google（コンペを行う企業側としてKaggleのサービスを利用している）のチーフ・サイエンティストであるハル・ヴァリアンは、Kaggleは「世界トップクラスのデータ・サイエンティストたちの頭脳を集結させて、あらゆる規模の企業が利用できるようにする手段である」と述べている。

Kaggleは、Netflixが2009年に開催したコンペをヒントに、2010年にサンフランシスコで創業された。テレビ番組と映画のストリーミング配信を行うNetflixは、ユーザが次に視聴するコンテンツを予測する、さらに良いアルゴリズムを公募して、自社のレコメンデーションエンジンの改善を図ったのだ。Netflixはその後もKaggle上でコンペを開催するようになり、幾度となくこのコンペ形式プラットフォームの有用性を証明している。最近でいえば、ホワイトハウスがKaggleを利用して、新型コロナの大流行に国として取り組むためのデータインサイトを求めた。

コンペには合成データ（第10章参照）が用いられることが多い。依頼企業の機密情報や取引に関する機密データを公開プラッ

トフォームに乗せると、競合他社の手にわたる危険性があるからだ。データ・サイエンティスト側も、誰でもKaggleに登録できるうえ、コンペにもほぼ誰でも応募できる。だが一部のコンペには、「マスター」というコンペの勝利実績があるメンバーしか参加できない。コンペ勝者への報酬は現金が多いが、正社員の職をオファーする企業もある。

Walmart がKaggle上でコンペを開いたときも、報酬は現金ではなく働き口の提供だった。Walmartのマンダー・タークルはこう話してくれた。

　需要と供給の隔たりは、とりわけ新興テクノロジーにおいては常に存在します。そこで当社は、データサイエンスチームと分析チームの人材探しに、この革新的でクリエイティブな方法を採用しました。私たちは常に、当社に加わって活躍してくれる、そして当社をさらなる高みへと強く押し上げてくれる、一流の人材を探し求めています。

Walmartのコンペでは、各店舗の売上記録の疑似データに加え、セールや祝日など、対象商品の売上に影響を及ぼしたと思われる販促イベントの日付と詳細情報も参加者に提供された。課題は、イベントの日程が部門別の売上額にどのような影響を及ぼすかの予測モデルを作成することだった。

コンペの結果、何人かがWalmartの分析チームに雇用され、同社はさらに多くの人材を求めて同じ年にもう一度コンペを開催した。コンペ勝者の1人、ナヴィーン・ペダマイルは、アーカンソー

州ベントンビルにある本社のシニア統計アナリストに抜擢された。ペダマイルはこのように語ってくれた。

もともとコンサルタントの職に就いていたので、Kaggle は単に興味本位で見ていました。Walmart の課題を見かけて、挑戦してみようと思ったんです。予測分析をやってみようと。モデルを構築して提出し、最終的にトップの数人に選ばれると、Walmart の分析チームとの面接に呼ばれました。

コミュニケーションスキルとその他のビジネススキルも分析スキルと同じくらい重要であると認識していた Walmart は、それを採用プロセスに組み込む必要があった。そこで、トップの成果を残して分析スキルを証明したコンペ参加者は、面接のために本社に招待された。分析能力だけでなくレポートスキルとコミュニケーションスキルも有することを証明できれば、仕事のポストを手に入れられた。

タークルによれば、Walmart と世界の分析コミュニティの人材不足を埋める以外にも、Kaggle を利用するメリットがあった。

Kaggle は Walmart とその分析チームの評判を上げてくれました。Walmart が大量のデータを生成していることはよく知られていましたが、それをどう戦略的に活用しているかを知ってもらえたことは大きな収穫でした。

企業が Kaggle 上で出した課題の例には、疑似的な個人データを使って、ダイレクトメールを使う販促活動に反応する顧客を予

測するもの、そしてCERN（欧州原子核研究機構）の大型ハドロン衝突型加速器のデータを使って物理現象を発見するものもあった。

Kaggleは、才能あふれるデータ・サイエンティストが世界中にいることを明らかにした。そのデータ・サイエンティストたちは、数年前には当然のように求められた統計学や数学、コンピュータサイエンスの正規教育を、必ずしも受けているとは限らない。分析的な思考なら、日常生活のさまざまな場面で育める。タークルによると、履歴書を見ただけでは面接に呼ばなかったであろう人材の採用につながった、という興味深いケースもあるそうだ。たとえばある候補者は、物理学では輝かしい経歴を持っていたが、データ分析の正式な経歴は皆無だった。「まわりとは違うスキルの組み合わせの持ち主でした。Kaggle経由で出会わなければ、きっと採用には至らなかったでしょう」

芽生えたばかりの才能を見つける稀有な力が、クラウドソーシングには秘められている。企業の問題解決や、鍵となる質問への回答を手助けできるかもしれない人材とつながる、新しい手段でもある。競争の要素もあるので、コンペ参加者はほかを卓越する案を出せるよう懸命に努力する。これが、非常に革新的なソリューションにつながる、既成概念に縛られない発想をあと押ししている。というわけで、優秀な人材を引きつけるのに苦労している場合や、理由はどうあれデータプロバイダーと手を組むつもりはない場合、データ分析のクラウドソーシングは間違いなく一考の価値ある選択肢なのだ。社内のスキルを補うにも、分析作業を任せられる人材を増やすにも、新たなデータプロジェクトの事前検証を行うにも、クラウドソーシングは有効な手段だといえる。

原注

1 DuBois, J (2020) The data scientist shortage in 2020, QuantHub, 7 April, quanthub.com/data-scientist-shortage-2020/ (archived at https://perma.cc/RW38-CBX8)

2 Gartner (2019) Gartner says AI augmentation will create \$2.9 trillion of business value in 2021, 5 August, www.gartner.com/en/newsroom/pressreleases/2019-08-05-gartner-says-ai-augmentation-will-create-2point9-trillionof-business-value-in-2021 (archived at https://perma.cc/4WX9-3SVX)

3 Google Cloud. Iron Mountain: Scaling data-driven insights across a complex global organization for better customer experiences, cloud.google.com/customers/iron-mountain (archived at https://perma.cc/FNL3-G5QR)

第15章

データ戦略の実行と改善

　ここまでの内容を理解すれば、良いデータ戦略を構築する体制は整っただろう。だが、ここがスタートラインだ。戦略をスムーズに実行できるかは、さまざまな要素にかかっている。

　まず、「大きな成功を見据えた計画」を立てることが何よりも大切だ。ひとつのデータ活用計画や戦略が価値を生むと証明できたなら、それはそれで良い。でも、そこで学んだすべてを今度は別のプロジェクトの構築に応用したり、さらに大きな価値を見据えて規模を拡張したりできるようにすべきであり、そのための計画が必要だ。

　当然、戦略が部分的に失敗することも十分に考えられる。苦い真実ではあるが、データプロジェクトはなかなかの確率で失敗するのだ。だが、失敗とはどういった状態をいうのか？　単純に考

えれば、期待したとおりの変化や価値を生み出せなかった状態だろう。だが、「早い失敗」は良しとされる。何かがうまく機能していないことを学べるし。どこかを変えればうまく機能する可能性を示す重要な兆候かもしれない。失敗しても、振り出しに戻るわけではない。選択肢を絞っていくことができるのだ。

戦略に沿った活用計画を考案したら、それを実行に移す前に、「プレモーテム」というステップを挟むと効果的だ。時間をとって、そのプロジェクトがどんな原因で失敗しうるかを予想し、失敗する前に学びを得ようとするプロセスである。失敗する確率を減らす策を立てられるかもしれないというだけでなく、それまで考えてもみなかった欠点や弱みが計画に見つかる可能性もある。

この章では、戦略の実行を開始し、ひとつの活用計画だけで終わることのないようデータ活用能力の文化醸成に移り、そして戦略を常に最新の状態に保てるよう再検討と改善を行うまでのプロセスを順を追って解説する。

■── データ戦略を実行に移す ──■

クライアントと仕事をするとき、私がいちばんやりがいを感じるのがこのフェーズだ。なんといっても、データを行動に変えるのだから。結局、データ戦略を立ててインフラに投資し、データを収集して分析しても、結果――より良い意思決定か、業務改善か、収益増か、そのすべてか――を確認できなければ意味がない。データ戦略を実行に移すとは、会社や事業を改善すること、とき

に変革することと同じだ。効果が出始めているとわかったときは、本当に胸が躍る。

幹部の反応が実現を左右する

データ戦略の正式な実行は、重要な事業戦略がみなそうであるように、組織のトップから始める必要がある。事業経営と利益創出の戦略を立てるときにも、さまざまな部門で意思決定を行うときにもデータが不可欠なのだと、まずは最高幹部を納得させなければならない。最高幹部の賛同があれば、データは核となる資産だという考え方をトップダウンで各部門に浸透させられる。

データ戦略を瞬殺する幹部の定番の反応を挙げてみる。こうした反応に気づいて対処することが、データ戦略を軌道に乗せて社内に展開する際の鍵となる。

「うちはデータ企業じゃない」

いまやすべての企業がデータ企業だと、私はいいたい。データはどこにでもあるし、顧客や販売サイクル、自社の製品・サービスの需要、生産プロセスの非効率などについて理解を深めることが強みにならない業界や企業など、ひとつもないだろう。データを意思決定の基盤にしなければ、そして顧客により大きな価値を提供するためにデータを使わなければ、競合企業やディスラプターがそうするだけ。自社が置いていかれるだけだ。

「金額が高すぎる」

明らかな思い込みだ。予算が厳しいなら、比較的安価なクラウ

ドサービスやオープンソースのソフトウェアを使って始められる。「クイック・ウィン」型で低コストのデータ活用計画から着手しても良い。「鍵となる質問」と活用計画を決めるプロセスをまず進めてみれば、効率化と成長のチャンスがあるとすぐにわかるはずだ。データ戦略を確実に実行すれば、投資分を必ず早期回収できる。最近のある報告書によれば、成功するデータ戦略では投資額1ドルあたり13ドルを取り戻しているそうだ[注1]。

「データならすでに十分持っている」

大半の企業は社内のデータ量にすでに圧倒されているというのは事実だが、データ戦略の目的はデータをさらに収集することではない。いまあるデータを使ってもっと有益な行動をとることであり、入手できると役に立つデータを特定することだ。「何でもかんでも集める」のではなく、本当に必要なデータに絞ることがポイントである。

「もうすでに置いていかれている」

競合企業はみなずいぶんと先を行っているように感じるかもしれないが、だからといって現実から逃げていても未来は良くはならない。それに、過去にないほど多くの企業がデータを取り入れているとはいえ、その多くはまだ計画実行前か、実験段階にある。つまり、思うほど大きく離されてはいないのだ。また、この本で述べてきたとおり、データ戦略をしっかりと練って策定すれば成功の可能性がぐっと上がることも覚えておいてほしい。これまでたくさんのクライアントとデータ戦略に取り組んできてわかったのは、これがなかなかできていないということだ。多くの企業が、データ戦略の計画策定が不十分なまま実行したり、実現性のな

い、または事業目標に沿っていないデータ戦略に着手したりしていた。前もって学習した知識どおりに戦略的なアプローチをとれば、たとえ着手が他社よりも遅れようと、成功の可能性は上がる。

「顧客はそんなものを求めていない」

　もしかすると求めているのに、適切な手段で意見を聞いていないだけかもしれない。顧客の理解を深める戦略についてもこの本で述べてきたが、毎日ダイレクトメールを送って質問しなくても顧客の真の気持ちを知ることのできる仕組みはつくれる。もしも顧客が、個別ニーズに深く特化したサービスや、競争力のある価格設定、サプライチェーンの最適化、柔軟な保守周期を求めているなら、データを用いることによってのみ、その要望に応えられる。そして厳しい真実をいえば、あなたが応えないなら他社が応える。

　ここで挙げたのは、経営幹部がデータテクノロジーの導入についてよく理解していない場合に見せる、マイナスの反応のほんの一例だ。こうした間違った思い込みは、教育するか具体例を示さなければ改められないものである。この本を通して実例をたくさん挙げてきたが、さらにあなたの業界に特化した実例を探してみると、データドリブンな行動のメリットをしっかりとたたき込めるかもしれない。

── データ戦略が失敗する要因 ──

　データ戦略を実行に移すにあたっての基本方針は、大雑把にい

えば、一般的な戦略実行時と同じだ。データ戦略は、会社が何を成し遂げようとしているか、それを実現するために何を用意する必要があるか（データ収集手段、分析ツール、インフラ投資、新しい人材の採用または従業員のスキルアップなど）を示す、ロードマップの役割を果たす。A地点からB地点に到達するための計画だ。戦略とは結局、行動の連なりだが、同時に会社が目指す未来像でもある。データ戦略のスケールによっては、管理・監督しやすいように複数のプロジェクトに細分化する必要があるかもしれない。細分化してもしなくても、重要なステップを記すマイルストーンと予定表は必ず必要となるだろう。重要なステップとは、たとえばデータ収集・分析システムの設置や、システム稼働前の試験、新しいダッシュボードや可視化ツールに関する従業員トレーニングなどである。責任範囲を明確に定めたうえで、各ステップを主導する個人またはチームを指定する。そして当然ではあるが、どんなプロジェクトでもするように、戦略実行が確実に計画どおり進むよう進捗をきっちりと監督する。「測定すれば成長する」という言葉があるが、私はまさにこれを実感している。監視なしにプロジェクトは成長しない。

　残念ながら、多くの企業がデータ戦略を計画どおりに実行できずに終わる。そもそも戦略が達成可能ではなかったり、漠然としすぎているか明確な定義が足りないせいで、どこから着手すれば良いか誰もわからなかったりすることもある。プロジェクトは一見成功したが、その目的が、企業の成長に必要なものと実は一致していなかった——よって、時間の無駄だった、というケースもある。

そうならないよう、この本の章立ては、良いデータ戦略の必要条件（「データの活用目的を決める」など）に沿って組み立てられている。これに従えば、自分の組織に合った現実的な方法で、必要条件を網羅できるはずだ。

コミュニケーションやコミュニケーション不足もまた、大きな悩みの種だ。戦略がきちんと伝達されないことは多く、それでは誰からも理解されない。データ戦略の一部を実際に担う管理職と従業員は、各ピースがどのように組み合わさり、全体として自社にどんな効果をもたらすのかを理解していないと、プロジェクトに関心を抱かないだろう。一方、ちょっとした背景知識があるだけで戦略が成功する場合もある。何かをするよう指示されても、その理由がいまいちわからないとき、人はたいていその指示には従わない。しかし、指示内容がなぜ会社にとって重要なのかを示されると、しっかりと遂行する可能性はぐっと高まる。結果として戦略の成功率も上がる。

ここでまた、周囲の賛同が戦略実行にとってどれほど重要かという話に戻る。データ戦略について経営幹部の賛同を得るのは必須だが、その下の管理職と従業員に対してもそれは同じだ。戦略の裏にある思想を従業員と共有しなければ、従業員からの賛同は得られないし、納得もしてもらえないだろう。これは活気や意欲の低下につながりかねない。

戦略実行に意見する権利が自分にはある、と従業員が感じられるかどうかも重要だ。対策のひとつとして、あらゆる地位の従業員に戦略実行の一端を担わせる手がある。社内ブログにコメント

を寄せられるようにしたり、イントラネットのコミュニケーションプラットフォームで戦略実行について議論できるようにしたりするのも良いだろう。

　第2章で、Royal Bank of Scotland（RBS）の「パーソノロジー（人格学）」に言及した。1970年代の顧客サービスレベルを復活させることがその目的だ。RBSの分析部門を統括するクリスチャン・ネリセンは、新しい戦略に対してメンバーを乗り気にさせることが成功には絶対に欠かせない、と話す。

　　お客様とのやりとりが充実しているとスタッフが実感できるところまで来ています。スタッフはデータ活用計画を理解し、データが会話に役立っていると感じてもいます。以前の当社を思えば、これは大きな進歩なのです。スタッフの積極的な関与は必要不可欠です。良い結果につながり、お客様に受け入れてもらえるアイデアとは、現場で、または現場と密に連携することで、生まれるものですから。

　部門間のコミュニケーション不足もまた、失敗の要因となりうる。ある研究調査で、「他部門の管理職にいつでも頼れる」と答えた管理職は全体のわずか9％だったという[注2]。おそらく他部門の人間を互いによく知らず、同じチームという認識がないことが原因ではないだろうか。これがあなたの会社でも起きているなら、データ戦略は二度手間、遅延、または機会の損失に終わるかもしれない。

　したがって、データ戦略が複数の部門にまたがっているなら、

部門間の定期的なコミュニケーションが必須となる。計画全体の
なかで自部門、他部門がどのような役割を担い、誰が何を担当し
ているのかを、各部門が理解しておくことが重要だ。中央のデー
タ担当者と各部門内のデータ担当者とのコミュニケーションに
も、同じことがいえる。データを最大限に活用するには、データ
部門が他部門や管理職を相手にしっかりと情報伝達できる必要が
ある。これを念頭に置いて、データ分析の担当者、インサイトの
報告担当者、経営幹部のあいだにそれぞれ強固なつながりを構築
し、維持できるよう意識しよう。

　不十分なマネジメントもデータ戦略を妨害する一因であり、と
きに頓挫に追い込むことさえある。何に関してもいえることで
データ戦略特有の問題ではない、といわれればそうなのだが、特
に大量のリソースを要するデータ戦略だった場合、マネジメント
の失敗は悲惨な結果につながる。財布の紐を握る部門がデータ戦
略にともなう長期的または継続的な出費を予算に入れていない、
または、経営幹部がアルゴリズムというものを信じていない、な
どの要因もある。「私は直感に従ってここまでやってきた。コン
ピュータに指図されるつもりはない！」というのはよくある反応
だ。マネジメントの失敗例もいろいろで、たとえば有名なのは、
イギリス国民保健サービスの医療サービスIT化の悲惨な結末だ。
全患者の医療記録をセントラルデータベースに移す計画は、「IT
プロジェクト史上最大の失敗」に終わり、100億ポンド（およそ
1.5兆円）以上をつぎ込んだのちに廃止された。

　必要なスキルが必要なタイミングで社内にない状況も、データ
プロジェクト成功の機会をつぶす一因である。多くの企業が、目

の前のプロジェクトが今後のリソースにどのような影響を与えるかを十分に考えずに、プロジェクトに乗り出したがる。第14章で述べたとおり、スキルを持ったデータサイエンス人材には限りがあるうえ、既存の枠組みに縛られない考え方も求められる。

データ戦略の障害となるものはこのとおりたくさんあり、これでもすべてを網羅できてはいない。だが、強固なコミュニケーションの仕組みを整え、全社から十分な賛同を得ることで、戦略をスムーズに実行する基盤を整えられる。

┃─　　　　　データ文化を醸成する　　　　　─┃

社内全体がデータ戦略に納得し、データを中心とした意思決定と経営業務の重要性を理解することが、成功の必須条件である。

そのためにリーダーたちは、データを経営資産として扱う強固なデータ文化を社内に根づかせる必要がある。ただし、データ戦略は一度決めたら変えられないものではない——データと分析技術の進化の速度を考えればなおさらだ。テクノロジーの概況図と自社のニーズの変化と足並みを揃えて、データ戦略も進化させるのが理想的だ。よって、現在のニーズと課題に合うよう、データ戦略を定期的に見直して内容を更新する必要がある。

社内全体を納得させるうえで最重要なのは、データ文化の醸成だ。データ文化とは、データを主要な経営資産とみなし、社内の改善に使えるところすべてに活用する思考だ。具体的な目的は、

より良い意思決定、顧客の理解、マーケティングのターゲットを絞ること、サプライチェーンの効率化、新たな収益機会の創出など、多岐にわたる。要は、社内の全員が「データ・ファースト」の姿勢を取り入れるということだ。どんな課題に対しても、解決への最初のステップは、「この問題を解決するにはどんなデータが必要だろう？」と問うことである。

　可能な限り、会社全体でデータを行動の拠り所にしたい。これにはどうしても文化の方向転換が必要だが、直感による決断や「私たちはいつだってこうしてきた」から抜け出すのは簡単なことではない。

　当然ながら、データ文化への移行は組織のトップから始め、段階的に下層に広げていくべきである。トップの人間が手本を示さなければならない。管理職がデータに基づいた意思決定をするようになれば、その下につく従業員もそれに倣うだろう。「自分の信条や感情、偏見は脇に置いてデータに基づく決断をするように」と指示するなら、リーダー層も進んでそうするべきだ。

　とにもかくにも、データから得たインサイトを「使う」ことが何より重要だ。インサイトに沿って行動する文化を広めたいなら、必ずまずは自分から。何の行動もとらずに、会社全体の文化を変えるのは無理というものだ。価値を秘めたインサイトを使って前向きな結果につなげてみせれば、周囲を納得させるのはぐっと楽になるはずだ。

　強固なデータ文化の種をまく良い方法は、主要な関係者をデー

タ戦略に引き込む、それも戦略の開発と実行の両プロセスに引き込むことだ。たとえば、顧客の理解を深めてより的確なターゲティングを行う目的でデータを活用するなら、マーケティング担当者を初めから巻き込むと良いだろう。データ活用計画を支えるチームづくりについては、この本ですでに触れたとおりだ。

　データ文化で肝となるのは、社内の全員がデータの「価値」と、データが自社の成功にどう役立つかを理解していることだ。だからこそ、コミュニケーションが鍵となる。リーダーと管理職は、まわりの従業員をデータ戦略に関与させることに時間を割き、自社と従業員、顧客にとってどのようなメリットがあるのかを強調する必要がある。他社の事例を挙げてデータがもたらす好影響を示すのも良い。この本に挙げたたくさんの好例のほかにも、インターネットで検索すれば、自社の業界と関わりの深い具体的な事例が簡単に見つかるはずだ。

　人にとっても企業にとっても、変わることは難しい。そして、消極的なムードは伝染しやすい。とりわけ抵抗を見せる人やチームがいたら、彼らの「痛点」、つまり抱えている具体的な悩みを例に出して、データが労働環境の改善や能率化にどのように役立つか（成果の出る販促活動を楽にできるようにする、顧客からのクレームを減らすなど）を伝えよう。前向きな結果に注目させると、理解を得やすくなる。

　最後に、この本で繰り返し念押ししてきたことだが、従業員データを扱うときには、何をなぜ計測しているかを必ず従業員に公開すること。従業員に関するデータを取得し監視すると、どう

しても「ビッグ・ブラザー」の意味合いが出てきて、従業員を不安がらせてしまう。問題を避けてはならない。何のデータを収集しているか、それによりどんな効果が見込めるかを正直に伝えたほうが、相手がデータを好意的に捉えやすくなるはずだ。

　大企業か中小企業かに関係なく、組織の文化面の変革は決して一朝一夕でできることではない。社内全体から納得を得るには時間も労力もかかるうえ、直感に頼った意思決定や「私たちはいつだってこうしてきた」という思考回路を大きく転換させなければならない。データを最大限に活用したいなら避けては通れない関門だ。うまく克服すれば、データを巧みに活用し、事業を成長させる手段を常に模索し続ける、スマートで能率的な企業ができあがるだろう。

データ戦略を見直す

　良い戦略が何でもそうであるように、データ戦略も定期的に見直して改定する必要がある。考慮すべき要素は2つ。データと分析技術の進化具合と、自社のニーズに変化があったかどうかだ。いずれについても、「それは当社のデータ戦略にとってどんな意味があるだろう？」と自問しよう。データを、製品や従業員などと同等に重要な事業資産と考えると、ほかの事業資産と同様に、注意深い監視と定期的な見直しが必要というのにも頷けるはずだ。

　もしも意思決定や経営・業務の改善を目的にデータを活用するなら、データ戦略の徹底的な見直しを年に1回、年間計画策定の

一環として行うことを推奨する。ただし、ビジネスモデルがそもそもデータを基盤としている場合（データの収益化が主な収入源であるなど）は、もっと頻繁に見直したほうが良いだろう。データ戦略の見直しと改定の頻度は、最終的には自社にとってのデータの重要性、使っているデータの種類、そしてデータを使って成し遂げたいことによって変わる。だが、年に1度は徹底的に見直しするようにすれば、大きな問題は避けられるはずだ。

会社のニーズの変化

　変えられない企業などない。目標は変わり、市場は発展し、新しいビジネスチャンスが生まれる。よって、5年後にデータをどう使いたいか、いや2年後でさえ、いま目指している使い方とは違っているだろう。データ戦略は、企業のニーズに合わせて進化し、変化できる必要があるのだ。たとえば、意思決定の改善にデータを活用する計画を立て、私がこの本で推奨したとおり「鍵となる質問」から取り組み始めたとする。いくつかは一度限りの問いとなるだろう。またいくつかは、測定と監視を続けて継続的に答えを出す問いとなるだろう。見つけた答えからまた新たな質問が生まれ、今後追究することになるかもしれない。このように、データ戦略は新しく生まれる質問に合わせて進化していく。

　もしくは、自社の一分野にまずデータ戦略を導入して、徐々に別の分野に拡張する手もある。たとえば、データを使って配送ルートを最適化したら、次はセンサーを使って車両の摩耗や劣化具合を監視し、車両メンテナンスのスケジュールを自動で組めるようにするのが妥当だろう。一度データ基盤を整えてしまえば、

比較的楽に拡張できる。ただし、考えられる影響と要件を洗い出すためにも、データ戦略は徹底的に更新する必要がある。

そもそもデータそのものが、データ戦略の全面見直しを経て新しいビジネスチャンスとなる可能性すらある。John Deere は、農業機械が収集したデータのなかにすばらしい価値を見出し、昔ながらの製造業からまったく新しいビジネスモデルへと変革を遂げたが、これはほんの一例に過ぎない。ほぼどんな企業にもいえることだが、秘訣は新しいチャンスを常に取り入れる姿勢なのだ。

変化を続けるテクノロジー

データは変化し続けるからこそ面白い。ところが、業績を維持したい企業にとっては、これがどうしても難点となる。データの収集方法と分析技術がとりわけスピーディーに変化するので、技術の発展に合わせてデータ戦略を改定しない企業は置いていかれてしまいやすい。何も、既存のインフラを捨てて毎年新たな流行りのテクノロジーに飛び移れ、というわけではないが、技術の進歩を考慮に入れ、いまのデータ戦略にどのような影響があるかを考えることはやはり重要だ。テクノロジーの状況が変わる良い面は、インフラコストが下がる可能性があることだ。たとえば、ストレージや演算処理機能は年々安くなっている。よって、戦略の定期的な見直しは貴重なコスト削減手段にもなりうるのだ。

第1章で、ブロックチェーン、機械学習、IoT、VR、ロボティクスなど主要なテクノロジーの進歩について解説した。どれもものすごいスピードで進化を遂げた分野ばかりだ。また、注目に値

する新技術としてはエッジアナリティクスも挙げられる。分散型アナリティクスとも呼ばれ、基本的にはデータを収集する場所（スマートフォンやその他インターネット接続されたデバイス）かその周辺で、分析を行うシステムを指す。「エッジ」はたいてい、データからのインサイトに基づいたアクションがいちばん必要とされる場所だ。取得した全データを未加工のままデータウェアハウスに送り、それからクリーニングと分析を行ってやっと値を取り出せる集中管理型のシステムよりも、すべてを「エッジ」で済ませるほうが良い、という考え方だ。わかりやすい例が、広大な地域に何万もの監視カメラを設置する大規模なセキュリティシステムである。たとえば侵入者を検知する際は、撮影した映像の99.9％は不要となる可能性が高い。重要な映像1秒ごとに、何時間分もの何も起こらない映像が取得されるなら、それをすべて社内ネットワークを通してリアルタイムで移送し、経費とコンプライアンスの重圧を負う必要は果たしてあるだろうか。映像を取得したその瞬間にカメラ内で分析までできれば、そして不要と判断した映像は廃棄するか優先度は低いとマーキングするかできれば、重要なデータのほうに集中管理システムのリソースを割くことができる。

エッジアナリティクスは集中管理型の分析システムの完璧な代わりになるわけではない。取得したデータに対して、リアルタイムで、もしくはできるだけ短時間で行動を起こす必要があるときに役立つ技術だ。たとえば大手の小売企業なら、販売時点情報（POS）データを取得しながら分析すれば、その場で顧客に別の商品との組み合わせやより高額な商品を勧められるうえ、通信費を抑えながら全売上データを中央の分析用サーバーにリアルタイム

で送信することもできる。または、メーカーがエッジベースの分析システムを機械や車両に構築し、必要なときに自動で動力をセーブできるようにすれば、緊急修理や設備のダウンタイムを減らすことが可能だろう。

　自動運転車やドライバー不要の車両の危険回避など、即時的な反応を要する機能は、エッジアナリティクスシステムに大きく依存している。しかし同時に、車両管理と経路探索の最適化においては、集中管理型の分析システムにも依存している。そしてその中間（ときに「フォグ（霧）」とも呼ばれる部分）にある距離の近い車両のネットワーク間で分析を実行して、ローカルの通信量を抑えることもある。ネットワークのエッジ、集中管理型のリソース、またはその中間のうち、いちばん効率の良い場所でデータを処理するのが賢いアプローチだ。

　簡単にいえば、エッジアナリティクスの魅力は、分析の場にデータを持ってくるのではなく、データのほうに分析を持ってくるという考え方にある。データセットが過去にない規模に成長し、IoT対応のデバイスの機能が進化するにつれ、エッジアナリティクスはデータ戦略でますます重要な位置を占めるようになるだろう。

　また別の注目すべき新技術に、Li-Fiがある。Wi-Fiへの巨大な需要と、莫大な量のデータ送信のニーズは、現在のテクノロジーには負担になりつつある。従来のWi-Fiの100倍以上の速度でデータを送信できるLi-Fiが、解決策となるかもしれない。Li-Fiは専用のライトのスイッチを入れるだけで良いのだ。可視光線を

使った通信手段で、肉眼ではわからない速度でLEDライトが点滅してデータを送信する——ハイテクなモールス信号といったところか。事実、研究室内の実験では、毎秒224ギガビットの情報を送信できることが証明されている。容量1.5ギガバイトの映画18本分を1秒でダウンロードできる計算になる。

大きなメリットのひとつに、LEDライトの消費エネルギー量は少量で済むため標準的なイーサネットケーブルでまかなえる、という点がある。また、Li-FiはWi-Fiとは異なり電磁波妨害を起こさないので、医療施設などの注意を要する場所で重宝されるだろう。だが、デメリットもある。日中の強い日差しの下では受信機が信号を感知できない点と、Li-Fiの信号はWi-Fiとは異なり壁を通過しない点だ。だがこうした弱点は、ライトがユーザを常に追えるようにするなど、構造技術で補うことが可能だ。そして、Li-Fiが壁を通過しないとはつまり、データストリームのセキュリティを瞬時に強化できるということでもある。ユーザが物理的にその空間にいなければデータにアクセスできないのだ。

IoTデバイスの市場が拡張を続け、センサーがさまざまなものや場所に付加されるとともに、より速く、より大量にデータを送信するニーズが高まっている。IoTが今後も予想どおりの速度で進化するなら、既存のインフラストラクチャーでは必要なデータ送信量に対応しきれなくなる。私たちが大量のデータを求め、IoTが成長を続けるのなら、Li-Fi（または似たような技術）が唯一実現性のある解決策なのかもしれない。何よりありがたいことには、現在のLED電球の技術に小さなマイクロチップを追加するだけでLi-Fi送受信機になるので、いってしまえば世界中にある

140億個以上のLED電球を140億個以上のLi-Fi送受信機に変身させられるということだ。

　未来は不透明だが、ひとつだけ強い自信を持っていえるのは、テクノロジーはイノベーションと効率化をかなえる新たな道をこれからも何本でも拓いていくという点だ。この章でいちばん伝えたいことは、良いデータ戦略を立ててうまく実行できたとしても、最大限の価値を確実に創出するには、その戦略を絶えず改定し、最新化するところまでが求められるということだ。ひとつひとつの活用計画を着実に実行し、完成までやり抜けば、あなたも会社も真のデータドリブンな考え方に一歩近づけるはずだ。

原注

1　Derstine, P (2019) Can data analytics really deliver 1300 per cent ROI?, Elder Research, 29 March, www.elderresearch.com/blog/can-data-analytics-reallydeliver-1300-roi/ (archived at https://perma.cc/4VZB-ZJFE)

2　Derstine, P (2019) Can data analytics really deliver 1300 per cent ROI?, Elder Research, 29 March, www.elderresearch.com/blog/can-data-analytics-reallydeliver-1300-roi/ (archived at https://perma.cc/8EZ8-RNFJ)

第15章 データ戦略の実行と改善

第16章

未来を見据えて

　問題の解決を見据えてデータとAIを戦略的に適用するとどれ
ほどのことが成し遂げられるか、ここまで画期的な事例を紹介し
てきた。自社の課題への適用方法だけでなく、データとAIがこの
世界をどう変えつつあるのかについても、理解を深めてもらえた
なら嬉しい。

　世界は、過去最高に刺激的なテクノロジーの変化の大波を、い
ま迎えているのだと私は思う。産業革命も、技術革命も、デジタ
ル革命も、それぞれ劇的に社会を変えた。もちろん課題も生まれ
たし、その当時の人間にとってすべてが前向きな変化だったわけ
ではない。だが、技術革新の波は毎回、人間を新しい時代に導い
てきた。多くの人の生活水準が改善し、個人の自由が増し、機会
が広がり、平均寿命が延びた。いまのインテリジェントな自律学
習型マシンの時代は、過去の革命よりもさらに劇的な変化をもた

らす力を秘めていると、私は強く信じている。その劇的な変化が現実となるかならないかは、当然、私たちに託されている。

技術進歩の速度は止まることなく増し続けている。織物機械から、まるで人間のように話す機械や遠く離れた惑星や深海をリモートで探索できる機械、体内を医療検査できる機械に発展するまで、200年かかっていない。そして、この加速が近いうちに収まるといえる理由は何もない。

この本では、コンピュータビジョン、自然言語処理、機械によるテキスト分類、回帰分析などといった、主要なAI技術について解説した。現代にはすでに、「見る」ことのできるコンピュータがある――医用画像から病気を診断したり、自動運転車両を公道や海、空で安全に操縦したりできる機械だ。ひょっとすると視力は明日にでも、ヘッドセットやコンタクトレンズ（Mojo Vision というスタートアップが最近この技術を公表した[注1]）で、さらに手軽で強力、効率的で安価に補強できるようになるだろう。この技術は、たとえば燃えている建物に入った消防士に周囲の危険度評価を即時的に知らせたり、目の不自由な人の視覚補助を行ったりなど、きっと随所で活用される。衛星画像から監視カメラまで、あらゆる提供元からの映像データをリアルタイムで分析できるようになり、構造化されていない世界をいままで以上に構造化して捉えられるようになるだろう。この世界と環境を新たな見方で見られるようになる。

現代の自然言語処理は、基本的な会話をまずまずの精度で行えるチャットボットを完成させた。あとほんの数年開発が進めば、

スマホや車、家庭用機器と、まるで人間を相手にしているかのような自然な会話ができるようになるだろう。機械に向かって話して複雑な指示を与えられるだけでなく、バーチャルモデル化したいものや状況について説明するだけで、シミュレーションの実行までできるようになりそうだ。技術知識を持たない人も、コンピュータに好きなことをさせられるようになる。高性能な機械学習ツールだって、ツールにしてほしいことを話すだけでつくれるようになるだろう。最近は、異なる言語を話す相手と会話する際に、リアルタイムで(まだぎこちなさはあるものの)言語を翻訳する小型イヤホンが登場している。将来、こうした翻訳プロセスはユーザからは見えないところで行われ、より高速で複雑な言語モデルが翻訳の精度と速度を爆発的に高めると予想される。

　機械学習分析もまた、非構造化データから大量の情報を引き出す手法が開発されるとともに速度と正確さを増し、幅広く普及しつつある。データと分析の力を借りて知識と情報に基づく決断を下せるようになると、私たちの身体、ライフスタイル、経済状況や仕事に関する重要な決断を「直感」に頼る機会は減るだろう。ゴールドマンサックスの最近の予測によれば、量子コンピューティングは5年以内に実用性のある主流ツールとなる可能性がある[注2]。そうなると、いまの演算能力の限界によって生じていた人間活動の制約が崩れ始めるだろう。シミュレーションもますます大規模で複雑になる。シミュレーションを構築するデータをもっと大量に用意できるようになり、モノや環境のモデルをすばらしい精度でつくれるようになる。近年の科学者は、原始的な微生物であるバクテリア内で発生する分子間相互作用を、ひとつ残らず正確にシミュレーションするそうだ。この技術を使えば、合成

DNAを使って同じ生物を分子レベルからつくり出すことができる。高度なコンピュータ分析のおかげでゲノムモデルの作成が可能になり、演算能力の進化のおかげでより複雑な分析ができるようになったのだ。

物理的な世界とデジタルな世界が溶け合わさるところを想像してほしい。まるで実体を持つ物体と同じように、デジタルの物体に手で触れたり（触覚技術）、見たり、交流したりできるところを。まるで地球上に実在するかのように感じられ、想像可能なことなら何でもできるバーチャル空間も、きっとあたり前になるのだろう。人工知能を携えた存在（人間に似た姿でもそうでなくても）は、人間と同等の感覚を持つかのように行動できるようになる。最近はビデオ通話とソーシャルプラットフォームのおかげで、世界中どこにいても友人や家族と話したり、同僚と一緒に働いたりできる。未来では、ひとつの「部屋」、または共に過ごしたい好きな場所に一緒に座って、まるで直接対面しているかのように、豊かな意義深い時間を過ごせるようになるだろう。直接会いに行く必要があるときは、自動運転車やハイパーループ（イーロン・マスク考案の真空チューブ内を列車が走るシステム）などの革新的な方法で、超短時間の効率良い移動が実現されているはずだ。

未来的すぎて現実味がないだろうか？　そうかもしれない――上に書いたことはどれも確実に実現可能な範囲内にあるが、本当にそのとおりに実現できるかは、当然、誰にもわからない。それでも、AIは今後ほぼすべてのものにとって重要な存在となるという点は、おそらく確実だろう。未来を推測するのは楽しいが、のめり込みすぎると、第2章で言及した罠にはまりかねない。AI

の「何を」「どうやって」ばかりに気をとられて、何よりも重要な「なぜ」を問うのを忘れてしまう。AIもビジネスと同じで、なぜ社会と世界に必要なのかに思いを巡らせて初めて、本当に有意義な活用方法が見えてくるはずだ。

AIの真価

　私たち人間がこれまでAIで成し遂げてきたことはすべて、実はほんの始まりに過ぎない。この本の内容と同じで、私たちはいわば最初の活用計画を試している段階にある。世界が直面しているもっと大きな問題にこのテクノロジーを使ってこそ、本当にAIを活用したといえるのだろう。

　自社にデータとAIを導入するにあたってまずは活用機会を探したように、最初のステップは問題を特定することだ。いうまでもないが、世界規模の問題は私たちが個別に解決できるものではなく、すでにたくさんの人が知恵を絞ってきた。そうして私が心から称賛する、17項目の「持続可能な開発目標（sustainable development goals, SDGs）」が、2015年に国連により掲げられた。これは2030年までに達成を目指す目標であり、達成できれば、いま人類が直面している困難な状況の打破につながると見込まれている。

　私が思うに、SDGsの目標すべてに本質的な価値がある。異論が浮かぶものはひとつもなく、どれに対しても、優先度が低いという反論を想像しがたい。政治的志向やその他さまざまな属性に

関係なく、みなが同意して向かっていける目標になっている。そして、基本的にはこの目標ひとつひとつに対してテクノロジー——現代ではたいていデータと分析技術を指す——が大きな影響を与えられると私は考えているし、いくつもの目標において、すでにそうなっている。

貧困をなくそう（SDGsの目標1）

貧困の原因は数多くある。生活環境に影響を与えるあらゆる種類の問題に対処すべく、AIが使われている。地震や自然災害が発生する地域の予測から、インフラと経済の改善に開発資金をあてるべき貧困地域・地区の特定まで、多岐にわたって活躍している。

飢餓をゼロに（SDGsの目標2）

この本でも触れたとおり、AIはすでに何万もの農家で収穫量の増加や無駄の削減に一役買っている。Prospera Technologiesは、イスラエルだけでも毎日約5,000の畑から5,000万のデータポイントを収集する。食糧をより効率的に栽培できるよう、農作物の病気や害虫のまん延具合を特定し、調査している。

すべての人に健康と福祉を（SDGsの目標3）

アプリやリストバンドで健康状態を計測管理するなど、たくさんの取り組みにAIが活用され、自分の生活に関わる決断をデータに基づいて行えるようになってきた。最近のいちばんわかりやすい応用例には、新型コロナの流行度の追跡や、ワクチン開発が

ある。新型コロナのワクチンを開発する世界規模の取り組みは、データと高度な分析技術の活用なしには、これほどのスピードでは進められなかっただろう。

質の高い教育をみんなに（SDGsの目標4）

　リモート学習や遠隔教育の発展で教育は一生の機会となり、遠隔地に住む子どもが基礎教育を受けられる場も増えた。人口増加により、多くの発展途上国で生徒数が教師数よりもずっと勢い良く増えているが、AIの力を借りれば各生徒に合わせた教育プログラムを提供でき、ひとりひとりのニーズに合わせて効果的に学習を進められる。家族の世話や家事のために通常どおりには通学できない子どもには、本人に合わせた時間に教育を提供できる。

ジェンダー平等を実現しよう（SDGsの目標5）

　採用プロセスに潜む構造的なバイアスの影響で、女性は採用において冷遇されてきたが、このバイアスの検知にすでにAIが役立てられている。だが、自動化により職を失うリスクは女性のほうが高いと、AIに示唆されてもいる。以前から女性が就くことの多かった事務職や管理業務、経理職などで、失業リスクが特に高いからだ。対処策として、女性の応募が少なかった職の採用プロセスにAIを適用し、できるだけジェンダー区別のない言葉を用いて求人文章を作成する方法がある。これにより女性の応募者が大幅に増えたそうだ[注3]。

安全な水とトイレを世界中に（SDGsの目標6）

　3人に1人が安全な飲み水を得られず、5人に2人が清潔な手洗い場を使用できない地域がある。ここでもAIが一役買って、この悪環境の範囲を地図に示し、より良いインフラの設置支援を行っている。水供給にともなう細菌感染の問題に対しても機械学習プロジェクトの取り組みが始まっており、感染症発生の追跡や予測をしたり、スマートシティを活用して水の供給と管理を効率的に監視したりしている[注4]。

エネルギーをみんなに　そしてクリーンに（SDGsの目標7）

　地域の電力網の配電状況管理にAIを取り入れることで、電力需要のピーク時に最も効率良く配電し、需要が少ないときは発電の無駄を抑えることができる。AIは再生可能エネルギー業界にも深く根づいており、太陽光パネルをどこに設置すれば最大効率を実現できるかを予測したり、風力タービンと水力タービンの入力／出力値のシミュレーションを行ったりなど、さまざまな用途に使われている。再生可能エネルギー源は化石燃料よりも予測がつきにくいことから、「断続性」という難題を最小限に抑える目的にもAIは使われる。

働きがいも経済成長も（SDGsの目標8）

　繰り返しになるが、AIは新しい職だけでなく、より魅力的で報酬の高い職を生み出す可能性も秘めている。仕事時間のほとんどを日常業務や管理業務に費やさずに済むようになれば、コミュニ

ケーション能力、イノベーション能力、共感能力などといった人間ならではのスキルを活かした仕事に多くの時間を割けるようになる。事業への影響度の大きいスキルに労力を集中させることで大きな経済成長を見込める可能性もある。SDGsのほかの指標と同様に、リソースの強化（教育やインフラストラクチャーの改善など）を得て経済成長がどの程度活発化されるかを測る際にも、AIが広く使われている。

産業と技術革新の基盤をつくろう（SDGsの目標9）

とても広範で重要なテーマだ。この本を通して見てきたように、産業はAIとデータの活用を通じて、もっと効率良く生産的に働ける機会を生み出そうという革新は、これまでもこれからも続く。AIツールのおかげで試験やシミュレーションを低コストで行うことができ、私たちの創造とイノベーションの余地は広がっている。AIツールはさまざまな産業でインフラストラクチャーの計画と展開にも広く使われている。

人や国の不平等をなくそう（SDGsの目標10）

AIの力で、構造的な不平等につながるバイアスに気づくことができ、バイアス解消の取り組みにリソースを割けるようになった。たとえば、教育を広範囲に広げるのもバイアス解消の一手段だ。または、市場を通して機械学習や処理能力の高いコンピュータの利用を大衆化して、教育を分散させるアプローチもある。変化を起こせる可能性は高いが、一部の企業や、富の大部分を握る社会のエリート層の手にその変化を委ねる割合も高くなる。

住み続けられるまちづくりを（SDGsの目標11）

　AIとデータ分析は、スマートシティの動力源だ。スマートシティとは、効率的でクリーンで健全な都市環境を構築する目的の下、調和のとれた方法でテクノロジーを展開する政策を進める街のことである。その一環として、AIを使い、自動車の完全な代替となるくらい便利な公共交通システムを導入し、街の全体的な二酸化炭素排出量を下げる取り組みがある。配電管理にもAIを用いて、電力の効率使用を確保している。ごみ収集などのサービスには、AIによる経路探索や、自動運転車、センサー技術などを使う。こうした技術により、住民の生活水準を支えるのに必要なリソースを減らせるだろう。

つくる責任　つかう責任（SDGsの目標12）

　AIを使った屋内農業の技術が発展し、1エーカー（約4,047平方メートル）あたり従来の20倍の量の食糧を、それも使う水の量を9割減らしながら育てられるようになった[注5]。製造プロセスで消費する天然資源量の削減は、責任ある生産に向けてテクノロジーが大きく貢献できる部分だ。

気候変動に具体的な対策を（SDGsの目標13）

　気候変動の観測と対策において、AIは重要な役割を担っている。二酸化炭素が生成されるほとんどすべての作業過程で、効率化を図ることで排出量を減らしているのだ。前述のとおり、再生可能エネルギーの生成プロセスでもAIは活躍している。国連の

世界気候研究計画は、気候変動の影響力をモデル化して予測するにあたり、データと分析技術に大きく頼っている。そうして得たインサイトは、二酸化炭素排出量を減らして環境破壊を緩和する世界中の学術計画の情報源となっている。

海の豊かさを守ろう（SDGsの目標14）

この本でも言及した海洋調査用の自律航行船メイフラワー号は、AIが決定した航路に従って、人間が乗る船舶では難しい、海洋生命体の学術調査を行う。乗組員用の設備が不要となり、船の大きさと重量が減ったことで、より遠くへ高速で航海し、海洋生物の研究と保護に役立つデータを集められるようになった。また、AIにより効率的で汚染の少ない産業が増えることで、海洋汚染の8割は陸上活動由来という問題の解決にも一歩前進できる。

陸の豊かさも守ろう（SDGsの目標15）

南アメリカの熱帯雨林では、音響センシング技術の機械学習モデルを用いて違法な伐採の音を検知し、監視員が即座に行動をとれるようアラートを発している。また、写真や動画データから虫や植物の種類を特定する画像認識技術は、その生物を保護する自然生息地の把握に役立つ。コンピュータビジョンで衛星データを処理して、森林伐採が甚大な影響を及ぼすと見込まれる地域の予測も行われている[注6]。

平和と公正をすべての人に（SDGsの目標16）

　戦争や紛争、人権侵害、望まない移民などの問題は、世界中の国際紛争や国内の暴力、およびテロ行為を記録するウプサラ大学の紛争データプログラムプロジェクトのおかげで、以前に増して正確に追跡、測定できるようになった。AIは平和維持を目的とした場面で軍事利用されており、警察署と捜査官がデータ分析を活用して組織犯罪や麻薬ネットワークを解体に追い込むケースも増えた。ブロックチェーンや暗号化などのテクノロジーも、不正投票を減らしたり、自由で公正な選挙を実現したりできる大きな可能性を秘めている。

パートナーシップで目標を達成しよう（SDGsの目標17）

　ほかの全目標の達成に向けて強固なグローバル・パートナーシップを築くことも大切だ。政府機関とNGOが手を取り合い、複数の機関が関与するプロジェクトで協力し合うために、必要なツールを提供するのがテクノロジーの役割だ。データとインサイトを共有する便利かつ魅力的な手段というだけでなく、同じ問題に取り組むプロジェクト同士を結びつけたり、データの生成元とそれを有効活用できそうな組織とをつないだりする役目も果たしている。

── テクノロジーはどこまで進むのか ──

　データの爆発的な増加と歩みを止めない分析技術が人間をどこ

に連れていくのか、誰もが私のように胸を躍らせているわけでは
ないだろう（この本の読者は私と同じだと嬉しいが）。誰もが――
「データとAIの伝道師」である私でさえ――同意する絶対的な懸
念点が、AIとデータ技術にはある。先ほどSDGsに関するAIの将
来性について熱意を込めて書いたので、『ネイチャー』誌の記事に
次のように書かれたことにも、当然言及すべきだろう。AIは、
SDGsの目標を細分化した達成目標に含まれるうちの134の事柄
にプラスの影響を与え、一方で59の事柄にマイナスの影響を与え
ると見込まれている [注7]。

　ロボティクスとAIの進歩が人間の生活に劇的な変化をもたら
し、多くの人に職を失う可能性さえもたらすことについては、こ
の本のなかで幾度か触れてきた。たしかなのは、データと分析技
術の世界が遠い将来にどこへ行き着くのかは、誰にもはっきりと
はわからないということだ。それでも、考えられるシナリオを2
つ見ていこうと思う。

　機械学習、AI、ビッグデータの進化と、ロボットによる自動化
の推進が、医学や科学、商業や人間の知識を大きく進歩させると
しても、マイナスの影響もありうることは否定できない。いま生
きている人間が覚えている限り昔から、資本主義こそが社会の原
動力だった。だが、新しい技術の進歩は、資本主義の現状に特大
の課題を突きつけている。AIと自動化は、「雇用なき成長」を生
み、製造効率が上がり続けた結果として製品数の爆発的な増加と
いう矛盾を生み出すだろうと考えている人は少なくない。成長の
傍らで解雇や不完全雇用は増え、実質賃金は減り、生活水準は停
滞するか下がるだろう。社会的不安、もしくは社会崩壊へと続く

道だ。一部の人がいうには、ここ一世紀で多くの地域が享受してきた自由な世界秩序に、終わりが訪れる可能性さえある。生活水準は上がる一方で、個人の自由は頑丈に守られ、人権とジェンダー平等が画期的な方法で前進してきた、自由な世界が終わるというのだ。現代の最新技術を持ったまま全体主義的な政治モデルに社会が移行するとなると、一般人はおそろしい立場に置かれるのかもしれない。現代版のヒトラーやスターリンは、盗聴に監視、自動化のレベルを果てしなく高められると思うとぞっとする。

　もちろん、この悲観的なシナリオの逆だって考えられる。自動化が進んだ結果、人間は豊かで快適な暮らしを手に入れ、「ポストワーク時代」に突入するかもしれない。労働はほぼ不要で、機械が必要なものを何でも提供してくれる時代。これが「完全自動のラグジュアリーコミュニズム（贅沢な共産主義）」という考え方だ。そう遠くない未来、生活必需品はすべて機械から提供され、人間は最低限の仕事のみすれば良いようになるかもしれない——代わりに、個人の幸せにつながるクリエイティブな作業やイノベーションに時間を割けるようになる。テクノロジーが不平等を増幅させるシナリオとは正反対の展望で、テクノロジー夢想家たちは、機械が必要なものをすべて生産し、誰もが豊かに暮らせる社会が訪れると信じている。たしかに、テクノロジーによる平等主義的な世の中という展望は、『スター・トレック』シリーズで描かれた世界——必要な物体は「レプリケーター」などの最先端技術で生成される——にずいぶん近づいたように見える。だが歴史学者によれば、この発想の起源は19世紀の工業化の黎明期までさかのぼるそうだ。

この発想を実現するにあたって障壁となるのが、利益よりも世界中の人間のニーズに従ってテクノロジーを発展させる必要があるという点だ。これがあるから、「テクノロジーがもたらす平等な世界」は結局フィクションの域を出ないだろう、というのが一般論だ。利益なくして——もしくは特大の報酬が用意されているわけでもないなら——いったい何が改革、適応、改善の動機となるというのか。資本主義者はみな、そう口を揃えるはずだ。

　人類の進歩は、間違いなく新しい時代に突入していると、私は思っている。人類が迎えつつあるのは（農業と工業がずっとそうだったように）創造性が原動力となる「人新世」か、はたまたテクノロジーが原動力となるテクノロジーの時代なのか。専門家や未来学者のこうした議論にはこの先も決着がつかないだろう。もし後者だった場合、私たちはテクノロジーの進化の最終地点にいつか到着する。テクノロジーは人類に平等をもたらすのか、それともデジタル技術を持つ者と持たざる者との格差を広げるのだろうか。

　テクノロジー強者が世界を管理、支配する「デジタル封建主義」は、個人にとっても企業にとっても不安の元となる発想だ。封建主義とは、生産手段を支配する人間が力を占有する社会である。中世では土地を所有する王族や身分の高い人々が支配者だった。産業革命以降には工場の所有者が、そして最終的には企業が、その地位に君臨してきた。もしこれから本当にデジタル封建社会が始まるのなら、その支配者とは、全人類が頼ることとなるテクノロジーを制御する人々になるだろう。

大なり小なり、これはすでに始まっている。最新のアプリやガジェットを使いたいとなると、それを提供する企業の利用規約に同意するほかに実質的に選択肢はない。同意しなければそのテクノロジーを使用できないからだ。ソーシャルメディアで誰でも発言できるいまの時代では、人々からその声を奪える力というのも間違いなく強大だ。そのような力は誰も持つべきではないのだろうか？　もしくは政府機関や選出された組織だけが行使できるようにするべきか？　プラットフォームのプロバイダーは、サービスの利用を自由に規制できるべきなのだろうか？　どれも簡単に答えが出る問いではないが、テクノロジーの社会への関わり方を決定づけるうえでとても重要といえるだろう。個人的意見としてひとついえるのは、「オプトアウト」（サービスを利用しない、追跡を許可しないなどの自由選択を行使すること）という選択のせいで経済的もしくは社会的に不利な立場に置かれることのないようにしなければならない。「オプトアウト」が実際には自由選択とはいえず、これが原因となって個人に問題が降りかかったり、個人が利便性を奪われたりする危険性は、もう現実となっているのだから（中国の社会信用システムのような構想では特にそうだ）。

　いまのところ、そうした構想に対する市民からの反発は意外にも小さいが、もう少し時代が進めばどうなるかわからない。

　いろいろと述べたが、私たちはデータを豊富に抱える企業や監視国家の奴隷なのだ、という暗い未来像を伝えたいわけではない。世界は間違いなくますますデータ主導になりつつあるし、データを使って自分の権利と自由と引き換えに力を得ようとする人も出てくるかもしれない。それでも、データは想像を超えるす

ばらしい機会ももたらすのだ。環境破壊を食い止めたり、行き過ぎた企業や政府から人々を守ったりする使い道だってある。データを活用して他人とコミュニケーションをとり、ネットワークを築き、世界をより良く変えるためのアイデアを協力し合って練ることができる。毎日どこかで、データは役に立っている。

　データがあれば、企業は顧客のことをこれまで以上に深く理解し、顧客ひとりひとりのニーズに的を絞ったより良いサービスを提供できる。データは効率の良い経営や、ごみの削減、従業員の意欲向上、製品の質の向上に貢献できる。そして忘れないようにしたいのは、スマート製品を販売する企業だけが利益を得るわけではないこと。消費者の生活は、スマート製品のおかげでずっと便利になっている。ビジネスモデルを進化させて、10年前には不可能だったであろう真新しい収入源を創出する企業がますます増えているのも、データのおかげだ。あらゆる形態、あらゆる規模の企業にとって刺激的な時代が来ている。その中心にあるのがデータなのだ。

私たちはAIをどう使うべきか

　この章の初めに述べたように、AIはまだ黎明期にあるので、すでにAIを取り入れている人々はまさに先駆者にあたる。Googleの革新的な偉業が誰でも導入できる深層学習ツールへと進化を遂げ、企業や産業界に広く普及し始めてから、まだたったの10年だ。大きな発展を成し遂げてきたことに間違いはないが、さらに10年、20年、50年後、AIは私たちがまだ想像したことすらない

世界を見せてくれるのだろう。

　それがどのような世界になるかは、私たちにかかっている。俯瞰的に見れば自分は「平凡な人間」に過ぎないとか、自分のAI活用方法やアイデアはTeslaやFaccbook（現Meta）のようにトップニュースになりそうにはない、などと思っているかもしれない。だが、AIとデータの真の力を最大限に活用するため、私たちひとりひとりに果たすべき役割がある。AIとデータの力は、企業の繁栄や個人の目標達成に活用できるだけではなく、グローバル規模の問題解決や地球上の人類全般の生活の改善にも役立てられる。個の目的と世界の目的が一致している必要はない。しかし、目下の目標が、がんの新たな治療法を見つけることや貧困を減らすことではないとしても、プライバシーや信頼、倫理面などにしっかりと配慮することなくAIとデータを駆使すると、発展の行く先を誰も望まない未来へと向けてしまうかもしれない。反対に、AIとデータ戦略を思いやりのある倫理的な方法で利用すれば、顧客や従業員、企業に明確なメリットをもたらせる可能性は高い。いま私たちは分岐点に立っていて、AIが人類と世界に与えうる影響に関しては、まだ多くのことがわからないままだ。そんななかで、このあまりにも強力で有用なテクノロジーを、責任を持って慎重に管理しながらそれぞれの役割を果たせたとき、AIやデータを本当に正しく理解できたといえるのかもしれない。

原注

1   Sullivan, M (2020) The making of Mojo, AR contact lenses that give your eyes superpowers, Fast Company, 16 January, www.fastcompany.com/90441928/the-making-of-mojo-ar-contact-lenses-that-give-your-eyes-superpowers (archived at https://perma.cc/526A-KW8M)

2   Bruder, M (2021) Goldman Sachs predicts quantum computing 5 years away from use in markets, World News Era, 29 April, worldnewsera.com/news/finance/goldman-sachs-predicts-quantum-computing-5-years-away-from-use-inmarkets/ (archived at https://perma.cc/7FKJ-H6L2)

3   UNESCO (2020) Artificial intelligence and gender equality, key findings of UNESCO's Global Dialogue, en.unesco.org/system/files/artificial_intelligence_and_gender_equality.pdf (archived at https://perma.cc/9PQE-7PB2)

4   Kenda, K, Rizou, S, Mellios, N, et al (2018) Smart water management for cities, FEED, 18 August, drive.google.com/file/d/11PDYjLonJtFjEKnw5occwPRIUW7Qjq0U/view (archived at https://perma.cc/7PN3-8BKL)

5   Bayley, J, Yu, M and Frediani, K (2011) Sustainable food production using high density vertical growing, Acta Horticulturae, 921, pp 95–104, www.researchgate.net/publication/235958130_Sustainable_food_production_using_high_density_vertical_growing_VertiCrop (archived at https://perma.cc/AP7H-AZS5)

6   Erthal Abdenur, A (2020) How can artificial intelligence help curb deforestation in the Amazon?, Global Observatory, 23 November, theglobalobservatory.org/2020/11/how-can-artificial-intelligence-help-curb-deforestation-amazon/ (archived at https://perma.cc/3LXU-XM8X)

7   Vinuesa, R, Azizpour, H, Leite, I, et al (2020) The role of artificial intelligence in achieving the Sustainable Development Goals, Nature Communications, 11 (233), www.nature.com/articles/s41467-019-14108-y (archived at https://perma.cc/C6MY-8JKT)

1. 戦略目標との連携

このデータ活用計画は、自社のどの戦略目標に貢献するのか。

2. 目的、鍵となる質問

このデータ活用計画の目的は？ 鍵となる質問（このデータ活用計画を経て答えを出せるもの）は明確か。

3. 成果の測定指標（KPI）

成功したかをどのように測定するか。この活用計画が影響を及ぼすビジネス指標は？注視するべき結果は何か。

4. 責任者

この活用計画の責任者またはスポンサーは誰か。

5. 顧客（データ利用者）

データ利用者は誰か。インサイトを必要としているのは誰か。

6. 必要なデータ

何のデータが必要か（内部データ／外部データ、新規データ／既存データ、データの多様性、構造化データ／非構造化データ）。

7. データガバナンス

データガバナンス、データのプライバシー、データへのアクセス権、データの所有者、データセキュリティの課題は、どうなっているか。

8. データ分析とアナリティクス

データをどのようにしてインサイトに変えるか。どのような分析手法をとる計画か。

9. テクノロジー

テクノロジー面の課題と要件は（データの収集、保管、処理、アウトプットなど）？

10. スキルと素質

スキル、素質、力量、リソース確保においての課題はあるか。どこから確保するか（社内／アウトソーシング／ハイブリッド）。

11. 導入と変更管理

導入と変更管理に関する課題と要件は？

メモ

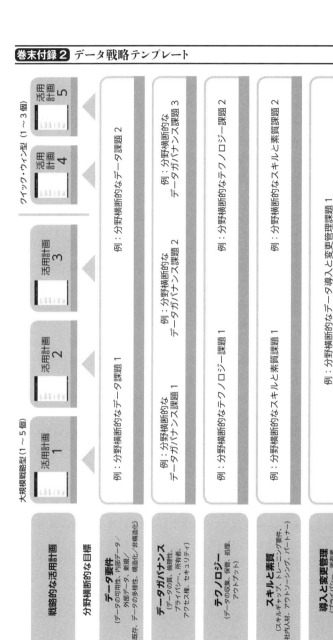

大規模戦略型（1～5個）

クイック・ウィン型（1～3個）

| 戦略的な活用計画 | 活用計画1 | 活用計画2 | 活用計画3 | 活用計画4 | 活用計画5 |

分野横断的な目標

データ要件
（データの可用性、内部データ／
外部データ、新規
既存、データの多様性、構造化／非構造化）

例：分野横断的なデータ課題1

例：分野横断的なデータ課題2

データガバナンス
（データの質、倫理性、
プライバシー、所有者、
アクセス権、セキュリティ）

例：分野横断的な
データガバナンス課題1

例：分野横断的な
データガバナンス課題2

例：分野横断的な
データガバナンス課題3

テクノロジー
（データの収集、保管、処理、
アウトプット）

例：分野横断的なテクノロジー課題1

例：分野横断的なテクノロジー課題2

スキルと素質
（スキルギャップ、トレーニング要件、
社内人材、アウトソーシング、パートナー）

例：分野横断的なスキルと素質課題1

例：分野横断的なスキルと素質課題2

導入と変更管理
（プライバシー、所有者、
アクセス権、セキュリティ）

例：分野横断的なデータ導入と変更管理課題1

著者紹介

バーナード・マー
Bernard Marr

データとAIのビジネス利用に関する世界に名の通った専門家。国際的ベストセラー19冊を執筆し、『フォーブス』誌に定期的にコラムを寄稿しているほか、世界の名だたる組織や企業に助言と指導を行っている。ソーシャルメディアでは200万のフォロワーを抱え、LinkedInではビジネスインフルエンサー世界トップ5にランクインしている。

また、データとAIが核となる第4次産業革命に備えるための支援を、組織とそのマネジメントチーム向けに行っている。Amazon、Microsoft、Google、Dell、IBM、Walmart、Shell、Cisco、HSBC、トヨタ自動車、Nokia、Vodafone、T-Mobile、NHS、WallgreensBoots Alliance、Home Office、英国防省、NATO、国連など、世界的な組織と仕事をし、助言を与えてきた。

LinkedIn、Twitter（@bernardmarr）、Facebook、Instagram、YouTubeでつながり、意見交換可。ポッドキャストも配信中。www.bernardmarr.comからは、豊富な無料記事やホワイトペーパー、電子書籍を読むことができる。バーナード・マーの指導、講演、インフルエンサーサービスに関心がある方は、メール（hello@bernardmarr.com）で本人までご連絡を。

訳者紹介

山本真麻
Maasa Yamamoto

神奈川県生まれ。英米文学専攻を卒業後、メーカー勤務を経てフリーランス翻訳者に。訳書に、ジョフリー・ジェームズ『クソみたいな仕事から抜け出す49の秘訣』（双葉社）、ロビン・ワーショウ『それはデートでもトキメキでもセックスでもない』（イースト・プレス）、サリム・イスマイル他『シンギュラリティ大学が教えるシリコンバレー式イノベーション・ワークブック』（共訳）（日経BP）などがある。

本書内容に関するお問い合わせについて

　このたびは翔泳社の書籍をお買い上げいただき、誠にありがとうございます。弊社では、読者の皆様からのお問い合わせに適切に対応させていただくため、以下のガイドラインへのご協力をお願い致しております。下記項目をお読みいただき、手順に従ってお問い合わせください。

● ご質問される前に

　弊社Webサイトの「正誤表」をご参照ください。これまでに判明した正誤や追加情報を掲載しています。

　　　正誤表　https://www.shoeisha.co.jp/book/errata/

● ご質問方法

　弊社Webサイトの「刊行物Q&A」をご利用ください。

　　　刊行物Q&A　https://www.shoeisha.co.jp/book/qa/

　インターネットをご利用でない場合は、FAXまたは郵便にて、下記"翔泳社 愛読者サービスセンター"までお問い合わせください。
電話でのご質問は、お受けしておりません。

●回答について

　回答は、ご質問いただいた手段によってご返事申し上げます。ご質問の内容によっては、回答に数日ないしはそれ以上の期間を要する場合があります。

● ご質問に際してのご注意

　本書の対象を越えるもの、記述箇所を特定されないもの、また読者固有の環境に起因するご質問等にはお答えできませんので、予めご了承ください。

● 郵便物送付先およびFAX番号

　送付先住所　〒160-0006　東京都新宿区舟町5
　FAX番号　　03-5362-3818
　宛先　　　　（株）翔泳社 愛読者サービスセンター

STAFF

装丁・本文デザイン──斉藤よしのぶ
DTP──株式会社シンクス

世界標準のデータ戦略完全ガイド

データセンスを磨く事例から、データの種類と仕組み、戦略策定のステップまで

2022 年 8 月 30 日　初版第 1 刷発行

著　　者	バーナード・マー
訳　　者	山本真麻
発 行 人	佐々木幹夫
発 行 所	株式会社翔泳社　(https://www.shoeisha.co.jp)
印刷・製本	日経印刷株式会社

ISBN978-4-7981-7453-2　　　　　　　　　　　　　　　　　　　　Printed in Japan